좌절을 딛고 일어선 거장들의 실패학 수업

# 좌절을 딛고 일어선
# 거장들의 실패학 수업

발검무적

파람북

# 책머리에

 반드시 실패를 겪어야만 성공을 거둘 수 있는 것은 아니다. 하지만 성공을 거두었던 사람들이 대개 실패나 슬럼프를 겪었던 것은 누구도 부정할 수 없는 사실이다. '적당히' 공부 잘한다는 말을 듣고 명문대를 거쳐 '적당히' 유명한 대기업에 들어가, '적당히' 수십 년을 일해 그 분야에서 인정받은 사람이라고 해서 실패나 슬럼프를 모르는 삶을 '적당히' 살았다고 단정할 수만은 없다는 뜻이기도 하다.
 다시 말하지만, 실패가 엄청난 성공을 이룬 대가들의 전유물은 아니다. 누구나 실패를 겪는다. 원하는 대학에 진학하지 못하는 것으로 최초의 실패를 경험하는 이들도 있고, 뜻한 바가 있어 안정적인 직장을 그만두고 나와 벌인 사업이 난관에 부딪혀 모든 것을 잃어버리고 파산하는 이들도 있다. 그런가 하면 삶을 지탱하는 것조차 힘에 부치는 환경에서 태어나거나, 불가항력의 사고로 인해 삶이 망가지는 사람들 또한 주변에서 어렵지 않게 만날 수 있다. 이 모든 실패의 사례들을 종합하면, 어쩌면 실패는 누구나 거쳐야만 하는 인생의 통과의례처럼 여겨지기도 한다.

이제까지 내가 살아온 나날들이 송두리째 부정당하는 것 같고, 다른 이들은 모두 내 앞을 성큼성큼 지나쳐 가는데, 나만 뒤처져 낙오자가 된 것만 같은 열패감의 늪에서 헤어나 오지 못할 때가 있다. 그 허망한 환각에 무릎 꿇지 말라고 이 이야기를 당신 앞에 내놓게 되었다.

스스로를 실패자로 낙인하는 것만큼 어리석고 위태로운 일도 없다. 실패도 성공도 최종의 결과물이 아니라 삶의 과정에서 겪는 부정적 혹은 긍정적 유사 감정의 하나이므로, 엄밀한 의미에서 본다면 삶이 이어지는 한 실패도 성공도 존재하지 않는다. 그건 사후 타인에 의한 평가일 뿐이다.

"끝날 때까지는 끝난 게 아니다(It ain't over till it's over)." 미국의 전설적인 야구 선수 요기 베라가 남긴 말이다. 그가 뉴욕 메츠의 감독으로 있을 때, 팀이 시카고 컵스에 9.5게임 차로 뒤지고 있는 상황에서 기자의 조롱 섞인 질문에 한 대답이다. 그리고 거짓말처럼 뉴욕 메츠는 시카고 컵스를 제치고 우승을 거머쥐었다. 리그 최하위를 달리고 있을 때, 이번 시즌은 이미 끝난 게 아니냐는 기자의 질문처럼, 누구나 다 그렇게 메츠의 '실패'를 기정사실로 받아들였다. 그러나 경기가 끝나지 않았다면 반전은 언제든 일어나는 법이며, 우리의 삶 또한 마찬가지다. 삶이 유지되는 한 실패는 확정된 결과가 아니라는 말이다.

우리의 사소한 일상에서도 갑자기 닥쳐오는 공허함이나 작지만 거듭 이어지는 좌절감, 내가 지금 뭘 하는지 이걸 왜 해야 하는지 이유조차 알 수 없는 무기력한 순간 앞에서 어쩔 줄 몰라 당혹해할 때가 있다. 그러한 감정을 느끼고 있을 그대에게 어느 누가 보더라도 죽고 싶을 정도로 힘겨운 고난 속에서, 도저히 일어설 수 없을 것 같은 삶을 다시 일으켜 세웠던 이들의 이야기를 들려주고자 하는 것도 그러한 이유에서다. 지금 겪는 좌절이 결코 끝이 아님을 이야기해 주고 싶은 것이다.

원래 이 글은 20여 년 전 자신이 어디로 나아가야 할지 몰라 쩔쩔매고 있는 제자와의 상담에서 시작되었다. 지금은 미국 유명 대학에서 버젓이 경영학 교수로 활동하는 제자에게 "네가 알고 있는 위인들이 겪었던 실패에 대해서 한번 정리해 보지 않겠니?"라는, 자신을 점검하고 성찰을 유도하기 위한 일종의 과제였던 셈이다. 그러나 그 친구는 숙제가 어떻게 자신의 불안정한 영혼을 정비하는 데 더 큰 도움을 줄 수 있을지에 대해서 끝내 공감하지 못했고, 그렇게 회심(?)의 과제는 덮어졌다.

그리고 그 작업이 내 기억의 갈피에 끼워져 있다가 20여 년이 지나 직접 기록하게 된 것이 꼭 4년 전 6월의 어느 날이었다. 그렇게 시작된 글이 주말을 제외하고 매일같이 연재되며 대하소설의 분량을 넘어서는, 무려 245명 대가의 이야기로 일단락을 맺었다. 만만한 작업은 결코 아니었다. 한 사람에 대한 일생의 자료들이 내가 처음 모으고 쓴 것이 아니기에, 내가 전달하려는 온전한 형태의 글로 가다듬고 재편집하는 일이 쉬운 일이 아님을 매일, 매번 확인하는 과정을 수년간이나 거쳐야만 했다.

온라인 연재 중에 인상 깊은 추천사를 남겨 주었던 어느 문우(文友)의 말처럼, 내 글은 요즘 나오는 여느 책들에서 흔히 보이는 자상한 말로 '괜찮아, 다 잘될 테니 걱정하지 마'라고 토닥이는 무책임한 위안을 찾아보기 힘들다. 사실 그게 가장 경계했던 지점이기도 하다. 다루었던 인물들의 객관적인 자료를 풀어내 주는 부분에서부터 행간에 녹아 있기도 하지만, 본격적으로 그들의 실패를 통해서 전달하고자 하는 내 목소리에 마음이 불편해지는 독자들도 있을 것이다. 마치 훈계처럼 들릴 수도 있기 때문이다. 나는 그 옛날 월요일 조회 시간, 교장의 훈화 같은 뻔한 잔소리를 남길 생각은 애초부터 없었다. 정작 아프고 따끔하더라도 사회의 어른이 있다면 누군가 해 줘야 할, 듣는 이의 정신이 번쩍 들도록 죽비를 드는 마음으로 써 내려갔다. 이 형식은 사마천(司馬遷)의 『사기(史記)』에서 '열전(列傳)'의 포폄(褒貶) 방식을 살짝 원용한 것이기도 하다.

고백하자면, 이 글은 최초의 독자인 나 자신에게 들려주려는 의도가 가장 우선이었음을 밝혀야겠다. 늘 더 나아갈 수, 더 오를 수 있음에도 그렇지 못했다며 힘겨워하던 나 자신에게 해주고 싶은 마음의 소리였기에 더 절실하고 더 신랄하게 울려 나올 수밖에 없었음을 독자들이 공감할 수 있길 바란다.

어쩌면 인생에 실패라 여길 뻔한 순간들을 글로 버티게 해준, 사랑하는 혜린이와 찬용이에게, 그리고 내게 글을 쓸 수 있는 재능과 끈기를 주신 존경하고 사랑해 마지않는 부모님에게 이 글을 바친다.

2025년 여름
멀리 한강 끝 63빌딩이 보이는 작업실에서 발검무적

## 차례

책머리에 5

### 1장. 상처로 예술을 빚은 사람들
부서진 몸으로 삶을 그려낸 프리다 칼로 데 리베라 **15**
절망을 연기로, 고통을 유머로 승화한 찰리 채플린 **31**
비난 속에서 꽃피운 황금빛 반란, 구스타프 클림트 **47**
현실과 초현실의 경계를 넘어선 천재, 살바도르 달리 **61**
차별의 세상을 울려 버린 영혼의 목소리, 빌리 홀리데이 **77**

### 2장. 길 위에서 세계를 바꾼 사람들
저항의 상징이 된 전설의 혁명가, 체 게바라 **95**
폭정과 고립에 맞선 신념의 지도자, 아웅 산 수지 **109**
바닥의 신분으로 세계의 지붕에 올라선 텐징 노르가이 **123**
학위도 없이 학계의 편견을 깬 제인 구달 **136**
꿈을 현실로 만드는 영상의 마법사, 제임스 카메론 **150**

### 3장. 생각의 경계를 넓힌 사람들
비관 속에서 피어난 희망의 판타지, 미야자키 하야오 **173**
광활한 우주의 스토리텔러가 된 이단아, 칼 세이건 **191**
스스로 하나의 장르가 된 SF의 신화, 아이작 아시모프 **206**
감옥에서 역사를 설계한 자유의 지도자, 넬슨 만델라 **220**
속박을 벗고 영혼의 춤을 춘 자유의 화신, 이사도라 던컨 **235**

### 4장. 자기만의 방식으로 정상에 선 사람들
이해받지 못했던 건축계의 수도자, 안토니 가우디 **253**
어둠을 이겨 낸 우아한 용기, 안젤리나 졸리 **268**
무명의 그늘에서 팝아트의 제왕이 된 앤디 워홀 **281**
좌절을 딛고 세계를 요리한 셰프, 고든 램지 **292**
운명을 재단해 패션 제국을 건설한 디자이너, 코코 샤넬 **309**

# 1장

# 상처로 예술을 빚은 사람들

# 부서진 몸으로 삶을 그려낸
# 프리다 칼로 데 리베라

**Frida Kahlo de Rivera(1907~1954)**
소아마비와 치명적 교통사고에 남편의 거듭되는 외도까지,
그러나 자신만의 세계를 구축한 세계적 여성 화가로 거듭나다.

> 나는 두 번 죽었다. 한 번은 사고로,
> 또 한 번은 디에고 리베라와의 만남으로.
> 하지만 그 덕분에 나는 그림을 시작했다.

## 병고를 겪으면서도 꿋꿋하게 성장하다

멕시코 혁명(1910) 3년 전인 1907년, 멕시코시티 근교 코요아칸에서 헝가리계 유대인 혈통으로 독일에서 이민 온 아버지와 인디오와 스페인 혼혈인 어머니 사이에서 태어났다. 네 딸 중 셋째로 태어났는데, 아버지가 재혼이었기에 두 언니는 어머니가 달랐고, 어머니에게 그녀는 첫아이였다. 그녀는 스스로 자신을 혁명의 딸로 여겨서, 출생증명서와 달리 자신의 생일을 3년 후인 혁명일로 삼았다.

이 혁명은 1917년 러시아의 볼셰비키 혁명보다 7년이나 앞섰으며, 포르피리오 디아스 독재 정권의 가혹한 노동자와 농민 착취에 항거해 일어났다. 그 때문에 그녀는 혁명의 열기로 가득하던 시절에 성장했다.

출생 직후 어머니가 병이 나서 원주민 유모의 젖을 먹고 자랐는데, 그 기억은 자신을 멕시코 혈통으로 여기는 정체성의 근거가 되었고, 작품 〈유모와 나〉(1937)에도 그대로 투영되었다.

사진작가였던 아버지는 무뚝뚝했지만 총명한 셋째 딸을 유난히 아꼈다. 그래서 어린 그녀에게 철학, 고고학, 음악, 미술 등 여러 분야를 공부할 수 있도록 늘 칭찬과 지원을 아끼지 않았다. 그녀는 자연스럽게 아버지에게 사진기 다루는 법도 배우고, 아버지를 도와 수정 작업 등에도 함께했다. 이는 사실적이고 세밀한 칼로의 초상화에 대한 접근법에 밑거름이 되었다.

1913년 여섯 살에 척추성 소아마비로 아홉 달간 집에만 있어야 했다. 가는 오른쪽 다리를 가리려 여러 켤레 양말을 겹겹이 신고, 오른쪽 굽이 높은 짝짝이 신발을 신었으며, 긴 치마의 멕시코 의상을 입곤 했다. 걸을 수 있게 되자 재활 훈련으로 자전거, 롤러스케이트, 수영, 복싱, 레슬링 등을 두루 섭렵하며 모든 것을 정력적으로 해내는 것처럼 보였다. 하지만 실제로 이 사건을 계기로 또래와 달리 성숙하고 우울한 내면을 갖게 되었으며, 겉으로는 더욱더 천방지축으로 굴었다.

그녀는 멕시코 독일계 학교에서 초등교육을 마친 후 1922년 멕시코국립예비학교(Escuela Nacional Preparatoria)에 입학한다. 입학시험에 합격했을 때 가장 기뻐한 사람은 역시 아버지였다. 당시 전통은 가장 똑똑한 아들을 학교에 보내는 것이었다.

어머니는 그런 위험한(?) 곳에 딸을 보내는 것이 탐탁지 않았지만, 아들이 없던 아버지는 자신의 좌절된 학자의 꿈을 딸을 통해 이루고 싶었다. 그녀는 의과대학에 진학할 수 있는 5년 과정을 등록했다. 당시에도 그림에 흥미는 있었으나 장래로 진지하게 생각하지는 않았다.

멕시코의 초현실주의 화가로, 민중 벽화의 거장 디에고 리베라와 결혼으로 유명해졌으나, 교통사고로 인한 신체적 불편과 남편의 문란한 사생활에서 오는 정신적 고통을 극복하고 삶에 대한 강한 의지를 작품으로 승화시켰다. 1970년대 페미니스트들의 우상으로 떠오르며 세계적으로 유명해진 프리다 칼로 데 리베라(Frida Kahlo de Rivera)의 이야기다.

초현실주의 화풍으로 유명했지만, 자신은 정작 "나는 결코 꿈을 그리는 것이 아니다. 나의 현실을 그릴 뿐"이라며 '초현실'로 불리는 것을 거부했다.

거울 속 자신의 모습을 관찰하며 고통을 이겨 냈고, 자신과 관련된 소재를 즐겨 그렸기 때문에 그림 중 자화상이 많다. 143점의 회화 작품 중 3분의 1가량인 55점이 자화상이다.

## 사고를 당한 후 병상에서
## 자화상을 그리기 시작하다

멕시코시티 중앙에 있던 국립예비학교는 당시 멕시코 최고의 교육기관이자 혁명 이후 행동주의, 개혁주의, 분노, 열정이 지배하는 도가니의 한가운데였다. 당시 진보적인 교육부 장관 호세 바스콘셀로스의 정책 덕에 그해 여학생 입학이 처음으로 허용되어 프리다가 입학할 수 있었다. 당시 전교생 2,000명 중 여학생은 35명뿐이었다. 프리다와 동급생들은 멕시코 최고의 수재들이자 문제아였고, 장차 멕시코의 주역들이었다.

사회 분위기만큼이나 학교 내부에도 급진파와 극보수파 등 여러 정치적 분파가 치고받았는데, 특히 교내 출판물로 치열하게 싸웠다. 프리다도 여러 동아리 활동을 했는데, 그중 가장 열정적으로 참여했던 것은 '카추차스(Cachuchas)'였다. 프리다는 모든 것을 냉소적으로 대하는 카추차스의 분위기를 무척 좋아했다. 카추차스는 남학생 7명과 프리다를 비롯해 여학생 2명으로 구성되었다. 직접 정치에 관여하진 않았지만, 바스콘셀로스를 추종하는 등 낭만적 사회주의를 신봉했다.

그들은 명석한 두뇌로 학교 내 개혁을 선동하고 상식을 뛰어넘는 돌발행동 테러로 교실을 무질서에 빠트렸다. 예컨대 당나귀를 타고 복도를 지나가거나, 개를 폭약으로 감고 불붙여서 복도에 풀어놓는 등의 일이었다.

특히 안토니오 카소 교수를 꼰대라 생각해서 무척 싫어했는데, 골탕 먹이겠다고 벼르다가, 대강당에서 교수의 진화론 강의가 있던 날, 연단 바로 위 창문에 15cm가량의 폭죽을 설치하고 20분짜리 도화선을 밖으로 빼냈다. 강의하는 도중에 폭죽이 터지자 유리 조각, 돌멩이, 자갈이 교수의 머리 위로 쏟아졌는데 교수는 괴팍한 학생들이 익숙했던지 아무 동요 없이 툭툭 털고 강의를 이어갔다고 한다.

물론 카추차스는 늘 그렇듯 완벽한 알리바이가 있었는데, 미리 정해진 멤버가 설치 후 강의실에 착석하고 전혀 관계없는 다른 멤버가 일을 개시하는 식이었다고 한다. 칼로는 온갖 사고를 치고 다녔지만, 성적만큼은 우수했다. 특히 머리가 워낙 좋아 교과서를 한 번 읽으면 다 암기해 버렸다. 일설에 따르면 퇴학 통고를 받자마자 교육부 장관 바스콘셀로스에게 직접 항의서를 보냈는데, 장관이 여자애 하나 못 다루냐면서 교장에게 복학시키라고 했다고 한다. 그러자 프리다 칼로는 그 길로 책상을 박차고 학교를 나섰다고 한다. 이 무렵에 멕시코 벽화의 거장이던 디에고 리베라와 만나는데, 당시 리베라는 학교의 벽화 작업을 하던 중이었다.

그녀가 18세였던 1925년, 당시 남자 친구였던 알레한드로와 함께 본가인 코요아칸으로 향하는 버스를 타고 있었다. 그때 버스가 전차와 충돌하는 큰 교통사고가 나서 대수술을 받는다. 이 사고로 칼로는 왼쪽 다리 11곳이 골절되고 오른발이 탈골되었으며 요추, 골반, 쇄골 등의 부위가 골절되고 갈비뼈가 부러지는 심각한 중상을 입는다.

사실 죽지 않은 것만으로도 다행이었다. 의사들은 아무도 그녀가 다시 걸을 수 있으리라고 장담하지 못했다. 칼로는 꼬박 9개월을 전신에 깁스를 한 채 침대에 누워 있어야만 했다. 그녀는 이 사고로 자신은 다친 게 아니라 '부서졌다'라고 표현했다. 아무것도 꿈꿀 수 없는 시간이 칼로를 덮쳤다.

이 사고로 칼로는 죽을 때까지 하반신 마비 장애를 안고 살아가야 했고 세 차례의 유산, 그리고 끝도 없는 고통스러운 수술로 평생을 보내야 했다. 이 사고 이후 그녀가 받은 수술은 총 35번으로, 여기에는 소아마비와 사고의 여파로 인해 받은 척추 수술 7번도 포함되어 있었다.

이 교통사고의 여파는 매우 심각했는데, 사고가 일어날 당시 부러진 철근이 그녀의 허리 부분을 관통해 하필이면 자궁을 크게 다쳤다. 오랫동안 생리 불순에 시달려야 했고, 아이를 간절히 원했음에도 사고로 자궁의 기능이 상당히 저하되어 임신해도 유지하지 못하고 모두 유산하는 후유증을 겪어야만 했다.

깁스를 하고 침대에 누운 채 두 손만 자유로웠던 칼로가 할 수 있는 일은 오로지 그림을 그리는 것뿐이었다. 부모는 그녀를 위해 침대의 지붕 밑면에 전신 거울을 설치한 캐노피 침대와 누워서 그림을 그릴 수 있는 이젤을 마련해 주었다. 운신할 수 없었던 칼로는 거울에 비친 자신을 관찰하고 또 관찰하며 자신의 모습을 그려 가기 시작했다. 이것이 그녀가 평생을 두고 자화상을 그리기 시작한 계기였다. 칼로는 자화상에 대해 "나는 너무나 자주 혼자이기에, 또 내가 가장 잘 아는 주제이기에 나를 그린다"라고 말했다.

## 정신과 육체의 고통을 견디며
## 자기만의 화풍을 만들다

걷기 위한 여러 차례 수술 끝에 칼로는 기적적으로 걸을 수 있게 되었다. 그러나 후유증으로 인한 고통은 그녀를 평생 괴롭혔다. 척추의 고통은 그녀에게 새로운 꿈을 꾸게 했다. 병상에 누워 그림을 그리는 동안 칼로는 자신의 운명이 그림에 있음을 느꼈다.

그러나 미술교육을 제대로 받은 적이 없었기에 그림을 정확히 평가해 줄 사람이 필요했다. 칼로는 리베라가 그런 사람이라고 생각했다. 칼로는 사회주의 사진작가인 티나 모도티를 통해 리베라를 만났다. 그리고 그로부터 자신의 그림에 대한 재능과 열정을 평가받고 싶어 했다.

사실 우연히 스치긴 했지만, 사고를 당하기 1년 전 학교에 작업을 왔던 디에고 리베라와는 만난 적이 있었다. 디에고는 그녀와의 첫 만남을 또렷하게 기억하고 있었다. 그는 이후 당시 첫 만남을 이렇게 묘사했다.

"그녀의 태도는 얼핏 봐도 남달랐다. 어딘지 모르게 위엄과 자신감이 있었고, 눈동자는 야릇한 빛을 뿜었다. 그녀는 아직 어린아이처럼 귀여웠으나, 어딘가 모르게 꽤 성숙한 분위기가 느껴졌다."

칼로의 그림을 본 리베라는 "프리다의 작품에서 예기치 않은 표현의 에너지와 인물 특성에 대한 명쾌한 묘사, 진정한 엄정함을 보았다. …… 잔인하지만 감각적인 관찰의 힘으로 더욱 빛나는 생생한 관능성이 전해졌다. 나에게 이 소녀는 분명 진정한 예술가였다"라고 평했다. 리베라는 화가가 되겠다는 칼로의 결심을 굳혀 주었고, 둘 사이에는 사랑이 싹텄다. 당시 디에고에 대한 사랑을 프리다는 다음과 같이 한 문장으로 묘사했다.

"나의 평생 소원은 단 세 가지, 디에고와 함께 사는 것, 그림을 계속 그리는 것, 혁명가가 되는 것이다."

1929년 8월, 22세의 칼로는 그녀보다 21년 연상인 리베라와 결혼했다. 이미 두 번이나 결혼한 적이 있는 리베라와 칼로의 결합을 사람들은 '코끼리와 비둘기의 결합'이라고 했다.

당시 멕시코를 대표하는 천재 화가의 반열에 올랐던 리베라의 아내로서 칼로는 만족하는 듯이 보였다. 멕시코 공산당 입당과 탈당을 같이했으며, 함께 사회운동에 나섰고 그의 그림을 위해 기꺼이 모델이 되었으며 영감을 주기 위해 애썼다. 그러나 한 남자의 아내로 사는 조용하고 행복한 삶은 칼로와는 먼 것이었다. 게다가 이미 엄청난 여성 편력이 있던 리베라는 결혼 후에도 외도를 멈추지 않았다. 남편 리베라로 인해 칼로는 질투와 분노를 넘어선 고독과 상실감을 평생 안고 살아가야만 했다.

프리다는 디에고와 많은 작품 활동을 같이했지만, 디에고의 여성 편력으로 2차례의 이혼과 재결합을 했다. 과거에 겪었던 사고의 후유증은 매우 심각해서 그녀는 평생 아이를 소망했으나 모두 유산하고 만다. 칼로는 리베라의 아이를 낳고 싶었지만, 교통사고로 다친 그녀의 몸은 아이를 품지 못했다.

몇 차례의 유산은 '모성을 가진 여성의 삶을 살 수 없다'라는 절망감을 더해 주었다. 리베라와 아이에 대한 채워지지 않는 갈증을 그림으로 승화하기 시작했다. 칼로는 멕시코 전통 속에 고독과 고통을 녹여 내어 어떤 미술 범주에도 들지 않는 자신만의 독특한 화풍을 일구어 냈다. 일부 유럽의 예술가들은 그녀의 그림을 당시 유행하던 초현실주의의 걸작이라고 평했지만, 앞서 언급했듯이 그녀는 자신의 그림이 초현실주의를 비롯해 어느 범주에도 들지 않는다며 그런 평가를 인정하지 않았다.

리베라의 수많은 여성 편력을 인내했던 칼로였지만, 여동생 크리스티나와의 관계는 도저히 참을 수 없었다. 남편과 여동생에게 동시에 배신당한 칼로는 리베라의 성실한 아내

역할을 그만둬 버렸다. 그녀는 남편을 떠나 자유롭게 여행했으며 조각가, 사진작가 등을 애인으로 두기도 했고 동성과도 사랑을 나누었다. 별거하는 동안 칼로는 술을 너무 많이 마셔 가뜩이나 좋지 않은 건강마저도 악화되었다. 그럴수록 그녀의 정신은 더욱더 리베라에게 집착했다. 리베라를 증오하면서도 떠나지 못했고, 사랑하면서도 가까이 가지 못하는 상황이 그녀를 더 힘들게 했다.

다만 한순간 칼로에게 남편 리베라를 대신할 만한 강렬한 만남이 있었다. 상대는 스탈린에게 쫓겨나 멕시코로 망명 온 트로츠키였다. 레닌이 죽은 후 당의 노선을 놓고 스탈린과 대립하던 트로츠키는 1927년 당에서 제명되고 1929년에는 소련에서 추방되었다. 튀르키예, 프랑스, 노르웨이를 전전하던 트로츠키를 멕시코로 부른 것은 리베라였다. 리베라는 당시 대통령이던 카르데나스에게 청해 트로츠키 부부가 멕시코로 망명할 수 있도록 적극 주선했다. 그리고 트로츠키 부부의 거처로 칼로의 친정집인 '푸른 집'을 제공했다.

칼로는 트로츠키라는 이 지치지 않는 시대의 혁명가에게 매료되었다. 그것은 사랑이라기보다는 경외에 가까운 감정이었을 것이다. 트로츠키 또한 나이에 비해 어른스럽고 강렬한 개성을 가진 칼로에게 이끌렸다. 두 사람의 관계에 대해서는 의견이 분분하다.

연인이었다는 의견도 있고, 단순한 동지애에 그쳤다는 의견도 있다. 그것이 애정이었든 우정이었든, 칼로가 트로츠키에게 선물한 자화상 속 그녀의 모습은 밝고 신선하며 당당한 분위기를 풍긴다. 리베라에게 얽매여 있었을 때 그린 어두운 분위기의 자화상과는 사뭇 다르다. 그림으로 표현된 칼로의 감정은 분명 연모였다. 그러나 두 사람의 만남은 오래가지 못했다.

1937년 1월 망명한 후, '푸른 집'에 기거하던 트로츠키는 그해 7월 서둘러 거처를 다른 곳으로 옮긴다. 서로에게 끌리는 주체할 수 없는 감정을 추스르기 위한 트로츠키의 이성적 판단이었던 것 같다. 1년 후 칼로는 뉴욕과 파리로 전시 여행을 떠났고, 트로츠키는 1940년 스탈린이 보낸 자객에 의해 처참하게 살해되었다.

트로츠키와의 만남 이후 자신에게서 마음이 일시적으로 떠나 버렸던 칼로에게 배신감을 느껴서인지, 아니면 당시 열애 중이던 미국 여배우와 결합하기 위해서였는지는 알 수 없으나 칼로를 오래 붙잡았던 리베라는 1939년 그녀에게 이혼을 요구했다.

리베라의 수많은 외도와 배신을 참아가면서도, 자신도 다른 사람과 애정을 나누면서도, 언제까지나 리베라의 곁에 있고 싶어 했던 칼로의 바람은 무너졌다. 이혼을 받아들이고 칼로는 분노와 상실감에 피폐해졌다. 비록 질투와 배신감에 온몸을 떤다고 하더라도 리베라의 곁이 아니면 자신의 삶은 어둠뿐이라고 생각했다.

이즈음 늘 그녀를 괴롭혔던 척추의 고통이 본격화되기 시작했다. 몇 차례에 걸쳐 대수술을 했지만 그녀의 육체는 계속 무너져 내렸다. 이혼한 지 1년 후 미국에서 수술을 마친 칼로에게 리베라가 다시 찾아왔다. 그들은 경제생활과 성생활을 함께하지 않는다는 조건으로 재결합했다. 리베라와 두 번째 결혼 후의 삶은 겉으로는 비교적 평온했다.

고향 코요아칸에서 앵무새와 원숭이, 개를 기르며 칼로는 정신적인 안정을 되찾아 갔다. 그림을 계속 그렸고 학생들에게 미술을 가르쳤다. 뉴욕과 파리 전시 이후 국내는 물론 국제적으로도 명성이 쌓여 갔다. 리베라의 독특한 아내가 아닌 화가 칼로의 입지도 확고해졌다. 리베라의 외도는 여전했지만 그건 이제 아무런 문젯거리가 되지 않았다. 지옥과도 같은 육체적 고통이 그녀를 내리찍어 오로지 자신의 척추와 그림 외에 다른 것을 생각할 여유도 없었다.

1940년대 말부터 건강이 악화된 칼로는 결국 오른쪽 다리를 잘라내야만 했고, 몇 차례의 척추 수술은 실패를 거듭했다. 칼로는 하루의 대부분을 누워서 지내야만 했으며 휠체어에 기대 간신히 앉아 있을 수 있었다. 아프지 않은 날이 없었지만, 칼로는 그림을 포기하지 않았다. 하루에 서너 시간씩 그림을 그려 나갔다. 1948년 멕시코 공산당에 다시 입당한 뒤 사회적 관심과 참여도 게을리하지 않았다. 그녀의 정치적 성향은 말년에 그린 그림에 잘 드러난다.

1953년 멕시코에서는 처음으로 칼로의 개인전이 열렸다. 그녀의 삶이 얼마 남지 않았음을 직감한 리베라와 친구들이 열어 준 전시회였다. 일어나 앉지도 못하게 된 칼로는 침대를 그대로 전시회장으로 옮겨 개막식 축하연에 참석했다. 그녀는 누운 채로 전시회를 보러 온 군중 앞에서 노래하고 마시며 함께 기뻐했다.

    1년 후인 1954년 7월 칼로는 "당신을 빨리 떠날 것 같다"면서, 한 달여 남은 결혼 25주년 기념 은혼식 선물을 리베라에게 주었다. 그리고 그날 새벽, 칼로는 폐렴 증세가 악화해 고통과 고독 속에서 보낸 47년의 슬픈 생을 마쳤다.

    사망하기 8일 전 수박들의 단면을 통해 자기 인생의 고통스러웠던 면을 승화시킨 〈Viva la Vida〉라는 그림을 유작으로 남겼다. 그녀의 일기 마지막에는 "이 외출이 행복하기를 그리고 다시 돌아오지 않기를"이라고 쓰여 있었다고 한다. 이 글로 일부 사람들은 그녀가 스스로 목숨을 끊었을지도 모른다고 추측하기도 한다. 칼로가 죽은 뒤 1년 후 리베라는 그녀가 태어나고 죽을 때까지 살았던 코요아칸의 '푸른 집(Casa azul)'을 나라에 기증했다. 그녀의 집은 지금은 그녀를 기리는 미술관이 되어 있다. 멕시코 정부는 그녀의 모든 작품을 국보로 지정했다.

### 절망의 끝에서
### 희망을 찾아내고 자존감을 회복하다

그녀는 죽은 지 20여 년이나 지나서야 1970년대 페미니즘 운동이 일어나면서 다시 한번 세계인에게 재발견되어 주목받았다. 그녀의 그림이 표현하는 솔직 담백한 여성성과 섹슈얼리티를 후세의 페미니스트들이 높이 평가한 것이다. 하지만 조금 더 상상력을 동원해 보면, 그녀의 삶은 페미니즘 그 이상의 인간적 함의를 담고 있음을 잘 알 수 있다. 그녀는 당당한 자존감을 가진 사람으로서 삶을 '살아낸' 것이다.

프리다 칼로가 자신의 작품에 대해 유럽의 평론가들이 초현실주의라고 규정한 것을 거부한 것도 유럽의 초현실주의는 유럽의 모더니즘에서 잉태되었음을 잘 알았기에 인정할 수 없었다. 그녀가 생각하는 자신의 작품 세계는 자신만의 정신 세계와 그 근간을 관통하는 '멕시코'라는 전통에 있다고 확신했기 때문이다.

그녀는 화가가 되기 위해 정식으로 그림을 공부한 경험도 없는 사람이었다. 그녀에게 그림은 고단한 심신이 기댈 곳이었고 자신을 위로하는 유일한 행위였으며, 무엇보다 자신의 상처받은 영혼을 치유하는 과정 그 자체였다. 그래서 그녀는 거울 속의 자신을 계속해서 마주했고 그것을 그림으로 그려 냈다. 또한, 어느 정도 그림이 익숙해졌을 때 그녀는 그림을 자신의 이상을 이루는 방식으로 활용했다.

멕시코 정부의 집권자들은 문맹률이 높았던 당시 멕시코 대중을 교화하고, 계몽하려는 정책의 하나로 벽화 운동을 활용했고 디에고 같은 이들에게 작업을 의뢰했다. 그들의 본질적인 목적은 정치적 교화에 있었지만, 벽화 운동은 미술가들에게 멕시코적인 상징, 민중들의 이미지에 대한 탐구를 가능하게 했다. 그래서 그 모든 과정을 읽었던 프리다 칼로는 그림을 정치적 내용보다는 개인적이고 멕시코의 전통에 뿌리를 둔 표현 수단으로 승화시킨 과도기적 화가의 역할을 충분히 해낸 인물이었다.

여섯 살에 소아마비, 열여덟 살에 대형 교통사고, 30여 차례가 넘는 수술, 죽음까지 이른 병마, 남편의 끝없는 여성 편력, 세 차례의 유산, 불임 등 50세도 넘기지 못한 그녀의 삶은 어느 한순간 편안할 틈이 없었을 정도로 부대끼고 또 부대꼈다. 그러나 그녀가 붓을 손에 잡은 순간 그녀의 그러한 반복된 고통과 절망들은 자연스럽게(?) 수많은 작품의 오브제로 끌어들였다.

그녀는 자신의 고통과 아픔을 예술로 승화하는 방식으로, 스스로를 치유하기 위해 변환시켰다. 그저 조그맣게 개인적으로 소심하고 소소하게 한 것이 아니라, 당당하고 활력 있게 그녀의 삶 전체를 에너지로 연소시켜 가며 제대로 그림을 배우고 공부한 어떤 화가보다 강렬하게 그려 냈다.

글을 배우지 못한 이가 글을 쓰고 어느 정점을 통과해 전문 작가의 수준까지 글을 쓸 수 있기까지 과정에는 엄청난 노력이 수반된다. 그림 역시 제대로 공부하지 않고 그저 독학으로 전문적인 화가들이나 평론가들의 인정을 받을 만한 수준까지 오르려면 어지간한 노력으로는 불가능하다는 뜻이다.

육체의 장애가, 정신의 피폐함과 그 고난들도 그녀의 극복 의지를 가로막지 못했다. 절망의 끝에서도 보이지 않는 희망을 찾아내고 만들어 내겠다고 전쟁 같은 삶을 '살아냈던' 그녀다. 손끝에서 발끝까지 무엇 하나 잘못된 곳 없는 건강한 육체를 가진 이들이 그것을 당연한 것으로 여기며 적당히 노력하고 실패니 좌절이니 입에 올리는 것은 참으로 부끄러운 일이다.

당신의 삶을 온전하게 만들어 줄 사람은 세상 그 어디에도 없다. 당신이 꿈꾸는, 어느 한순간 자고 일어났더니 신데렐라가 되는 말도 안 되는 판타지는 절대 일어나지 않는다. 당신 손으로 하나부터 차곡차곡 만들고 이뤄 내지 않고서는 손에 쥘 수 있는 건 아무것도 없다. 어영부영 살다가 마치기에는 너무도 아까운, 짧디짧은 한 번뿐인 인생이다.

# 절망을 연기로, 고통을 유머로 승화한
# 찰리 채플린

**Charles Chaplin(1889~1977)**
찢어지게 가난해서 고아처럼 자랐지만, 가난의 경험을
연기로 승화시켜 세계 최고 희극배우로 인정받다.

" 세상은 날 조롱했지만,
나는 웃음을 무기로 삼아
세상에 맞섰다. "

## 연기 인생에 자양분이 되었던 가난과 뜨내기 생활

1889년 웨스트 미들랜즈 지방의 집시 캐러번에서 태어났다. 부모가 모두 무대 연예인이었는데, 아버지가 가수였고 어머니가 단역배우였다. 아버지가 어머니와 곧 이혼했기 때문에, 어머니와 함께 여러 곳을 전전하며 뜨내기처럼 살았다. 어머니가 후두염으로 목소리를 잃고 뮤직홀에 나갈 수 없게 되면서, 몇 번씩 극단을 옮겨 다니다가 결국 연극 일을 포기하고 재봉사로 일하며 근근이 생계를 잇는 지경이 되었다. 이후 그는 이 시절 겪은 배고픔을 평생 잊지 못했고, 이때의 경험이 훗날 영화들에 반어적으로 나타났다고 회고한다.

어머니는 생활고로 인한 극심한 마음고생으로 1895년부터는 조현병 증세를 보이다가 결국 정신질환에 걸리고 말았다. 어머니의 정신질환은 심각해 악화와 호전을 반복하며 수시로 정신병원에 들락거렸다. 그와 형은 함께 보육원에 맡겨지거나 아버지와 잠시 지내다가 계모의 학대를 못 이겨 다시 나오는 등 상당히 불안정한 생활을 해야 했다.

그러나 그에게는 탁월한 연기의 재능이 있었다. 그 재능을 가장 먼저 알아봤던 그의 아버지가 8세였던 그를 친구가 경영하는 에이트 랭커셔 래즈(Eight Lancashire Lads)라는 아동 극단에 입단하도록 주선했다. 그는 여기서 처음으로 코믹 연기를 선보여 호평을 받았지만, 이 극단 생활은 오래가지 못했다. 배우의 길을 반대한 어머니가 3년 만에 강제로 그를 퇴단시켰기 때문이다.

한편 형인 시드니는 여객선의 나팔수 겸 급사로 취직했고, 이후 동생과 마찬가지로 연기에 재능을 보이면서 찰리보다 먼저 연예계에 뛰어들었다. 12세 때 아버지가 세상을 떠난 이후로 자주 정신병원을 드나드는 어머니 때문에 고아나 다름없이 지내야 했다. 형의 권유로 '블랙모어 극단'에서 나이를 14세로 속여 오디션을 보았고, 여기서 연극 〈셜록 홈스〉에 꼬마 급사로 출연해 호평을 받았다.

무려 3개국을 돌아다녔으며, 나중에는 런던으로 가서 연극 〈셜록 홈스〉의 원작자(정확히는 아서 코난 도일과 공동집필)이자 연극에서 최초로 셜록 홈스를 연기한 배우인 윌리엄 질렛(William Gillette)과 함께 연기하는 영광을 누리기도 했다.

점차 연기력을 인정받기 시작하면서 1908년(17세)에 당시 영국 최고의 인기 희극 극단 프레드 카노(Fred Karno)에 입단해 1913년까지 희극배우로서 명성을 쌓았다. 이때 미국과 프랑스 순회공연도 다녀온다. 댄스, 노래, 어릿광대, 몸짓 흉내, 무언극 등 희극배우로서 재질을 키우기 위한 전문적인 수업을 받게 된 것이 바로 이 시절이었다.

영국의 배우이자 영화감독, 음악가이며, 인류 역사상 가장 위대한 코미디언이었던 희극영화의 거장, 우리에게는 찰리 채플린이라는 이름으로 더 유명한 본명 찰스 스펜서 채플린 주니어(Charles Spencer Chaplin Jr.)의 이야기다.

채플린은 영화 역사상 가장 위대한 감독에도 빠지지 않고 손꼽히는 영화계의 거장이자 20세기 영미권 연예계의 상징과도 같았던 전설로, 특유의 콧수염과 우스꽝스러운 동작으로 자신의 독보적인 작품 세계를 구축한 인물이다.

## 영화의 황금기에 스타로 우뚝 서다

1912년 카노 극단이 미국 순회공연을 할 때 영화 제작자 맥 세네트은 그를 할리우드로 초청했으며, 채플린은 여기서 큰 행운을 얻는다. 채플린의 탁월한 연기력이 키스톤 영화사의 맥 세네트의 눈에 띈 것이다. 당시 미국 영화는 발전단계에 있었고, 세네트는 희극영화 제작의 대가이자 미국 영화의 개척자였으므로, 채플린의 재능을 크게 성공시켜 주는 후원자 역할을 한다. 채플린은 키스톤 사와 계약을 맺고, 그해 12월부터 주급 150달러를 받고 영화에 출연했다. 그는 어떤 캐릭터를 만들어 내야 할지 고민했다.

분장실로 가면서 헐렁한 바지와 커다란 구두, 지팡이에 중산모(中山帽)를 쓰기로 했다. 헐렁한 바지에 꼭 끼는 상의를 입고 작은 모자와는 극단적인 대조를 이루는 큼지막한 구두를 신어 과장된 스타일을 연출했다. 우리가 익히 아는 채플린의 캐릭터 '떠돌이(The tramp)'가 이때 만들어졌다. 여기에 나이가 조금 들어 보이게 콧수염을 붙이니 그야말로 안성맞춤이다. 채플린은 영화 속에서 매우 똑똑한 부랑자가 되었다. 당시 채플린은 자신이 설정한 이 캐릭터에 대해 맥 세네트에게 이렇게 설명했다.

"이 인물에 대해 설명할 것 같으면, 정말 다재다능한 사람입니다. 뜨내기이면서 신사이자 시인이고 몽상가인가 하면 외톨이이기도 하죠. 항상 로맨스와 모험을 꿈꿉니다. 그리고 남이 자신을 과학자, 음악가, 공작, 폴로 선수로 알아주었으면 하지요. 그렇지만 겨우 한다는 짓이 담배꽁초를 주워 피우거나 아이들 코 묻은 사탕이나 뺏어 먹는 거예요. 그리고 가끔이기는 하지만 화가 머리끝까지 오르면 부인의 궁둥이도 서슴지 않고 걷어찹니다."

처음으로 출연한 영화 〈메이벨의 알 수 없는 곤경〉(1914)에서부터 채플린의 연기는 좋은 반응을 얻었다. 영화가 거듭될수록 애수를 띤 희극적인 부랑자는 대중의 자리에 깊게 각인되었지만, 채플린의 독특한 아이디어와 감각은 오히려 감독들과 불화를 일으키는 원인이 되었다. 명성을 얻은 채플린은 결국 스스로 감독이 되어 자신의 영화에 출연했다.

맥 세네트는 어떻게든 채플린을 억누르려고 했지만, 영화 상영업자들이 채플린의 작품을 계속해서 원했기에 어쩔 수 없이 채플린으로부터 영화가 망했을 때를 대비한다는 명목으로 1,500달러를 받은 뒤에야 채플린에게 감독을 할 수 있는 권한을 부여했다. 이렇게 해서 나온 영화가 바로 〈사랑의 20분〉(1914)이다.

이후 채플린은 거의 일주일에 한 작품 꼴로 영화를 찍기 시작했고, 점차 영화감독으로서 테크닉과 스틸을 터득해 갔다. 한편 채플린은 1914년 11월 개봉한 키스턴 최초의 장편 코미디 영화인 〈틸리의 무너진 로맨스〉에도 주연으로 출연했는데, 영화가 초대박을 치면서 채플린은 키스턴에서 가장 유명한 스타가 되었다.

하지만 키스턴의 벅찬 스케줄에 지친 채플린은 결국 1915년, 키스턴에서 독립했으며 이후 에세네이, 뮤추얼 등 상대적으로 나은 조건을 제공하는 영화사들을 전전하면서 영화를 만들기 시작한다. 이때부터 시간의 여유가 생긴 채플린은 당시에는 드물었던 재촬영을 적극적으로 시도해, 만족스러운 장면이 나올 때까지 작업에 몰두하는 근성을 발휘했다. 당시 코미디 영화의 관객이 주로 가난한 사람들이었다는 점을 고려해, 영화에서 당하는 사람들을 부잣집 신사, 콧대 높은 여성, 차별적인 경찰관 등으로 설정했다.

이러한 그의 전략은 먹혀들어 가서 채플린은 인형, 담배, 보드게임, 만화 등 자신을 모델로 한 각종 상품이 만들어지는 것은 기본이고, 그를 흉내 내는 대회 등이 수시로 열릴 정도로 엄청난 인기를 얻었다. 심지어 다른 배우들이 채플린의 연기 스타일을 무단으로 베끼거나 짝퉁 채플린 영화를 만드는 등의 문제까지 생겨서 골치를 썩이기도 했다. 영화계에서 잔뼈가 굵을수록 채플린의 보수는 천문학적으로 치솟았다. 단 몇 년 사이에 채플린은 일약 할리우드 최고의 스타가 되었다.

1917년 뮤추얼 영화사와 우호적으로 계약을 끝낸 채플린은 퍼스트 내셔널 영화사로 이적했는데, 이때부터는 감독과 각본을 담당하는 것도 모자라 아예 자기 마음대로 활용할 수 있는 스튜디오까지 지어 놓고 작업하기 시작했다.

또한 퍼스트 내셔널 시절부터 그는 당시로써는 꽤 참신

한 특수 효과 등을 동원해서 더 짜임새 있는 영화를 제작하기 시작했다. 이 시기 채플린은 첫 번째 부인인 밀드레드 해리스가 아이를 유산하자 그녀에 대한 애정이 식어 자주 다투는 등 불안정한 사생활로 인한 슬럼프를 겪으며, 다소 매너리즘에 빠진 범작을 많이 내놓았다.

1919년 채플린은 기존 거대 영화사들의 대규모 합병에 대항하기 위해 동료 영화인과 함께 '유나이티드 아티스트'라는 신흥 영화사를 창립했다. 1921년에는 밀드레드와 이혼 소송을 마무리하고 아역 배우 재키 쿠건을 공동 주연으로 발탁해, 희극과 비극이 교차하는 참신한 구성의 영화 〈키드〉를 발표하며 성공적으로 재기했다. 이듬해인 1922년에 개봉된 〈순례자〉는 개신교의 맹목적인 전도 행위를 풍자해 찬사와 비난을 동시에 받기도 했다.

1923년 본인은 영화에 출연하지 않고 희극적 요소도 완전히 배제된 〈파리의 여인〉을 발표하면서, 채플린은 유나이티드 아티스트에 본격적으로 둥지를 틀었다. 〈파리의 여인〉은 비평가들로부터 대단한 호응을 얻었지만, 코미디 스타가 아닌 '진지한' 영화감독 찰리 채플린을 인정하지 못하는 관객들에게 외면당하면서 채플린 영화 중 최악의 흥행 성적을 냈다. 이 영화는 후에 다시 발성영화로 재개봉했으나 역시 흥행에는 실패하고 말았다.

결국, 코미디언으로 복귀한 채플린은 작정한 듯이 영화 작업에 몰입해 〈황금광 시대〉(1925), 〈서커스〉(1928), 〈시티 라이트〉(1931), 〈모던 타임스〉(1936), 〈위대한 독재자〉(1940) 같은 걸작을 차례로 선보이면서 제2의 전성기를 누린다. 그러나 이와 같은 히트작을 내던 시기에 그는 내내 고난이라고밖에 여길 수 없었던 힘겨운 일들을 겪는다.

1926년 1월에 크랭크인했던 〈서커스〉는 한 달간이나 촬영한 필름이 현상실의 실수로 흠집이 생겨서 전부 폐기한 뒤 재촬영해야만 했고, 9월에는 스튜디오에 원인 모를 화재가 발생해 촬영이 한 달간 전면 중단되기도 했다.

그해 12월에는 채플린의 두 번째 부인 리타 그레이가 이혼 소송을 내고 막대한 위자료를 요구하는 동시에 재판정에서 채플린이 자신에게 변태적인 성행위를 강요했다고 증언하면서 이미지에 심각한 손상을 입었다. 설상가상으로 이혼 소송 중이던 1927년에는 갑자기 미국 정부가 100만 달러 이상의 탈세 혐의로 채플린을 기소하는 일까지 벌어지고 만다. 게다가 〈서커스〉가 개봉되기 직전인 1927년 10월, 〈재즈 싱어〉가 개봉되면서 본격적으로 유성영화의 시대가 개막되어 위기를 맞게 된다.

1928년 1월 개봉한 〈서커스〉의 흥행은 성공적이었지만, 영화계의 판도가 무성영화에서 유성영화로 바뀌는 것을 절감했다. 다소 과장되어 보이긴 해도, 무성영화 시대의 풍부하고 감수성 있는 몸짓 연기를 몹시 사랑했던 채플린은 "영화는 끝났다. 더 이상 사람들은 상상하지 않을 것이다"라며 영화계 은퇴를 선언했다.

하지만 1931년 은퇴 선언을 번복하고 자신의 다음 영화 〈시티 라이트〉를 무성영화로 만들어 개봉하면서 무성영화에 대한 경의를 표하는 동시에, 초반부의 조각상 장면에서 등장인물의 목소리를 지직거리는 백색소음으로 처리함으로써 당시의 조악한 녹음 기술을 조롱했다. 〈시티 라이트〉의 첫 시사회에는 알베르트 아인슈타인 박사까지 참석했고, 찰리 채플린은 프랑스 정부로부터 레지옹도뇌르 훈장까지 받았다.

## 사회를 비판한 작품 때문에 공산주의자로 몰리다

유성영화의 시대가 열리며 그 변화에 바로 적응하기 시작한 채플린은 1936년 개봉한 〈모던 타임스〉에서부터 기계화와 자동화로 인한 실업 문제라는 사회 현실을 적극적으로 풍자하는 연출을 시도했다. 그러나 이러한 채플린의 시도는 나치로 인한 제2차 세계대전의 조짐과 소련의 대두 등의 외부적 문제들과 결부되어 '공산주의자'라는 오명을 뒤집어쓰는 빌미를 제공했다.

이후 채플린은 자신과 히틀러의 외모가 비슷하다는 점을 이용해 '아데노이드 힝켈'이라는 독재자와 유대인 이발사라는 1인 2역으로 나치를 풍자한 〈위대한 독재자〉(1940)를 완전 발성영화로 선보인다. 영화의 마지막 연설 장면 때문에 당시 제2차 세계대전에 관여하지 않으려고 했던 미국 정부로부터 미운털이 박힌다. 하지만 그즈음 미국은 공산주의자들에게 대한 강한 알레르기 반응을 보이지 않던 시기라 큰 논란 없이 지나갔다.

하지만 제2차 세계대전이 끝나고 '냉전' 시대에 접어들어, 매카시즘으로 대표되는 빨갱이 사냥 열풍이 미국 전역을 휩쓸기 시작하면서 공산주의자들이 미국의 자유주의를 위협한다는 여론이 생겨났다. 특히 불법적으로 연예인들의 사생활을 캐내고 이용하는 것으로 유명한 FBI 국장 존 에드거 후버까지 채플린에게 이상할 정도의 관심을 보이기 시작했다.

FBI는 영국 정보부 보안국 MI-5에 채플린의 과거에 대한 뒷조사를 의뢰하는가 하면, '조앤 배리'라는 여자와 접촉해 채플린이 자신을 강간해 임신했다며 모해 소송까지 펼치게 하는 등 사방팔방으로 압박을 가했다.

조앤 배리와 소송을 끝낸 채플린은 오슨 웰스가 프랑스의 연쇄 살인범 앙리 데지레 랑드뤼의 범행을 소재로 집필한 각본을 사들여 당시 미국의 고위층을 풍자하는 블랙 코미디 영화 〈살인광 시대〉(1946)를 완성하고 개봉했다.

그러나 "1명을 죽이면 살인범이지만 전쟁으로 100만 명을 죽이면 영웅이 된다"며 전쟁을 비꼬는 대사가 "전쟁터에서 싸운 병사들을 욕하고 있다"라는 비판에 직면한다. 결국, 주인공 베르두가 돈 많은 여성들과 결혼한 뒤 살해해 재산을 빼앗는다는 내용을 문제 삼은 영화 검열 위원회와 가톨릭 풍기 위원회 등은 물론, 조앤 배리 사건과 영화를 연관시킨 관객마저 채플린을 비난하면서 그의 인기는 급락하고 말았다.

미국 활동에 염증을 느낀 채플린은 일종의 회고 영화인 〈라임라이트〉(1952)를 완성한 뒤 휴식 차 가족들과 영국을 방문한다. 하지만 여객선이 영국에 도착하기도 전에 연방 정부는 재입국 허가를 무효 처리하는 명령을 내렸고, 채플린은 이에 굴복하지 않고 아예 활동 거점을 유럽으로 옮겨 버렸다.

이후 채플린은 주로 스위스에 거주하면서 영국에서 영화를 촬영하는 식으로 생활했다. 영국에서 제작한 첫 번째 영화인 〈뉴욕의 왕〉(1957)에서 채플린은 로큰롤을 부정적으로 묘사하면서 미국 대중문화의 방종과 퇴폐를 비판했다. 후반부에는 자신의 부모님을 위해 동료들의 이름을 밀고하는 소년을 통해 매카시즘을 비판하는 등 대놓고 미국을 비판하는 모습을 보여 주었다. 그러나 할리우드에서처럼 자신이 영화 제작에 관한 전권을 위임받는 시스템이 아니어서, 특유의 코미디 센스도 위축되었고 너무 미국을 편협하게 묘사했다는 평론가들의 비판에 직면했다.

1959년부터 1964년까지는 방대한 분량의 자서전을 집필했고, 마지막 영화이자 유일한 컬러 작품인 〈홍콩에서 온 백작부인〉(1967)을 제작했다. 그러나 이 영화는 말론 브란도와 소피아 로렌 주연에 유니버설 픽쳐스라는 거대 영화사의 제작이라는 이점을 살리지 못해 구식 로맨틱 코미디 취급을 받으며 폭망하고 말았다.

1970년대 들어서 다리 부상 등으로 인해 점차 건강이 쇠약해지기 시작한 채플린은 신작을 만드는 대신, 그동안 감독했던 영화들에 음악과 색을 입혀서 재개봉하는 작업을 했다. 이즈음 채플린은 그동안 영화계에 공헌한 업적으로 각종 상과 직위를 수여 받았다. 1972년에는 영화 예술 아카데미가 바치는 명예상 수상과 함께 참석자 전원으로부터 기립 박수를 받는다. 약 20년 만의 미국 방문이었으며, 감격에 겨운 채플린은 눈물을 흘리며 말을 잇지 못했다.

이후 말년에 뇌졸중을 앓게 되면서 휠체어 신세를 져야 했고, 의사소통조차 제대로 하지 못할 정도로 건강이 악화되었다. 결국, 채플린은 1977년 크리스마스에 스위스의 브베에 있는 자택에서 잠을 자던 중 숙환으로 타계했는데, 이때 그의 나이 88세였다.

장례 후 약 두 달 뒤, 돈을 노린 두 명의 엔지니어가 무덤을 도굴하고는 채플린의 가족들에게 유해를 되찾고 싶으면 돈을 내놓으라고 협박 전화를 거는 사건이 발생했다. 그들은 곧바로 체포되고 사건은 해프닝으로 끝났지만, 이후 같은 묘지에 재매장하면서, 도굴 시도를 막기 위해 관 위에 어마어마하게 두꺼운 콘크리트가 씌워졌다.

## 신념을 저버리지 않은 굳센 의지의 영화인

희극연기를 하는 이들의 무대 뒤에 감춰진 인간적인 모습은 때론 관객을 당혹하게 한다. 한국을 비롯해 전 세계의 관객은 그의 진짜 얼굴을 기억하지 못한다. 굳이 그의 진짜 얼굴을 보려 하지 않았다는 게 맞을 것이다. 그저 그가 만들어 낸 바보 같은 희극적인 동작과 잘 짜인 그 연기만을 보는 것이다.

하지만 앞서 살펴본 것처럼, 그는 가난에 찌들대로 찌든 생활을 감내해야만 했다. 하다못해 어머니가 노래하다가 삑

사리가 나서 술 취한 관객들에게 욕설을 들을 때, 삑사리 난 부분을 그대로 흉내 내 동전을 팁으로 받는 비참하기 그지없는 연기를 하기도 했다. 이후 자신이 쓴 자서전에서 그는 어머니의 그 수치스러운 모습을 흉내 내어 사람들에게 호응을 받았던 순간이 가장 후회되는 일이라고 회고했다.

그의 우스꽝스러운 연기가 사람들의 마음을 사로잡을 수 있었던 것은 코믹한 연기의 내면에 슬픔이 배어 있기 때문이다. 그는 가난하고 힘없는 이들을 대변하는 캐릭터와 지배 계층에 대한 풍자를 주로 연기했다. 관객의 심리를 대리 만족시켜 주는 효과를 노렸지만, 그가 배고프고 멸시받았던 시절의 기억을 뼛속 깊이 새겼기 때문이다.

가난으로 인한 결핍과 천대받던 기억을 연기하고 소재로 삼는다는 것은 그리 유쾌한 일도 아니거니와 하고 싶은 일도 아니었음에도, 그는 그것들을 발판으로 성공을 거두었다.

그의 영화를 자세히 살펴보면 영화가 지향하는 방향이 조금씩 변화하고 있음을 확인할 수 있다. 단순한 우스꽝스러운 상황이나 동작이 아닌, 그럴 수밖에 없었던 주인공과 주변 인물의 처지와 입장이 반전처럼 드러나곤 한다. 그는 그러한 체험을 통해 이와 같은 유명한 말을 남겼다.

"삶은 가까이서 보면 비극이요, 멀리서 보면 희극이다 (Life is a tragedy when seen in close-up, but a comedy in long-shot)."

정작 가난한 영국인이던 그를 세계적인 스타로 만들어 준 곳은 미국의 할리우드였다. 그렇게 부와 명예를 거머쥐었지만, 2차 세계대전을 지켜보고 〈살인광 시대〉를 통해 전쟁과 제국주의의 범죄성을 파헤쳤고, 그만이 할 수 있는 풍자적 기법으로 대중에게 그것을 알리고자 소리쳤다.

미국에서 그의 재입국을 막았을 정도로 예민하게 반응한 것은 그의 목소리가 일반 대중에게는 제대로 인식되지 못했지만, 그것을 읽어 냈던 식자층에게는 확실하게 전달되었기 때문이다. 당신이라면 매카시 열풍으로 서슬 퍼렇던 시대에 올곧은 목소리를 내고자 자신의 모든 것이 위험에 처하는 상황을 감내할 수 있었을까?

찢어지게 가난한 유년기에 바닥을 경험했던 이는 가난의 공포가 각인되어 다시 바닥으로 내려갈 수도 있는 위험한 일에 자신의 신념을 걸지 못하기 마련이다. 그것이 인간이다. 하지만 그는 그렇지 않았고, 이후에도 자신의 결정과 행보에 아무런 후회도 남기지 않았다. 그의 그런 메시지는, 그가 조국인 영국으로 돌아가지 않고 중립국이던 스위스에서 지내며 지속적으로 전달할 수 있었다.

우리 부모님 세대에게는 차마 입 밖에 내기 어려운 가난의 체험이 그리 낯설지 않다. 가난은 불편할 뿐, 그 자체로 창피한 것은 아니다. 그런데 이후 부와 명예를 얻어 상류층이 되었다고 해서, 자신의 과거나 자신의 부모를 부끄러워하는 것은 인간의 도리가 아니다. 그는 당당하게 가난한 시절이 연기의 바탕이 되었고, 감독으로서 자양분이 되었다고 자랑스러워했다. 당시 가난은 자신의 잘못도 아니었고, 그것을 부끄러워할 이유가 없기 때문이다.

아무것도 가진 게 없을 때, 신념을 걸고 정의를 외치는 것은 결단코 쉬운 일은 아니다. 부와 명예를 얻게 되면 이전의 자신의 배경과 철저하게 선을 긋고 자신이 이룩한 것을 지키는 일을 일생의 목표로 삼는 게 소인배의 특징이다. 더 가진 자들과 같은 편이라고 착각하고, 옳은 것에 대한 목소리를 내지 못하며, 심지어 가난하고 힘없는 자들을 무시하거나 조롱하는 자들은 채플린이 풍자의 대상으로 삼았던 배 나온 졸부이며 위선자에 불과하다.

무성영화의 슬랩스틱 캐릭터로 단련된 그는, 유성영화의 등장과 함께 은퇴를 선언하며 더는 자신이 할 수 있는 게 없다는 생각에 좌절한다. 하지만 그는 그렇게 모든 것을 포기하며 인생을 망치지 않았다.

그 이후 여러 사람의 질시와 음모에 불운까지 겹쳐 연이어 엎어지고 뒤집혔지만, 그는 은퇴를 번복하고 유성영화에 적응하기 위해 연구와 노력을 거듭해 유성영화에도 통하는 채플린만의 영화를 만들어 냈다. 그의 제2의 전성기는 그의 인생이 바닥으로 떨어졌다고 할 정도로 다사다난한 시기였다.

그가 단순히 웃기는 사람이 아니라, 우리를 웃을 수 있게 해주었던 대배우이자 감독으로 기억되는 이유는, 자신을 둘러싼 난관 속에서도 포기하지 않는 자세와 노력으로 모든 역경을 꿋꿋이 이겨 낸 이의 미소를 보여 주었기 때문이다.

누구나 삶의 비극을 맛보고 감내하며 속상할 때가 있다. 그럴 때 찰리 채플린을 돌아볼 필요가 있다. 우리가 기억하는 콧수염을 실룩거리던 그는 무대 뒤에서 내내 눈물을 쏟아

내야만 했고, 억울하게 자신이 살던 터전에서 불명예스럽게 쫓겨나기까지 했지만, 우리에게 웃는 모습으로만 기억되고 있지 않은가?

훗날 당신이 지금 겪는 그 모든 시련을 이겨 내고 미소 지으며 지난 시련을 추억이라 말할 수 있는 그 날, 지난 모든 날에 후회가 없었노라고 말하려면 일단 지금 시련으로 여기는 것을 이겨 내야 하지 않겠는가? 마냥 웃는 그의 미소가 깊게 다가오는 것은, 이겨 낸 시련의 골짜기가 그만큼 깊어서다.

# 비난 속에서 꽃피운 황금빛 반란,
# 구스타프 클림트

---

**Gustav Klimt(1862~1918)**
동생의 죽음과 함께 세상이 끝났다고 여겼지만,
다시 일어나 세상을 향해 자신의 목소리를 그림에 담아내다.

> 금기 속에서만 내 그림은 숨을 쉬었다.
> 사람들이 외설이냐 예술이냐를 따지고 들 때,
> 나는 그저 '영원'만 생각했다.

## 부모의 영향으로 예술적 기질을 키우다

1862년 7월 14일 빈 근교의 바움가르텐에서 7남매 중 둘째로 태어났다. 그의 아버지는 보헤미아 출신의 귀금속 세공사이자 조각가였다. 그가 나중에 금을 이용해 모자이크 작업으로 펼쳐내는 작품을 만들 수 있었던 것은, 어려서부터 자연스럽게 봐왔던 아버지의 수공예품에 대한 추억에서 학습된 것을 바탕으로 했기 때문이다.

그의 어머니는 음악의 도시 빈에서 주목받는 오페라 가수였다. 그 때문에 음악적 열정과 재능 또한 그대로 물려받았다. 음악가와 직접적인 교류가 없었음에도 그가 작품을 통해 악성 베토벤을 기념하고자 했던 것은 어려서부터 어머니에게 물려받은 음악에 대한 열정이 크게 작용한 것이라 할 수 있다. 부모의 직업에서 알 수 있듯이 집안은 상당히 유복한 편이었으나, 1873년 경제 위기의 여파로 집안 형편이 어려워졌다.

그는 1876년 14세가 되던 해, 빈의 응용미술학교에 입학한다. 그는 1883년까지 이 학교에서 모자이크 기법이나 금속을 이용하는 방법, 그리스의 도자기 미술, 이집트와 바빌론의 부조, 슬라브 민속학 등 수 세기에 걸친 다양한 장식 기법을 배워 자신의 미술 세계를 구축해 가기 시작한다. 그가 미술을 응용 미술인 장식 회화 분야로 배우기 시작했다는 점은 훗날 다양한 실험적 작품 세계를 전개하는 데 밑거름이 되었다.

이 시기에 그가 특히 매료되었던 것은 한스 마카르트

(Hans Makart, 1840~1884)로 대표되는 역사화였다. 역사화는 거대한 스케일을 자랑하면서도 섬세한 필치가 보는 이들을 압도하는 장르의 그림이었다. 특히 '예술의 연인'이자 '빈의 우상'으로 불리던 한스 마카르트의 역사화는 모호한 듯하면서도 지극히 매혹적이어서 어린 그의 마음을 사로잡아 묘한 미술적 상상력을 키워 가는 자양분을 제공했다.

그의 미술적 재능은 한스 마카르트를 능가할 만한 잠재력과 실질적 표현 능력을 모두 갖추었다. 1883년 그는 남동생 에른스트, 친구 프란츠 마치와 함께 공방을 열고, 이후 건축물 벽면의 회화 작품 등을 제작한다. 당시 왕실에서는 각 지역에 새로운 건축물을 건설하거나 수리할 때 실내에 적절한 그림을 그려 넣는 것이 일종의 유행이었다.

당시의 주도적인 화풍은 지극히 전통적인 사실적 화풍이 대세였다. 이에 세 예술가는 트란실바니아의 펠레스키 왕궁, 헤름스빌라의 침실 등 빈의 저택들을 '한스 마카르트 스타일'로 장식하면서 명성을 얻기 시작했다.

19세기 말에서 20세기 초까지 오스트리아 빈에서 활동한 화가이자 아르누보의 대표적인 화가로 손꼽히는 구스타프 클림트(Gustav Klimt)의 이야기다.

그는 아르누보 계열의 장식적인 양식을 선호하며 전통적인 미술에 대항해 '빈 분리파'를 결성했다. 관능적인 여성 이미지와 찬란한 황금빛, 화려한 색채를 특징으로 하고 성(性)과 사랑, 죽음에 대한 알레고리로 많은 사람을 매료시켰다.

## 끊임없이 금기를 넘어서며
## 시대를 앞서간 예술가

젊은 시절에는 사실적 회화에도 능했으나 점점 더 평면적이지만 장식적이고 구성적인 방향으로 나아갔다. 화풍뿐만 아니라 대학 회화라고 불리는 일련의 문제작에서 특유의 반항적이고 회의적인 주제의식을 보여 줘 큰 비난과 함께 명성을 얻은 바 있다.

하지만 20세기 들어서 모더니즘 계열의 미술이 빠르게 기존 회화 경향을 대체하면서, 클림트 이후의 작가들은 더 이상 그가 구축한 스타일의 그림을 그리지 않게 된다. 자신만의 독창적 화풍으로 확고한 위상을 구축했지만, 그 이전 전통과도 다르면서 훗날의 미술 양식과도 다른, 고립된 섬과 같은 위치에 있는 작가로 평가된다.

1886년 클림트는 기념비적인 작품을 착수하는데, 그것은 부르크 극장을 장식하는 작업이었다. 1888년에 완성된 〈구 부르크 극장의 관객석〉은 등장하는 한 사람 한 사람의 세밀한 초상을 섬세하게 그려 넣는 디테일을 구사해 보는 이들이 경탄을 자아내게 했다. 이 작업을 인정받아, 그는 황제에게 특별격려상인 황금공로십자훈장을 받았고, 그들의 명성은 빈에 널리 알려졌다.

1892년 자신을 지지하고 동료로서 큰 힘이 되어 주던 동생 에른스트가 죽자 클림트는 큰 충격을 받는다. 그 충격이 너무 커서 더는 그림을 그리고 싶은 욕구가 생기지 않을 정도로 그는 큰 슬럼프에 빠지고 만다. 이 휴지기가 어쩌면 클림트에게 단순히 그림을 잘 그리는 화가가 아닌, 예술가로서 사고의 깊이를 확보하게 한, 시련을 통한 사유의 기간이었을 것으로 본다.

동생의 죽음으로 깊이 팬 가슴을 어느 것으로도 채우지 못했던 그는 깊은 심연의 바닥까지 파고들어 인간의 운명과 구원에 대해 골똘히 생각하고 또 생각하며, 예술가로서 섬세하면서도 깊이를 갖추게 된다.

1895년 클림트가 다시 붓을 들기 시작했을 때 이미 그는 이전의 그와는 결별해 완전히 다른 사람이 되어, 상징주의자로서 면모를 갖추었다. 그때부터 그는 상징과 알레고리를 통해 현실을 풍자하고 인간의 운명을 암시하는 그림을 그리기 시작했다.

이때 마침 클림트는 동료인 마치와 함께 빈대학교 대강당의 천장 패널화를 의뢰받는데, 그가 의뢰받은 부분은 대학의 주요 학문인 '철학', '의학', '법학'을 상징하는 그림들이었다(친구 마치는 별도로 '신학'을 의뢰받았다). 이 작품이 완성되었을 때 빈의 미술계는 뜨거운 스캔들에 휩싸인다.

클림트가 그린 3점의 회화 작품은 화풍부터 기존 건축물의 패널화와 달랐지만, 특히 그 그림이 담은 주제 때문에 관계자들을 격분시켰다. 마치 인간이 우주 이치를 알기에는 너무나 미약한 존재이며(《철학》), 인간은 삶에서 죽음을 피할 수 없고(《의학》), 정의보다는 고통과 무질서가 더 가까이 있는 것처럼(《법학》) 해석되는 그림들이었기 때문이다.

이에 대해 일각에서는 클림트의 학력을 문제 삼으며 그에게 너무 벅찬 주제라 비난했다. 특히 빈대학교 교수진 87명은 〈철학〉을 반대하는 성명을 내기까지 했지만, 교육부 장관 리터 폴 하르텔 박사처럼 클림트를 지지한 사람도 있었다. 빈의 지식인 사이에서도 큰 논란의 대상이 되었던 〈철학〉은 결국 훗날 제4회 파리 만국박람회에서 금상을 수상하며 클림트 예술의 가치를 입증했다.

그러나 이 패널화는 끝내 대강당에 걸리지 못했고, 클림트는 이 그림들을 교정하라는 제의를 단호하게 거절했다. 그리고 국가로부터 받았던 제작비를 전액 돌려주고 '학부 회화' 최종판을 자신의 소유로 되돌렸다. 하지만 훗날 나치에 의해 퇴폐 미술로 낙인찍혀 압류당하는 수난을 겪으며, 전쟁 중 소실된 것으로 알려졌다. 이 세 작품은 흑백 사진으로만 남아 있다.

클림트는 자기 개성이 누구보다 강한 예술가였다. 한스 마카르트의 작품에 매료되어 한동안 역사화를 그렸지만, 그것은 어차피 종합 예술로 표현되는 자신의 예술 세계로 가는 과정이었다. 그는 영국, 프랑스 등에서 벌어진 인상파처럼 진보된 아방가르드 미술 운동을 접하고, 상대적으로 낙후된 오스트리아의 미술 경향과 미술 협회의 보수성에 반발했다.

빈 미술가 협회의 보수적 태도에 반감을 느낀 클림트는 반아카데미즘 운동을 하면서, 1896년 에곤 실레(Egon Schiele), 오스카 코코슈카(Oskar Kokoschka), 칼 몰(Carl Moll), 오토 바그너(Otto Wagner)와 함께 분리파의 기원이 되는 연합회를 처음으로 기획했고, 이듬해에는 빈 분리파 '제체시온(Secession)'을 공식적으로 창설했다.

이후 클림트는 빈 분리파의 활동을 본격적으로 준비한다. 클림트를 비롯한 분리파 예술가들은 대규모 전시회를 기획하는 한편 모나코 분리파가 만드는 《유겐트》 같은 잡지를 기획했다. 이듬해 빈 분리파는 제1회 분리주의 전시회를 개최했으며 잡지 《베르 사크룸(성스러운 봄)》을 창간했다.

1898년 3월 23일, 한 원예회사 가건물에서 제1회 분리주의 전시회 개회식이 간소하게 열렸다. 개회식에는 당시 황제까지 참석해 축하하는 자리에서 분리파 예술가들이 적절한 선을 넘지 않는다면 새로운 예술 활동을 지원하겠다고 약속했다. 클림트는 그 '적절한 선을 넘지 않는다면'이라는 단서가 불편하긴 했다. 포스터를 만드는 과정에서 그는 이미 그 '적절한 선'을 넘은 적이 있었기 때문이었다.

이 포스터는 젊은 예술가를 상징하는 테세우스가 전통 예술가를 상징하는 괴물 미노타우로스를 물리치는 장면을 그렸는데, 테세우스의 성기가 적나라하게 노출되었다는 것이 문제였다. 클림트는 그 앞에 나무를 그려 넣어 성기를 가림으로써 검열을 통과했다.

제1회 분리주의 전시회는 5만 7,000여 명의 관람객이 방문하고 218점의 작품을 판매하는 엄청난 성공을 거두면서 끝났다. 이제 클림트의 명성은 하늘을 찌르고도 남았다. 그해 빈 분리파가 안정적으로 활동할 수 있는 그들만의 공간인 '분리파관'이 지어졌다. 건축가 요제프 마리아 올브리히가 디자인한 이 건물은 오늘날에도 빈의 문화적 상징물이 되었다.

1902년 제14회 분리주의 전시회는 분리파 역사에서 정점을 이룬다. 이 전시회는 천재 음악가 베토벤에게 헌정하는 방식으로 주제를 선정했는데, 이 전시회야말로 클림트가 기획한 종합 예술 작품을 지향하는 새로운 예술적 도전이었다.

요제프 호프만이 전시실 내부 장식을 맡았고, 개막일에는 구스타프 말러가 베토벤 9번 교향곡의 모티프로 편곡한 음악을 직접 지휘하기도 했다. 그러나 이 전시회의 백미(白眉)는 무엇보다도 클림트가 베토벤의 〈합창 교향곡〉을 모티프로 그린 벽화 〈베토벤 프리즈〉였다.

벌거벗은 여인들의 고통스러운 모습으로 시작되는 그림은 온갖 악마의 위협적인 공간을 지나, 마침내 합창하는 여인 사이에서 두 남녀가 뜨겁게 포옹하고 키스하는 장면으로 끝난다. 한 영웅이 무절제한 여인들의 유혹과 악마들의 시험을 물리치고 마침내 진정으로 사랑하는 여인과 함께 구원받는다는 이야기를 담은 이 작품이야말로 클림트가 꿈꾸는 유토피아의 실현, 예술에 대한 끝없는 갈망과 사랑을 노래한 상징주의의 절정이다. 그가 그동안 시도하고자 했던 다양한 기법을 활용한 응용 미술의 정점을 보여 준 작품이라고 할 만하다.

그러한 예술적 완성도에도 불구하고, 난잡함과 향락과 무절제를 표방했다는 이유로, 이 작품은 관람객의 반감을 불러일으켰다. 그들의 싸늘한 시선은 빈 분리파에 대한 지지와 지원을 얼어붙게 하는 결과를 낳고 말았다.

빈 분리파로부터도 그를 비난하는 목소리가 나오자, 클림트는 1904년 빈 분리파 전시회에 〈물뱀 II〉를 출품하는 것을 끝으로 이듬해 빈 분리파와 완전히 결별하고 만다. 빈 분리파를 떠났지만, 그가 주도적으로 만든 분리파의 이념까지 저버리지는 않았다. 이때부터가 그가 독자적으로 진정한 분리파의 이념을 자신의 그림을 통해 실현한 시기라고 볼 수 있을 정도로, 그는 자신만의 독창적인 예술 세계에 몰두해 특별한 세계를 구축해 갔다.

클림트를 추종하는 몇 명의 예술가와는 계속해서 교류했지만, 이제 클림트를 가둘 철조망 같은 것은 어디에도 없었다. 그리하여 〈키스〉(1907~1908), 〈다나에〉(1907~1908) 등 이른바 그의 미술 세계에서 '황금 시기'의 대작과 클림트의 예술 세계를 더욱 풍요롭게 해주는 풍경화를 포함한 명작들이 이 시기에 탄생하기 시작했다.

클림트는 평생 결혼을 하지 않고 많은 여인과 관계를 맺었던 것으로 알려졌다. 그가 세상을 떠나자 무려 14명의 여인이 친자 확인 소송을 냈다. 많은 모델과 관계했지만, 그는 자신이 진정으로 안주할 여인을 찾지 못한 채 심리적으로나 육체적으로 떠돌았다.

심리학자들은 그의 그림을 통해 그가 워낙 자유로운 영혼이었기에 전통적인 결혼을 통해 아기를 낳고 평범한 가정생활에 안주하는 것 자체에 상당한 부담을 느끼는 피터팬 신드롬을 가졌을 것으로 분석하기도 한다. 그것은 클림트의 전기(傳記) 작가들이 그가 영원한 피터 팬이 되고 싶어 했다고 짐작한 것과 맥락을 함께하는 것이다.

전술했듯이, 결과적으로 클림트에게는 이상적인 사랑을 나눌 만한 모델은 없었다. 오직 한 사람, '에밀리 플뢰게'라는 여인은 클림트의 진정한 사랑이었을지도 모른다고 짐작하게 했다.

플뢰게는 클림트와 늘 함께한 정신적 반려자였지만, 두 사람이 육체적 관계를 맺었다는 증거는 어떠한 기록에도 언급되어 있지 않다. 그래서 이후 사람들은 클림트의 명작 〈키스〉의 여주인공이 당연히 플뢰게일 것으로 짐작했다.

오늘날 대중에게 그의 대표작으로 알려진 〈키스〉는 남녀가 열정적으로 사랑을 나누는 장면으로 보이지 않는다. 여성이 수동적인 것을 넘어서 오히려 거부하는 듯한 자세를 취할 뿐만 아니라, 남자는 입술이 아니라 그저 볼에 입맞춤하는 정도의 그림이다. 입술을 굳게 다문 여성의 표정도 황홀함과는 거리가 멀다.

더욱이 자세히 살펴본 이들이라면 알겠지만, 두 사람은 몸을 조금이라도 잘못 움직이는 날엔, 천 길 낭떠러지로 떨어질지도 모를 절벽 위에서 키스하고 있음을 확인할 수 있다. 결국 〈키스〉는 현실적인 장면을 묘사한 것이 아닌, 클림트의 이상 세계에서 상상을 통해 그려진 것임을 예상할 수 있다. 아직도 〈키스〉의 주인공이 누구인지 명확하게 밝혀지지 않았으며, 그림의 주인공이 누구인지 모르기 때문에 이 작품의 신비함에 이끌리고 더 황홀해하는지도 모른다.

1918년 1월 11일 클림트는 뇌졸중으로 쓰러진다. 그는 절체절명의 순간에 미디(에밀리 플뢰게의 애칭)를 찾는다. 플뢰게는 급히 달려와 클림트가 저세상으로 갈 때까지 그의 마지막을 곁에서 지켜 주었다. 2월 6일 클림트가 죽은 후 플뢰게는 많은 서신을 태워 그와 관련된 비밀을 지켜 주고자 노력했다. 플뢰게는 1952년 자신이 세상을 뜰 때까지 누구에게도 알리지 않은 채 구스타프와의 추억을 평생 가슴에 안은 채 살았다.

클림트의 마지막에는 또 혈육 못지않게 절친했던 화가 에곤 실레가 함께했는데, 실레는 클림트의 마지막 모습을 그림 속에 담았다. 우연의 일치인지 운명의 장난이었는지, 빈 분리파의 주축이었던 오토 바그너, 콜로만 모저 그리고 에곤 실레는 그와 같은 해에 모두 눈을 감았다.

구스타프 클림트는 생전에 이미 유명 작가였지만, 그가 표현했던 나체와 섹스 장면이 줄곧 문제가 되면서, 그의 예술가로서 삶을 힘겹게만 했다. 클림트 사후 약 50년 동안 클림트나 그의 동료이자 제자인 에곤 실레, 오스카 코코슈카의 작품은 관심의 대상이 되지 못했다.

그런데 1980년대 후반 클림트의 예술은 급작스러운 스포트라이트를 받으며 부활한다. 20세기 말 정점을 찍으면서, 이제는 세계적으로 가장 인기 있는 화가 중 한 명으로 대중에게 각인되었다. 한때는 그저 외설로 여겨졌던 그의 예술 세계가 인간의 육체가 발하는 미묘한 숭고함을 느끼게 하는 예술로 새롭게 인식하게 된 것이다.

신기하지 않은가? 그의 그림은 처음 그려졌던 19세기

말의 그때부터 어디 하나 달라진 곳이 없었다. 20세기 말을 통과하며 똑같은 그림에 대해 그가 죽고서 50년이 지나서야 변화된 사람들의 인식이 그의 예술 세계를 알아보게 된다. 그가 100년이나 시대를 앞서간 것일까?

### 수많은 비난에도 불구하고
### 꿋꿋하게 자신의 길을 가다

그가 엄청난 재능이 있는 예술가였다는 점은 이미 그의 생전에 입증된 사실이다. 그는 사람들의 인정을 받으며 행복하기 그지없는 생을 살았을까? 물론 그렇지는 않다. 그럼에도 굳이 그 '그렇지 않음'을 드러내는 것은 그의 삶이 당신의 삶과 어떤 점이 닮았는지 느끼게 해주고 싶어서다.

 자신이 사랑하고 자신을 사랑해 주던, 함께 일하며 예술적 동반자의 길을 걸었던 동생의 갑작스러운 죽음에 그는 그림을 더는 그릴 수 없어 방황했다. 그에게 동생이 차지하는 의미가 얼마나 컸는지 누구도 가늠할 수 없지만, 그가 보인 방황만 보더라도 그가 받았을 충격과 무엇보다 그가 얼마나 섬세하고 나약한 인간이었는지를 미루어 짐작할 수 있다.

 그가 스스로 망가져 알코올이나 마약에 의지했거나 그렇게 무너져 버렸다면, 그의 삶은 이 지면에 옮겨지지 못했을 것이다. 그의 이름은 100년 후의 한국에도 전해지는 이름이 아니었을 테니까 말이다. 심약하기 그지없는 크림트는 세상이 무너져 내리는 절망 속에서 다시 붓을 잡았고, 대작을 의뢰받아 자신의 심화된 정신 세계로 완전히 달라진 작품을 통해 다시 한번 세계를 놀라게 했다.

하지만 그는 기존의 보수적인 이들에게 공격받는다. 받은 돈을 모두 돌려주고 그 그림을 가져와 버린다. 그는 이후 상심에 빠져 칩거했던가? 아니다. 그는 그 썩어 빠진 고인 물을 뒤집기로 하고 뜻을 함께하는 이들과 새로운 예술단체를 만들어 시대와 사회를 변화시키고자 또 한 발을 내디딘다. 그는 그때부터 자신의 대표작을 쏟아 내기 시작했다.

그림에 조예가 없는 사람에게도 그의 그림은 아름답기 그지없이 보일 것이나, 그의 삶을 알고 난 이의 눈에는 그의 그림이 그저 아름답게만 보이지는 않을 것이다. 시각적 아름다움을 넘어서는 미학적, 정신적 아름다움이 더해져 인류가 기억해야 할 명작으로 추앙받는 것이다.

그의 삶은 세계에 대한 도전과 응전의 반복이었고, 그는 좌절해 쓰러지지 않고 끊임없이 자신을 막아서는 파도를 향해 달려들었다. 그의 인생을 알고서도 지금 우리가 넘어야 할 파도가 그를 덮쳤던 파도보다 크다고 할 수 있을까. 아니라면, 그의 힘겹고 고단했던 삶이, 그리고 그 파도들을 향해 소리치며 당당하게 달려들었던 그의 외침이, 그의 그림을 통해 들려온다면, 이제 우리가 달려들 때다.

세상의 중심에서 당당히 외쳐라. 나는 결코 너의 그 어설픈 방해에 굴하지 않겠노라고. 너희들이 결코 함부로 할 수 없는 그 정점에 올라서겠노라고. 누가 뭐라고 하든 나는 내 삶을 살아 내겠다고. 높고 무서운 소리와 큰 포말을 동반한 파도라 할지라도 그대로 달려들어 뚫고 그 앞을 향해 가겠노라고.

당신이 하고자 한다면, 결코 무슨 일이 있어도 어떤 상황에서도 포기하지 않고 끝장을 보겠다고 달려드는데, 버텨 낼 운명이나 팔자 따위는 없다.

스스로를 믿어라.

당신도 당신을 믿지 못한다면 대체 누구에게 당신을 믿어 달라고 할 셈인가?

# 현실과 초현실의 경계를 넘어선 천재, 살바도르 달리

**Salvador Dali(1904~1989)**
가는 곳마다 쫓겨나고 정신병자라고 비난받았지만,
20세기를 대표하는 화가로서, 예술가로서 우뚝 서다.

❝ 내가 문을 두드릴 때, 예술은 나를 거절했다.
그래서 나는 그 문을 녹여 버렸다.
정상이라는 말이 나를 가장 불안하게 했다. ❞

## 고집불통과 안하무인에,
## 모든 금기에 도전했던 유년 시절

1904년 스페인 카탈루냐 동북부의 소도시 피게라스에서 태어났다. 아버지는 카탈루냐계 변호사이자 공증인이었다. 그가 태어나기 전 형이 뇌척수막염으로 사망했고, 그의 부모가 그를 형의 환생이라고 믿으며 같은 이름을 붙여 주었다고 한다. 세 살 어린 여동생 안나 마리아는 이후에 커서 오빠의 인생과 예술에 대한 책을 집필한 작가로 성장한다.

자서전에서 그는 어린 시절 자신의 성격이 고집불통에 안하무인이었다고 회상한다. 그는 금기시된 것에 대한 도전으로 유년 시절을 보낸다. 그의 아버지는 그가 공립학교의 교육에 적합하지 않다고 판단해 16세가 되던 해에 그를 프랑스어 학교에 보냈다. 그는 가족의 여름 별장이 있는 카탈루냐 지방 지로나주 카다케스(Cadaqués)에서 많은 시간을 보냈으며, 이후 그의 부모는 그에게 그곳에 스튜디오를 마련해 주었다.

1916년 그는 가족과 함께한 여름 휴가에서 처음 현대미술을 접한다. 그리고 이듬해 그의 아버지는 자신의 집에서 자신이 그린 목탄화 전시회를 개최한다. 1921년 그가 17세가 되었을 때 그의 어머니는 유방암으로 세상을 떠났고, 그의 아버지는 세상을 떠난 어머니의 여동생, 다시 말해 처제와 재혼했다.

자서전에서 그는 아버지의 재혼에 대해 "이모를 존경하

고 존중하기 때문에 아버지를 원망하지 않는다"라고 기술했지만, 사실 사춘기에 접어들며 아버지와 마찰이 매우 잦았고 격화되어 갔다.

스페인의 초현실주의 화가이자 영화 제작자로 20세기 미술에 큰 족적을 남긴, 우리에게는 살바도르 달리라는 이름으로 알려진 본명, 살바도르 도밍고 펠리페 하신토 달리 이 도메네크(Salvador Domingo Felipe Jacinto Dalí i Domènech)의 이야기다.

그는 프로이트의 정신분석학설에 공명해 의식 속 꿈이나 환상의 세계를 자상하게 표현했다. 스스로 '편집광적, 비판적 방법'이라 부른 그의 창작 기법은 이상하고 비합리적인 환각을 객관적, 사실적으로 표현하고자 한 것이다.

녹은 시계들이 사막에 널려 있는 풍경을 그린 〈기억의 지속〉처럼, 익숙한 것을 이해할 수 없는 문맥 속에 놓았다. 그런 작품에서 보여 준 충돌과 부조화는 평단의 큰 주목을 받았다.

## 기행 속에서 몽환적 세계를 그린 천재 화가

어머니가 세상을 떠난 그해, 그는 왕립미술학교에 입학했다. 이 시절에 달리는 다른 천재들을 만나며 세상에 눈을 뜬다. 학창 시절 둘도 없는 친구로 지낸 시인 로르카(Federico García Lorca, 1898~1936)와 영화감독 부누엘을 만났다. 부누엘(Luis

Bunuel Portoles, 1900~1983)과는 크게 논란이 되었던 영화 〈안달루시아의 개〉(1929)를 공동 제작하기도 했다.

로르카는 다른 사람을 도무지 인정하지 않으려 들었던 달리가 천재라고 인정했던 스페인을 대표하는 시인이다. 훗날 스페인 내전의 희생양으로 로르카가 어처구니없이 그라나다에서 처형당하자, 그는 그때의 심경을 일기에 적나라한 비판과 함께 이렇게 썼다.

"공산주의자, 사회주의자 그리고 무정부주의자들과 심지어는 프랑코를 추종하는 파시스트들까지도 로르카의 죽음을 이용해 수치스러운 선전 선동을 일삼았다. 오늘날 로르카를 보라! 어떻게 되었나? 그는 정치적 영웅이 되어 있다. 참으로 놀라운 일이다!"

학창 시절 그는 마드리드의 대학에 다니며 멋쟁이로 상당히 유명했다고 한다. 172cm의 키에 길게 기른 구레나룻, 코트, 스타킹 등이 미국에서 유행하던 유미주의와 일치했다. 학창 시절 초반 그는 입체파의 성향을 띠었지만, 다다이즘을 실험적으로 접한 후 입체파보다 다다이즘이 그의 작품 전반에 영향을 끼친다. 또한, 그는 반정부 운동에 가담했다가 잠시 투옥되기도 한다.

1926년 기말고사에서 부정행위를 한 것이 발각되어 학교에서 퇴학당했다. 일설에 따르면 달리의 퇴학 사유가 '선생을 비판하고 교내에서 학생을 선동했기 때문'이라고 전해지기도 하고, 미술사 과목의 답안 제출을 거부했기 때문이라는 설도 있다. 그는 자서전에 "심사위원보다 내가 더 완벽하게 답을 알았기 때문에 제출을 거부했다"라고 이 사건을 해명했다. 그래서인지 퇴학이 아니라 자퇴라는 이야기도 있는데, 달리 박물관의 '달리 연대기'에 따르면 그는 "학교 체제와 작품의 평가에 대해 염증을 느꼈고 교수들이 자신의 그림을 평가할 자질이 없다고 생각했기 때문에" 자퇴했다고 한다.

그러한 사실을 입증할 만한 일화도 전하는데, 하루는 학교에서 성모 마리아의 고딕 조각을 보고 '눈에 보이는 대로' 정확하게 그리라는 교수의 과제에 광고지에서 본 저울을 그려낸다. 화가가 되리라 결심했던 달리는 자신이 세기의 천재라고 스스로 확신했다. 성모 마리아 조각을 저울로 그려낸 그림을 보고 아연실색하는 교수에게 "선생님께서는 다른 모든 사람처럼 그 고딕 조각에서 성모 마리아를 보았을 수도 있습니다. 하지만 저는 저울을 보았습니다"라는 황당한 답변을 했다.

이는 그의 기행에서 아주 사소한 사건에 불과했다. 달리는 아버지의 돈을 펑펑 쓰면서 세상을 자신의 것으로 보고, 그리고, 조작했다. 그는 미술아카데미에서의 파행적 행동으로 정학 처분, 반정부 활동 혐의로 감옥 생활도 하면서 아슬아슬한 생활을 이어갔다.

앞서 언급했던 스페인을 대표하는 시인 중 한 명이던, 페데리코 가르시아 로르카와 동문이자 절친 관계였던 달리는 한 인터뷰에서 그와의 동성애적 관계에 관해 고백했다. 이 둘의 관계를 바탕으로 제작된 영화가 바로 〈리틀 애쉬: 달리가 사랑한 그림〉(2010)다.

로르카는 스페인의 국민 시인이자 민족주의 운동가였

기 때문에 스페인 정부는 한때 로르카의 사회적 이미지를 고양하고자 달리와의 '부적절한 관계'를 공식적으로 인정하지 않았다. 이 인터뷰와는 별개로 달리는 세상을 떠나기 3년 전에야 자서전 집필 작가를 통해 "그것은 관능적이고 비극적인 사랑이었다"라며 두 사람의 은밀한 관계를 암시했다.

학교에서 퇴학당한 1926년, 달리는 자신이 존경하던 파블로 피카소를 파리에서 만난다. 피카소는 호안 미로를 비롯한 자신의 친구들에게 달리를 소개했고, 그 영향으로 향후 몇 년간 피카소의 화풍과 큐비즘이 달리의 작품에 노골적으로 드러났음을 확인할 수 있다. 〈바르셀로나의 인형〉(1927), 〈달빛 아래의 정물화〉(1927)를 그렸던 시기에 달리는 지그문트 프로이트의 정신분석학 서적을 탐독하며 그의 초상화를 그리는 등 열렬한 팬임을 자처했다. 이는 달리가 꿈과 정신의 세계를 자신의 작품에 녹여내는 중대한 계기가 되었다.

하루는 달리가 독일 작가 슈테판 츠바이크, 시인 에드워드 제임스와 함께 자신이 존경하는 프로이트를 방문해 편집증에 관해 발표한 자신의 글을 프로이트에게 읽어봐 달라고 요구했다. 하지만 프로이트는 무심하게 대했다. 달리가 물고 늘어지자 프로이트가 이렇게 말했다.

"이렇게 완벽한 스페인 사람의 원형은 내 처음 봤소. 이 광적인 집요함이라니요!"

달리가 자신의 트레이드마크인 수염을 기르기 시작한 것도 이 무렵인데, 이것은 스페인의 화가 디에고 벨라스케스를 모방한 것으로 알려져 있다.

달리는 파리로 가서 초현실주의 운동에 합류했다. 이전에 다다이스트였던 앙드레 브르통이 이끌었던 초현실주의 그룹의 미술가와 작가들은 합리적 사고에 좌우되기 쉬운 개념이나 이미지를 거부하고, 사람들의 잠재의식 속에서 영감을 찾았다. 달리는 이미지에 대해 무의식적인 접근을 가능하게 만들기 위해, 환각 상태로 자기 자신을 유도했다. 그의 그림들은 모두 꿈속의 세계를 묘사한 것이다. 그 속에서 모든 사물은 황혼의 메마른 풍경을 배경으로 비논리적인 방식으로 변형되거나 왜곡된다. 인식 가능한 세계를 이해할 수 없는 문맥 속에 옮겨 놓음으로써 발생하는 부조화와 이미지의 충돌로 인해 달리의 작품은 평단의 주목을 받았다.

## 끊임없이 이어진 세상과의 불화, 창조적 파괴의 길

그는 초현실주의의 제창자로 알려진 앙드레 브르통과의 불화로 인해 초현실주의 화가 그룹에서 제명당하기도 했다. 그의 기이한 언행은 브르통이 평생을 걸쳐 지키려고 했던 초현실주의의 순수함과 엄격함에 균열을 냈다. 특히 초현실주의가 그렇게 맞서고자 했던 자본주의와 파시즘의 망령을 찬양하는 등 공개적으로 정치적 발언을 한 것 때문에 브르통을 비롯한 수많은 초현실주의자의 심기를 불편하게 했다.

달리의 발언 자체는 진지했다기보다는 찬양을 빙자한

조롱에 가까웠던, 맥락을 종잡을 수 없는 빈정거림이 많았다. 아이러니하게도, 초현실주의를 추구한다는 것은 결국 스스로를 부정하고 파괴하고 뛰어넘는 일이었기 때문에, 달리의 숱한 빈정거림과 악성 조크는 어떤 면에서는 초현실주의의 정수를 가장 잘 구현했다는 평가가 따르기도 한다.

그의 삶에서 엿보이는 당대 유명 화가들과의 가장 큰 차이점이라면 가난하지 않았다는 것이다. 그와 그의 반려자 갈라는 물질적 풍요를 누리는 부유한 계층에 속했기 때문에 생활고를 겪으며 불우한 시절을 보내거나 생활을 위해 그림을 그려야만 했던 비참을 경험하지 않았고, 실제로도 돈을 위해 예술 활동을 하지 않았다.

앙드레 브르통은 '탐욕스러운 달러'를 뜻하는 '아비다 돌라스(Avida Dollars)'라는 별명을 붙여 달리를 모욕했으나, 달리는 천연덕스럽게 이 별명을 받아들여 자신의 또 다른 자아로 삼아 활동했다. 이 조롱을 창의성을 의미하는 용어로 바꾸어 사용함으로써 상업성에 관심이 없음을 역설적으로 드러내기도 했다.

1929년 달리는 카다케스의 집에 많은 문화계 인사들을 초대한 가운데 자신의 운명적인 뮤즈, 갈라를 만나게 된다. 갈라는 프랑스의 시인 폴 엘뤼아르의 부인이었다. 명백한 유부녀 신분이었지만, 달리의 열정적이고 집요한 구애에 마음이 흔들리고 만다. 결국, 두 사람은 달리의 개인전이 열리던 파리에서 잠적했다. 동반 도주로 홀연히 자취를 감춘 것이다. 이후 갈라는 1934년 폴 엘뤼아르와 이혼하고 달리와 결혼한다. 갈라는 달리보다 열 살이나 연상으로 이때 갈라가 40세, 달리는 30세였다.

　이후 갈라는 달리의 작품에서 다양한 모습으로 등장한다. 그녀는 달리의 매니저를 자처하며 그의 작품 전시와 일정에 매우 지대한 영향을 끼쳤으며, 모든 전시 계약과 작품 판매는 모두 그녀의 손을 거쳐 성사되었다. 심지어 그녀는 때때로 달리의 작품에까지 관여했다고 전해진다. 그만큼 달리는 갈라를 신뢰하고 사랑했다. 주변 사람들이 "달리는 갈라가 없다면 아무것도 아니다"라고 공공연하게 말했을 정도다. 그는 오직 갈라만을 위한 발레 공연을 기획하고 무대를 제작하기도 했다.

　여담이지만, 젊은 남자에 지나치게 탐닉했던 갈라는 자신의 젊음을 유지하고 싶은 욕망에 유난히 집착했던 것으로 알려져 있다. 그녀는 자신의 나이를 공식적으로 공개하지 않았으며, 자신의 젊음을 유지하기 위해 당시에는 파격적이었던 성형수술까지 감행했다. 또한, 매끈한 피부를 유지하기 위해 고가의 화장품들을 사용하는 것은 물론 수시로 병원의 시술을 받으며 관리에 집착을 보였다고 한다.

　달리의 아버지는 불륜 관계에서 시작된 갈라와 달리의 결혼을 적극 반대했다. 그 와중에 달리가 프랑스 전시에서 인터뷰 도중 "나는 그저 재미로 어머니의 초상화에 침을 뱉곤 한다"라는 발언을 한다. 이 인터뷰 기사를 접한 그의 아버지는 불같이 화를 내며 공식적인 사과를 요구했지만, 달리는 끝내 거절했다.

결국, 달리는 1929년 상속권을 박탈당했으며 또한 카다케스에 다시는 발을 들이지 말 것을 요구받았다. 하지만 다음 해 여름, 달리와 갈라는 포르트리가트(Port-lligat) 해변의 작은 오두막을 사들이는 것을 시작으로 몇 년에 걸쳐 주변의 땅과 오두막들을 매입해 빌라를 지었다. 포르트리가트와 카다케스는 매우 가까운 거리였고, 이후 아버지는 달리와 그의 아내 갈라를 차츰 받아들이게 되었다고 한다.

마르크스주의 신념을 거부했다는 이유로 달리는 초현실주의 운동에서 배제되었다. 이후 그는 1940년 미국으로 건너갔으며 이듬해 뉴욕현대미술관(MoMA)에서 첫 회고전을 열었다. 달리는 뉴욕에서 영화, 연극, 패션, 광고 등 다양한 분야에서 일하며 많은 시간을 보냈다. 그는 제2차 세계대전 중 미국의 원자폭탄 사용을 비판적으로 받아들였으며, 이는 그의 작품에도 영향을 미쳤다. 여전히 에로틱한 주제를 다루었지만, 그리스도교적 도상이 주를 이루었다. 〈참치잡이〉(1966~1967) 같은 대작을 포함한 그의 후기 작품에 대한 대중의 반응은 제각각이었다.

영화감독 알프레드 히치콕은 정신분석학적 스릴러 영화 〈스펠바운드〉(1945)를 찍을 때 꿈의 시퀀스를 만들어 줄 미술감독이 필요했다. 그는 살바도르 달리를 떠올리고 바로 연락을 취한다. 달리는 당대 최고의 영화감독과 함께 일할 기회를 당연히 놓치지 않았다. 달리는 옥상, 피라미드, 무도회장, 도박장의 네 장면에서 커다랗게 확대된 가위가 커튼에 그려진 눈을 자르는 장면을 제작했다. 그러나 달리가 처음에 계획했던 대부분 기획안은 너무 큰 비용이 드는 바람에 실행되지는 못했다. 그는 1949년 조국 스페인으로 돌아와 〈잉태한 성모〉, 〈십자가의 성 요한의 그리스도〉, 〈최후의 만찬〉 등 종교적 색채를 드러낸 작품들을 제작한다.

1968년 달리는 갈라에게 지로나의 성을 한 채 선물했다. 그리고 달리는 갈라의 요청에 따라 그녀의 허락 없이는 그 성에 접근하지 않을 것까지 약속해 주었으나, 조짐이 좋지 않았다. 자신의 오랜 뮤즈가 자신에게서 멀어지는 것을 직감하고 달리는 신경쇠약과 우울, 그리고 건강 악화를 겪는다. 달리의 불길했던 예감대로 갈라는 젊은 남자들과 바람을 피웠다고 전해진다.

하지만 1970년대에도 사생활과 상관없이 달리의 작품 활동은 여전했다. 1969년 유로비전 송 콘테스트의 무대 연출과 프로그램 콘셉트 아트를 맡기도 했으며, 피게라스에 달리 미술관을 세우기 위한 재단을 창설하고, 미술관의 천장화 제작에도 참여했다. 또한, 뉴욕에서 최초의 입체 작품을 전시하는 등 작품 활동을 이어갔다.

76세가 되던 1980년, 중풍의 영향으로 달리는 붓을 잡기가 힘들 만큼 수전증에 시달린다. 갈라의 불륜이 이어지면서 달리는 인내심에 한계를 느끼고 우발적인 폭행으로 그녀의 갈비뼈 두 개를 부러트리고 만다. 갈라는 흥분한 달리를 진정시키기 위해 불안장애 개선제인 바리움을 투여했다. 적정량을 넘어선 투약으로 달리가 혼수상태에 빠져 버리고, 또 이것을 처치하기 위해 암페타민이라는 중추신경 자극제를 투여한다. 이처럼 과도한 약물 투여 때문에 달리는 부작용을 겪었고 정신장애가 심해져 몸을 떨기까지 했다. 이 무렵 갈라 역시 노인성 치매의 증상을 보이기 시작했다.

1982년 달리는 스페인 국왕으로부터 후작 작위(Marqués de Dalí de Púbol)를 받았는데, 갈라가 그해 6월 10일 87세의 나이로 눈을 감았다. 이후 달리는 삶에 대한 의지를 상실하고 무기력한 나날을 보낸다. 1984년 그의 집에서 화재가 발생해 친구들이 그를 구조했다. 이 과정에서 달리는 화상을 입었는데, 이 화재를 달리의 자살 시도라고 보기도 한다.

달리는 심부전으로 1988년 11월 입원했고, 1989년 1월 23일 84세의 나이에 심장마비로 사망했다. 그가 죽음을 맞이한 곳은 자신이 태어난 집에서 불과 세 블록 떨어진 거리였다. 그의 장례는 성 페레(Sant Pere) 교회에서 치러졌으며, 카를로스 국왕이 그의 장례식에 참석했다. 그의 시신은 자신의 미술관인 피게라스 미술관에 안치되었다.

그에게 자식은 없었다고 알려졌다. 그러다가 2017년 7월 난데없이 61세인 빌라 아벨 마르티네즈라는 여성이 나타나 자신이 그의 딸이라고 주장하며, 달리 재산의 상속을 요구하고 나섰다. 결국, 논란 끝에 28년 만에 달리의 묘지가 파헤쳐졌고 피부와 손톱, 뼈에서 DNA 샘플이 채취됐다. 스페인 국립 독성학 법의학연구소에서 이 샘플을 통해 DNA 조사를 했으며, 분석 결과 사기극으로 밝혀지면서 해당 여성은 묘지 발굴 비용을 물어내야 할 처지에 놓였다.

살바도르 달리보다 20세기 미술에 더 큰 족적을 남긴

미술가는 찾아보기 힘들다. 그의 작품은 커다란 명성을 얻었고, 그의 기벽들은 전설이 되었다.

우리에게 그의 대표작으로 익히 알려진 〈기억의 지속〉(1931) 같은 작품은 흐물거리는 시계의 이미지로 매우 강력하게 남아 있다. 그 그림은 달리가 두통에 시달려 친구들과 같이 극장에 가기로 한 약속 장소에 갈라만 보내고 집에 혼자 남아 우연히 그린 것이다.

당시 작업 중이던 풍경화에 그려 넣을 오브제가 떠오르지 않아 불을 끄고 작업실을 나가려는 순간, 두 개의 흐늘거리는 시계가 '보였다'라고 한다. 그중 하나는 올리브 나뭇가지에 떡하니 걸쳐 있었다. 이 작품을 순식간에 완성한 뒤 극장에서 돌아온 갈라에게 공개했다. 눈을 감게 하고 그림 앞에 앉게 한 뒤 하나, 둘, 셋을 세고는 눈을 뜨게 했다. 그림을 본 갈라는 자신이 어떤 공연을 보고 왔는지 완전히 잊을 정도로 감탄했다. 그림의 충격이 그녀의 조금 전 기억을 모두 앗아가 버렸다. 이즈음 달리는 파리뿐 아니라 뉴욕과 런던에서도 인정받는 세계적인 화가가 되었다. 그의 재능은 영화, 퍼포먼스, 강연, 저술은 물론 뉴욕의 백화점 매장 전시 등을 통해 매우 다양하고 복잡하게 나타난다.

그를 언급할 때는 초현실주의와 더불어 그가 비정상이었다는 점이 빠지지 않고 등장한다. 물론 그의 인생을 보면 어느 한구석 정상적인 구석이 없어 보이는 것도 부인할 수 없는 사실이다. 그러나 그의 현실 부적응 장애가 예술가의 입장으로는 축복이었을 수도 있겠다. 천재성을 보였던 예술가들이 작품의 완성도를 높이려는 극단적인 의도로 부터 자신의 눈과 귀를 멀게 하는 경우도 적지 않았기 때문이다. 그렇다고 해서 그들이 자신이 만든 상처나 혹은 선천적인 장애를 달리처럼 뻔뻔스러울 정도로 자랑하는 일은 없었다.

　그는 초현실주의 화가이지만, 어느 순간 그것마저도 넘어서 버렸다. 초현실을 넘어 다시 현실로 돌아오는 넘나듦이 자유로운 예술가였다. 그러한 과정을 통해 그에게 현실과 초현실의 경계는 무너졌다.

　예술가가 천재로 불리기 위해 정신병자일 필요는 없다. 하지만 자신만의 독특한 정신 세계를 예술로 승화하는 데 일일이 일반인들에게 그것을 설명하거나 자신이 일반적이지 않을 것을 구구절절이 설명해 가면서 예술 행위를 하는 이는 없다. 가만히 생각해 보면, 예술 행위가 아닌 경우에도 마찬가지다. 시대를 앞서갔던 사상가들이 그러했고, 일반인들이 도저히 꿈도 꾸지 못한 모험을 꿈꿨던 탐험가들의 인생이 그러했다.

## 현실과 타협하며 자신을 틀 안에 가두지 않기

당신이 발견한 새로운 대륙이 지구에 남아 있는 것은 아니다. 당신이 당장 우주인이 되어 어떤 인류도 찾아내지 못한 행성을 찾아낼 것도 아니다. 하지만 여든이 넘는 장수를 누리면서도 달리는 자신에게 결핍이 있다거나 정신적으로 문제가 있다고 여기지 않았고, 오히려 자신만의 고유한 창의성으로 받아들였다. 그로 인해 다른 사람들이 생각하지 못하고 보지 못하는 것을 만들어 내고 창조하는 데 매우 강한 자신감을 보였다.

실제로 그것은 그에게 엄청난 부와 명예를 가져다주었다. 앞서 잠시 언급했지만, 그의 목적이 부와 명예가 아니었다는 것이 오늘 이 이야기의 주인공이 될 수 있었던 가장 큰 이유이기도 하다.

당신이 꿈꾸거나, 혹은 당신이 하고자 하는 일이 다른 사람의 눈높이에서는 도저히 이해할 수 없거나 황당하고 가치 없는, 도대체 왜 그런 일을 하는 것인지에 대해 의문을 제기할 수도 있다. 작게는 자신이 속한 곳에서, 자신이 일하는 방식이 일반적인 기준에 맞지 않는다며 손가락질받으며 비난을 당할 수 있다. 나는 오늘 당장 당신에게 사회의 기본적 상식이나 원칙을 무시하라고 권하려는 것이 아니다. 다만 그런 비난에 주눅 들어 '세상은 이런 것을 인정하지 않으니까', '사람들이 그렇게 말하니까 튀지 말고 무난하게' 따위의 생각에 갇히지 말라고 말해 주고 싶을 뿐이다.

객관적 기준으로 보면 그는 실패한 인생이다. 여간 실패한 정도가 아니다. 남의 아내였던 열 살이나 많은 여성과 열애 끝에 결혼했지만, 그녀가 더 젊은 남자들과 바람피우는 것을 봐야 했다. 돈을 벌어 그녀의 바람피우는 자금을 대주는 셈이 되었다. 예술계에서 '또라이'라는 소리를 들으며 정신적으로 문제가 있다는 손가락질을 받아야만 했다. 기괴

한 그림을 그려 예술로 포장한다고 비난받았으며, 초현실주의를 함께 주창하던 동지들에게도 배척당하기도 했다. 그래서 그가 주눅 들고 그들에게 영합하거나 꼬리를 내리고 죽어 지냈던가? 아니다. 그는 당당히 자신이 하고 싶은 것을 했고, 자신의 생각을 펼치는 데 주저함이 없었다.

돈을 벌고 명예를 얻고자 한 것이 아니었지만, 그러한 것들도 자연스럽게 뒤따라와 주었다. 본래 부와 명예는 그것을 따르고자 하면 얻기 어렵고 집착하지 않고 자신의 꿈을 따라가다 보면 자연스럽게 따라붙게 되어 있다.

오늘도 현실과의 타협점을 찾아 삶을 틀에 가두며, 이건 이래서 안 되고 저건 저래서 안 된다며 시들어져 가는 당신에게 달리가 자신의 예술관을 통해 전해 달라고 했던 말을 대신 전한다.

> 초현실주의자로서 나의 성공은 내가 초현실주의를 현실에 융합시키지 않는 한 아무 가치가 없을 것이다. 나의 상상력은 고전주의로 돌아가야만 했다. 완성해야 할 작품이 하나 남아 있었고, 그 작품을 완성하려면 내 여생을 다 바쳐도 모자랄 판이었다.

# 차별의 세상을 울려 버린 영혼의 목소리, 빌리 홀리데이

**Billie Holiday(1915~1959)**
성폭행을 당하고도 피의자로 몰려 감옥까지 가야 했지만,
심금을 울리는 전설의 목소리로 자신의 삶을 노래하다.

" 나는 노래 불렀다.
상처가 아물도록,
세상이 눈물을 떨구도록. "

## 참혹한 삶을 살았던 흑인 소녀

1915년 미국 펜실베이니아주 필라델피아의 슬럼가에서 태어났다. 아버지는 유랑악단의 기타리스트였는데, 그녀가 태어나기도 전에 그녀의 어머니를 버렸다. 그녀가 태어날 당시 아버지는 16세, 어머니는 13세였다. 어머니는 슬럼가의 창녀였으며, 그녀 역시 어린 나이에 창부의 삶을 살 수밖에 없는 환경에 처했다. 본명이 일리노어 페이건(Eleanora Fagan)인데, 페이건은 어머니의 성을 따른 것이다.

딸을 양육할 능력이 없던 어머니는 일리노어를 친정에 맡겼다. 일찌감치 양쪽 부모에게 버림받은 일리노어는 외가에서 외로움과 학대 속에서 자라며 불행한 유년기를 보냈다. 그리고 열 살이 되자 돈벌이에 나서야만 했다. 일리노어는 이때부터 노래 듣기를 좋아해서 축음기가 있는 집으로 일 나가는 것을 좋아했다.

일리노어는 열 살 나이에 일하러 나간 집에서 40대 백인 남성에게 성폭행을 당했다. 그러나 경찰은 백인을 처벌하지 않고 오히려 흑인인 그녀를 불량소녀로 몰아서 감호소에 집어넣었다. 감호소에서 몸과 마음에 상처를 입고 풀려나온 그녀는 나온 지 얼마 되지 않아서 다른 흑인 남자에게 또다시 성폭행을 당했다.

결국, 살던 곳에서 나온 그녀는 어머니와 함께 뉴욕의 할렘가로 갔지만, 그녀가 할 수 있는 일은 창부의 일뿐이었다. 15세까지 할렘가에서 창부로 일하던 그녀는 성행위를 강요하던 흑인의 말을 듣지 않다가 매춘 행위로 고발되어 다시 감옥에 들어갔다.

당시 미국은 대공황을 겪었다. 1929년부터 몰아닥친 사상 최대의 경제공황은 각종 경제활동을 마비시키며 미국인들의 삶을 송두리째 바꾸어 놓았다. 감옥에서 나온 이후, 창부의 생활을 접은 채 백인의 집에서 하녀 생활을 하던 그녀와 그녀의 어머니는 곧 미국을 덮친 대공황 속에서 그 알량한 일자리마저 잃었다.

각박한 현실은 나이 어린 흑인 창녀의 삶 하나도 제대로 유지해 주지 못했다. 몸을 팔아 봤자 일리노어가 벌어들일 수 있는 돈은 푼돈에 불과했다. 입에 풀칠하는 것도 어려운 날이 늘어만 갔다. 수시로 경찰에 잡혀 유치장을 들락거려야 했던 일리노어는 마침내 살던 집에서도 쫓겨날 지경에 이르렀다.

미국의 재즈 가수로 사라 본(Sarah Vaughan), 엘라 피츠제럴드(Ella Fitzgerald)와 함께 재즈 3대 디바로 전 세계의 심금을 울리는 목소리로 기억되는, 우리에게는 빌리 홀리데이(Billie Holiday)로 더 유명한, 본명 엘리노라 고프 해리스(Eleanora Gough Harris)의 이야기다.

음악적 동료인 레스터 영이 지어 준 '레이디 데이(Lady Day)'라는 별명이 있으며, 재즈 역사에서 가장 영향력 있는 보컬로 평가받는다. 억양과 템포를 조절하는 새로운 보컬 형식을 창조했으며, 무엇보다 자신의 현실을 노래에 이입해 진심 어린 감정을 표현했다. 이에 대해 평론가 존 부시는 "미국의 팝 보컬 예술을 영원히 바꿔 놓았다"라고 평했다.

## 인종차별에 맞서며 흑인의 한을 노래하다

일리노어는 절박한 심경으로 '포즈와 제리즈(Pod's & Jerr's)'라는 나이트클럽에 댄서로 지원했다. 가난 속에서 초등학교 5학년까지 다닌 것이 전부인 데다가 무대에서 어떻게 하는지조차 본 적도 없었던 일리노어는 당연히 떨어졌다. 그렇게 떨어져 눈물을 떨구며 가게를 나서려던 그때였다. 나이트클럽 주인의 면박을 받으며 힘없이 돌아서던 일리노어에게 피아노 연주자가 장난삼아 노래나 한번 불러 보라고 권한 것이다. 피아니스트는 〈Trav'lin All Alone〉이란 곡을 연주했다. 이 노래는 일리노어가 매번 들어서 익숙했는데, 평소 노래를 좋아했던 그녀는 반주에 맞춰 노래하기 시작했다.

　일리노어의 노래는 시끌벅적했던 홀을 장악하고 깊게 울려 퍼졌다. 듣는 이의 가슴 깊은 곳을 파고드는, 온몸을 전율하게 하며 심금을 울리는 처절한 비명과도 같은 음색의 노래였다. 그 자리에 있던 사람은 그 광경을 회상하며 이렇게 말했다.

　"나는 뒤늦게 그 같은 분위기를 감지했다. 홀 전체가 숨을 죽이고 있었다. 만약 누가 핀이라도 하나 떨어뜨렸다면 그것은 마치 폭탄이 터지는 소리 같았을 것이다."

　마치 영화 속 한 장면처럼, 홀 안의 사람들은 그녀의 노랫소리에 일제히 하던 일을 멈추고 조용히 노래를 듣기 시작했다. 노래가 끝났는데도 꿈같은 정적은 한동안 계속되었다. 어느 자리에서는 술잔을 앞에 놓고 소리 없이 눈물만 흘리는 사람도 있었다. 노래를 마친 그녀가 꿈에서 깨어난 듯 눈을 뜨기가 무섭게 우렁찬 박수가 홀 안을 가득 채웠다. 그녀가 부른 것은 노래였지만, 듣는 사람들은 영혼을 어루만지며 가슴을 울리는 이루 말할 수 없는 감동에 젖어 들었다. 그날 밤 피아니스트와 반으로 나눈 그녀의 팁은 무려 57달러나 되었다.

그 노래 한 곡으로 흑인 창녀 일리노어 페이건은 사람의 마음을 울리는 가수 빌리 홀리데이로 다시 태어났다. 주급 18달러짜리 나이트클럽 가수로 무대에 선 그녀는 어린 시절 우상이었던 영화배우 '빌리 도브(Billie Dove)'의 이름과 자기 아버지의 성을 따 '빌리 홀리데이'라는 예명을 지었다.

그녀의 아버지 클라렌스 홀리데이는 당시 빅밴드 플레처 핸더슨 악단의 벤조 연주자로 알려졌다. 처음엔 빌리 홀리데이를 자신의 딸로 인정하지 않았으나, 그녀가 명성을 얻고 돈을 벌기 시작하자 아버지임을 자처하며 돈을 뜯어 가기 시작했다.

언제나 머리에 새하얀 치자꽃을 달고, 목이 아니라 온몸으로 노래하는 가수 빌리 홀리데이는 단번에 재즈 팬들의 마음을 사로잡았다. 그녀는 그렇게 역경 속에서 극적인 인생 역전의 과정을 통해 뉴욕의 클럽에서 인정받기 시작했다. 1933년 클라리넷 연주자이자 지휘자로 악단을 이끌며 당시 '스윙의 왕'이라 불리던 베니 굿맨(Benny Goodman), 평론가 존

해먼드와의 만남을 시작으로 18세의 나이에 음반을 내고 본격적으로 재즈 가수로서 성공 가도를 달렸다. 팬들이 그녀의 음색에서 가장 먼저 얻을 수 있는 것은 쥐어짜는 듯한 그녀의 우울한 감성이지만, 초기에는 듀크 엘링턴이나 카운트 베이시 같은 스윙밴드의 보컬로 많은 인기를 얻었다.

꼿꼿이 허리를 펴고 무대 위에 선 그녀의 자태는 몹시 품위 있고 우아한 데다 기품이 넘쳐 '레이디 데이(Lady Day)'라는 별명까지 얻었다. '기품 있는 숙녀 빌리 홀리데이'라는 의미의 이 별명은 시련과 고난 속에서도 담담히 예술혼을 펼치던 그녀에 대한 찬사였다.

그녀가 미국 전역에서 관심을 받은 것은 1939년 뉴욕의 클럽인 카페 소사이어티에서 〈이상한 열매(Strange Fruit)〉를 부르면서였다. 카페 소사이어티는 흑인과 백인이 함께 즐기는 공연장이었다. 쇼의 맨 마지막 순서에 등장한 빌리 홀리데이는 슬프고도 처절한 목소리로 흑인들의 아픔을 노래했다.

〈이상한 열매〉는 1939년 폐렴에 걸렸음에도 흑인이라는 이유로 병원 치료도 제대로 받지 못한 아버지의 죽음을 계기로 만든 노래였다. 루이스 앨런의 시에 노래를 붙인 이 곡은, 흑인들이 백인에게 폭력을 당한 다음 나무 위에 목이 매달린 풍경을 묘사한 곡이다. 이후 이 노래는 여성 작가 릴리언 스미스에 의해 소설로 발표되어, 1944년 미국 최고의 베스트셀러가 되기도 했다. 빌리 역시 이 곡으로 1944년 에스콰이어 재즈 보컬상을 수상했다.

빌리 홀리데이는 처음에는 그 노래의 의미를 몰랐고, 노래에 몰입하지도 않았다고 한다. 그러다가 어느 순간, 이 노래를 부르면서 눈물을 흘리기 시작했다. 그것은 20세기 초 미국에서 흑인으로 살았던 사람이라면, 일상처럼 겪었던 인종차별의 아픔을 그대로 전하는 노래였기 때문이다.

그 때문에 빌리는 이 노래 〈이상한 열매〉를 부를 때마다 더욱 혼신의 힘을 기울였고, 사람들은 그녀의 노래를 통해 인종차별의 잔인함을 각성할 수 있었다. 실제로 카페 소사이어티에서 그녀가 이 노래를 시작할 때면 클럽은 모든 조명을 끄고, 오직 작은 조명 하나만이 그녀의 얼굴 위로 흘러내려 그녀의 호소력 짙은 목소리에 힘을 더해 주었다고 한다.

유년 시절의 불행한 개인사를 넘어 흑인 전체의 억압과 불행을 노래한 이 노래로 빌리 홀리데이는 미국사회에 인종차별에 대한 반성과 경각심을 불러일으켰고, 《타임(Time)》지에 사진이 실리는 최초의 흑인이 되었다.

## 처절했던 운명이 남겨준 목소리

무대 위의 빌리 홀리데이는 모든 사람의 사랑을 받는 가수였지만, 무대 아래로 내려오면 가혹한 인종차별 속에서 그녀 역시 더러운 검둥이에 지나지 않았다. 무대에 오르기 전 흑인이라는 이유만으로 뒷문으로 클럽을 드나들어야 했으며, 무대 위 그녀를 보며 연호하던 백인 재즈 팬들도 무대 아래의 그녀에겐 싸늘한 시선을 보냈다.

그녀가 활동하던 시절에는 경쾌한 리듬의 백인 빅밴드나 스윙 재즈가 유행했다. 함께 연주하던 백인 빅밴드가 순회공연을 끝내고 따뜻한 호텔 방에서 피로를 풀 동안, 메인 보컬인 빌리 홀리데이는 추운 밤거리로 나가 잠자리를 찾아 헤매기 일쑤였다. 흑인을 재울 수 없다는 호텔의 방침 때문이다.

이런 비참한 현실 속에서 빌리 홀리데이는 외로움과 쓸쓸함을 녹여 보려고 성급히 결혼한다. 1941년 제임스 먼로와 결혼했으나 심한 마약 중독자라서 이혼했는데, 오히려 그녀가 마약 중독의 굴레에 빠져들고 만다. 두 번째 남편 존 래비는 사랑보다는 그녀의 돈만 갈취하는 쓰레기라는 사실을 알게 되어 이혼하고 만다. 세 번째 남편 역시 마약과 무기 혐의 소지 때문에 여러 번 옥살이를 거듭했던 범죄자로 홀리데이를 괴롭힌 나머지 견디지 못하고 이혼했다.

그 외에도 그녀는 베니 굿맨, 오슨 웰스 등과 연애했지만 그다지 오래가지 못했다. 결론적으로 그녀는 자신의 일생 가운데 제대로 된 사랑을 단 한 번도 하지 못한 불행으로 가득 찬 삶을 살았다.

재즈 가수로서 성공했지만, 인종차별이 워낙 극심했던 시절이라 알게 모르게 차별을 많이 당했으며 극심한 알코올과 마약 중독 때문에 늘 가난에 시달렸다. 나중엔 듀크 엘링턴이나 마일스 데이비스에게 약값을 빌리는 지경에 이르기도 했다. 보다 못한 마일스가 마약 중독 치료를 권할 정도였다.

1950년에 들어서 그녀의 마약과 알코올 중독은 그녀의 삶을 완전히 갉아먹기 시작했다. 게다가 마약 중독 이후로 그녀의 목소리는 천천히 망가졌다. 수많은 팬 가운데는 오히려 그때 마약에 중독되어 갈라진 목소리로 부르는 노래를 더 좋아하는 사람도 많다. 한층 더 호소력이 있는 목소리로 느껴졌기 때문이다.

　그녀는 금단과 중독을 계속해서 왔다 갔다 하며 스스로 괴롭히며 처참하게 망가져 갔다. 삶의 마지막까지 녹음했으며 1959년 5월 맨해튼에 있는 자신의 아파트에서 쓰러진 이후 뉴욕 메트로폴리탄 병원에 입원했다. 마약에 찌든 중년의 여인을 아무도 빌리 홀리데이라고 알아보지 못했다. 빌리 홀리데이는 본명인 일리노어 페이건이라는 이름표가 붙은 딱딱하고 차디찬 병상에서 외롭고 쓸쓸한 마지막을 맞이했다. 44세의 이른 나이였다. 진료 기록에는 '병명 마약 중독 말기, 치료 방법 없음'이라고 쓰였다.

　재즈 역사상 가장 위대한 목소리로 일컬어지는 빌리 홀리데이. 그녀는 영감에 넘치는 목소리는 끊임없이 차별 없는 자유를 염원했고, 그녀의 곡 해석 능력은 타의 추종을 불허했다. 그녀가 그런 목소리와 곡 해석 능력을 갖추었던 것은 그녀가 철들기도 전에 겪었던 인생 역정이 준 등가교환의 법칙에 따른 대가와도 같았다. 빌리 홀리데이의 노래 속에는 그녀의 처절한 삶이 담겨 있었다.

　3대 여성 재즈 싱어로 꼽히는 다른 가수들과 냉정하게 비교해 보면, 그녀의 가창력과 정교함은 엘라 피츠제럴드의 그것에는 달하지 못했고, 사라 본의 아름답고도 풍부한 음색과 비교하더라도 비교 자체가 어렵다고 할 정도로 부족하다는 것이 중평이다.

그럼에도 3대 여성 재즈 보컬 중 언제나 빌리를 먼저 꼽는 이유는 하나다. 그녀의 노래에서는 가창력과 음색이 정량치를 넘어, 듣는 이의 마음을 울리는 무언가가 있다는, 모든 사람의 공통된 느낌이 있었기 때문이다. 그녀의 노래는 사람들의 심금을 울리는 영혼의 노래다.

대체로 그녀의 삶이 워낙에 비극적 요소로 점철되어 있다 보니, 재즈 보컬 가운데 가장 감성을 극대화하는 보컬리스트로 알려졌다. 물론 엘라 피츠제럴드나 세라 본, 카멘 맥레이, 에비 링컨 같은 동시대의 여성 재즈 보컬리스트 역시 그다지 순탄한 삶을 살지는 않았다. 단 빌리 홀리데이의 삶과 비교한다면, 누구도 그녀보다 더 굴곡진 삶을 살았다고 하기는 어렵다.

## 생각보다 가진 것이 많으니
## 쉽사리 포기할 필요가 없다

앞서 언급했듯이, 세상은 등가교환의 법칙으로 이루어진다. 그녀는 인종차별이 극에 달했던 시대를 살던 흑인이었고 불우한 가정사에 제대로 된 부모 없이 비참한 세월을 내내 살아 내야 했다.

하지만 그녀는 굴곡진 삶이 그대로 녹아들어 간 목소리와 그것을 표현하는 능력을 이미 10대에 갖추었다. 그녀는 세상을 떠나기 직전에 마약으로 목소리가 갈라지고 최악의 상태였지만, 그 무렵 녹음된 곡을 들어 보면 그녀의 목소리는 더 깊이 있게 듣는 이들의 심장을 긁어 대는 마력을 구사했다. 그것은 그녀의 고통으로 아로새겨지며 얻어 낸 목소리고, 마치 그녀가 그 고통을 대가로 지불하고 악마에게 얻어 낸 것처럼 느껴졌다.

불우한 환경을 딛고 스타가 되어 어느 정도 전성기를 누리면, 삶이 윤택하고 행복하며 뭔가 여유로울 것이다. 하지만 그녀의 삶은 결혼을 세 번이나 하고 그 안에 안주하고 싶어 발버둥 치던 어리고 가난하며 정에 굶주렸던 한 흑인 소녀가 유리병 안에 갇혀 있는 듯한 느낌을 지울 수 없게 했다.

그녀는 그저 자신의 목소리로 노래할 때만 진정 살아 있는 사람이고, 그 노래에 마음을 담아 표현할 때만 가장 행복했다. 그녀는 자신에게 쏟아지는 사랑에 교만하지 않았고, 그것을 온전한 자신의 것으로 누리지도 못했다.

농담처럼 사람들은 이야기한다. 천상의 목소리를 가진 사람은 외모가 떨어지는 경우가 많은데, 그것은 하늘이 공평하다는 증거라고. 돈이 많은 부자는 아무런 고민이나 걱정이 없을 거라고 부러워하는 사람은, 자신이 돈이 없어 불행하다고 생각하기 때문에 그런 마음을 먹는다. 마찬가지로 뚱뚱하고 못생긴 사람은 예쁘고 날씬한 연예인을 대할 때마다 부모를 원망하고 하늘을 원망한다. 즉 사람들은 자신의 결핍이 지금의 불행을 가져온 원인이라고 착각한다.

사람들이 나를 무시하는 것만 같은 자격지심으로 늘 나가던 모임에도 나가지 못하는 것은 나 때문이지 결코 그들 때문이 아니다. 나만 실패하는 것 같고, 나만 뒤처지는 것 같다고 생각하지만, 마냥 행복해 보이기만 하는 사람에게도 고민거리는 있다.

빌리 홀리데이의 호소력 짙은 목소리가 그저 우연히 얻은 것이며, 그녀의 곡 해석 능력 또한 타고난 것이리라 생각한다면 착각이다. 그것은 어린 시절부터 비참한 생활과 외로움 속에서 안으로 다져졌으며, 단지 우연한 계기에 발견되었을 뿐이다.

명성을 얻은 이후에도 그녀는 끊임없이 자신의 결핍에서 벗어나고자 발버둥 쳤지만, 결국 그렇게 하지 못했다. 남편이 마약 중독자라는 사실을 알고 이혼했지만, 자신 또한 이미 마약에 깊이 중독되고 말았다. 자신의 유명세를 등에 업고 돈만 뜯어 가던, 자신을 버린 아버지와 두 번째 남편에게서 벗어나고자 했지만, 결국 자신을 관리하지 못해 파멸로 치달았다.

만약 그녀의 곁에 그녀가 알지 못한 것을 일깨워 주고 과거의 굴곡진 삶에서 벗어나도록 이끌어 줄 사람이 한 명이라도 있었더라면, 그녀는 그렇게 비참하게 삶을 마감하지는 않았을 것이다. 스스로 깨닫고 과거의 어둠에서 벗어나기 위해 노력하는 것이 이상적이겠으나, 그녀는 그것을 배울 겨를도 없었고, 그저 자신이 그 힘겹고 비극적인 삶의 대가로 얻은 능력을 어떻게 활용해야 할지 몰랐을 뿐이다. 그녀가 그저 단순히 운이 없어서 그런 남편들을 만나고 불행에서 벗어나지 못했던 것은 아니다.

그녀가 살아오며 배운 선택의 범위는 그녀가 보고 듣고 배운 정도를 벗어나지 못했을 뿐이다. 어려서부터 사창가에서 자라며 제대로 배우지도 못하고, 더 나은 삶을 위해 고민할 겨를조차 없이 치이며 살아온 흑인 소녀에게 그것은 어찌 보면 당연한 일이었을지도 모른다.

하지만 당신은 다르지 않은가? 시대는 변했고, 당신이 제대로 배우지 못한 것도 아니고, 시대가 당신의 인종을 차별하며 당신이 무언가를 할 수 없게 가로막고 있지도 않지 않은가? 그럼에도 세상의 불행을 혼자서 짊어진 듯 좌절하고 어둠 속으로 기어들어 빛이 쏟아지는 곳으로 나오길 꺼린다면, 그것은 결국 스스로가 자초한 파멸이고 인생이 고작 그것밖에 안 된다는 것을 스스로 인정하는 꼴밖에 되지 않는다.

당신이 더 배우고, 익히고, 경험하고, 깨닫는 것이 많아질수록, 그리고 그것들을 통해 당신을 성장시키고 다시 시작하고 조금 더 높은 곳에 이르기 위해 노력하는 동안, 당신은 등가교환의 법칙에 의해 성공을 얻게 되고 안정감을 얻게 되며, 보다 넓은 시각으로 세상을 보는 안목을 갖추게 될 것이다.

그러기 위해 필요한 것은 단 하나다. 당신이 더 넓은 세상으로 나가기 위한 확고한 의지를 갖추어야 한다. 물론 실패할 수 있으며, 실패에 대한 두려움으로 세상으로 나가는 것이 꺼려질 수도 있다. 그렇다고 당신의 인생을 망치고, 문을 걸어 잠그고 골방에 갇혀 지낸다면 빛의 미래는 더욱 멀어진다. 가방끈이 길지 않아도, 경력 단절 중이어도, 집안이 한미해 기댈 언덕이 없어도 큰 문제는 되지 않는다. 자신보다 더 못한 환경에서도, 더 큰 실패의 구렁텅이에서도, 나이마저 지긋해도 다시 일어나 보란 듯이 성취를 이루어 낸 경우는 우리 주변에 얼마든지 있다.

당신이 이제까지 겪은 실패, 불행, 어려움은 그저 버려진 것이 아니다. 그것들은 등가교환 법칙에 따라 당신에게 무언가를 분명히 가져다주었을 것이다. 그것을 당신이 인지하지 못했을 뿐이다. 당신만 모를 뿐, 당신은 생각보다 가진 것이 많은 사람이다. 그대로 좌절하고 포기하지만 말라. 그러면 어느 순간 길은 열린다.

2장

# 길 위에서
# 세계를 바꾼
# 사람들

# 저항의 상징이 된 전설의 혁명가, 체 게바라

**Ernesto 'Che' Guevara(1928~1967)**
의사로서의 안락한 삶을 포기하고 혁명가로 거듭나
이념과 국가를 넘어 젊은이들에게, '전설'로 기억되다.

> " 내가 선택한 길이 아니었지만,
> 그 길이 나를 만들었다.
> 실패를 거듭할지라도
> 차마 정의를 버릴 수는 없었다. "

## 안락한 삶을 저버리고 혁명가의 길을 가다

1928년 아르헨티나 로사리오(Rosario)에서 장남으로 출생했다. 그의 집안은 스페인에서 아르헨티나로 이주한 상류층이었다. 귀족 집안 혈통을 이어받은 부르주아 집안 출신으로 아버지가 제법 큰 병원 원장이어서 경제적으로 부족함 없이 자랄 수 있었다. 하지만 미숙아로 태어나 두 살이었을 때 아버지의 팔에 안긴 채 차가운 여울을 건너다 천식에 걸려 평생 흡입기를 갖고 다녀야 했다.

그럼에도 학창 시절에 럭비를 즐겨 하는 만능 스포츠맨이었고, 시가를 즐겨 피웠다. 부모가 다 중립적 자유주의자라 어릴 적부터 스페인 내전 패배로 망명한 공화국 정부 인사들과 만나 진보적 사고에 대한 지각을 넓혔다.

특히 어머니는 문학과 사상에 대한 열정이 매우 높았던 사람으로 집안에는 많은 책이 있었다. 그러한 영향 덕분에 자연스럽게 책을 가까이하며 성장했고, 그의 집에는 예술가와 지식인들이 자주 드나들었다. 그는 진보적 성향의 어머니에게서 많은 영향을 받았다고 회상했다.

1945년 가족 모두 부에노스아이레스로 이사했고, 의사를 꿈꾸던 그는 1947년 부에노스아이레스대학교 의과대학에 입학했다. 여행을 좋아해 1951년 친구인 알베르토 그라나도(Alberto Granado, 1922~ 2011)와 모터사이클로 남미 대륙을 4,500km나 여행하면서 라틴아메리카의 고대 유적과 문명에 매료된다. 1953년 알레르기 연구로 박사 학위를 받고 의사

면허를 취득한다. 그해 그는 두 번째 라틴아메리카 여행을 떠나는데, 이때 볼리비아와 페루를 지나 과테말라로 그리고 파나마를 거쳐 코스타리카를 여행했다.

이때 그는 피폐한 남미의 현실(심각한 빈부격차와 사탕수수, 커피, 바나나 농장의 노예들과 광산의 광부들, 빈민가의 빈민들)을 보며 충격에 빠진다. 또한, 과테말라에서 CIA 사주를 받은 군부가 좌파 정권을 무너뜨리는 것을 보고 미국에 대한 적개심을 품기 시작했다. 그는 당시 라틴아메리카의 처참한 현실에 눈을 뜨고 심각한 고민 끝에, 의사 가운을 벗어 던지고 혁명가로 거듭나게 된다. 이 과정을 영화로 만든 작품이, 그 유명한 〈모터사이클 다이어리〉(2004)다.

아르헨티나 태생의 의사, 공산주의자, 정치인이자, 직업란에 혁명가라고 쓸 수 있는 인물. 흔히 '체 게바라'라는 별명으로 우리에게 널리 알려진 에르네스토 '체' 게바라(Ernesto 'Che' Guevara)의 이야기다.

그의 별명이 된 체(Che)의 원래 뜻은 바로 이탈리아어 '케 코사 체(Che cosa c'è, 무슨 일이야?)'를 뜻하는 말이었는데, 아르헨티나로 대거 유입해 온 알프스산맥 지방 출신의 이탈리아 사람들이 언제부턴가 이 'c'è'를 'Che'로 바꿔 쓰기 시작했다. 이후 아르헨티나 북동부와 파라과이에서 통용되는 과라니어에서 이 '체'가 '나' 또는 '나로서는'이라는 의미로 바뀌었다.

프랑스의 실존주의 철학의 대가인 사르트르는 체 게바라를 '20세기 가장 완전한 인간'이라고 극찬했다. 체 게바라는 살아 있었을 때도 세계적으로 유명했지만, 사후 그가 살

앗던 세월보다 훨씬 더 많은 기간 많은 이에게 회자된 인물이다. 그는 프랑스 '68운동' 당시 영웅으로 추대받았고, 이후 50년 이상이 지난 지금까지도 다양한 측면에서 재조명되고 소비되고 있다.

### 혁명을 성공으로 이끌었으나, 실패한 행정가

과테말라에서 여성 혁명가인 일다 가데아 아코스타를 만나 결혼하는데, 그녀는 사회민주주의 정당에 소속되어 정치 혁명가와 폭넓은 인맥과 정치 경험이 있었다. 과테말라 혁명에 실패하고, 게바라는 쿠데타 정권의 블랙리스트에 오르자 멕시코로 탈출해, 1955년 평생 동지인 변호사 출신 피델 카스트로와 만난다. 그때 독재자 풀헨시오 바티스타가 집권한 쿠바에 혁명의 불길을 일으킬 것을 결심하고, 혁명군에 투신한다. 스페인 내전을 겪은 베테랑 군인 알베르트 바요 아래에서 혹독한 훈련을 거쳐 육체적으로도 확실한 군인으로 거듭난다.

1957년 반군 부대의 대장을 맡아 82명의 전사를 이끌고 쿠바에 도착한다. 그러나 그들은 상륙 직후 바티스타 정부군의 기습 공격을 받아 대부분이 사살되거나 체포되어 17명(12명이 남았다는 설도 있다)으로 확 줄어들어 버린다. 이 무렵 두 번째 부인 알레이다 마치를 만난다. 겨우 시에라 마에스트라로 탈출한 혁명군은 그곳을 기점으로 바티스타 정권의 폭정에 오래전부터 지쳐 있던 민중의 지지를 받아 다시 힘을 키우기 시작한다. 크고 작은 정부군과의 전쟁에서 승리해 가며, 그들은 결국 2년 뒤인 1959년 1월에 수도 아바나(Havana)에 입성해 독재자 바티스타를 쿠바에서 몰아내는 데 성공한다. 체 게바라가 고안한 유격전 전술이자 사회주의 혁명 이론인 포코 이론(Foquismo)의 성공이었다.

혁명에 성공해 카스트로가 정권을 잡자 쿠바의 일반 대사로 해외에 파견되어 이집트의 나세르, 인도의 자와할랄 네루, 유고슬라비아의 티토, 인도네시아의 수카르노 같은 '비동맹 국가'의 지도자들과 만나 반제국주의, 반식민주의 외교 활동으로 우호를 다졌다.

심지어 UN 총회에서도 쿠바 대표로 참여했으며 북한에서 김일성을 만나기도 했다. 이때부터 검은 베레모와 구겨진 군복은 그의 트레이드마크가 됐다. 이후 라카바니아 요새 사령관, 국가토지개혁위원회 위원장, 중앙은행 총재, 공업 장관 등을 역임하며 '쿠바의 두뇌'로 불리면서 쿠바 정권의 기초를 세워 나갔다.

하지만 산업화와 금융정책 등 경제 성적은 전반적으로 나빴다. 체는 애초에 금융이나 경제 전문가도 아니었고, 혁명가였을 뿐 실무 행정가가 아니었다. 은행 총재였지만 돈을 혐오해 지폐에다가 대충 '체'라고 휘갈겨 쓰거나, 실무를 보기 위해서 책상에 앉기보다는 항상 구멍 난 양말을 신고 직접 사탕수수 농장, 벽돌 공장에서 근로 활동을 더 많이 했다.

그래도 본업에 걸맞게 의사 출신인 게바라는 무엇보다

의료 개혁만큼은 자신 있게 주도했다. 옛 친구 알베르토 그라나도를 쿠바로 초청해 임상학연구소를 설립하게 하고, 산티아고와 아바나대학교 등의 의대를 전폭적으로 지원했다.

하지만 너무 서투른 산업 국유화는 자본 이탈과 함께 미국의 경제 봉쇄라는 더블 펀치를 쿠바에 안겼다. 게다가 마침 불거진 중소 간의 충돌은 공산주의 진영에서 편 가르기를 촉발했고 그 와중에 귀중한 시간까지 낭비되었다. 결과적으로 쿠바의 경제성장률이 침체하면서 체 게바라는 자아비판까지 해야 했으며, 이 커다란 실책으로 인해 라울 카스트로의 친소파가 쿠바 정권을 장악하게 되었다.

쿠바가 사회주의 혁명군에게 점령되자 위기를 느낀 미국은 1961년 쿠바를 침공했다. 쿠바는 미국의 공격을 물리쳤지만, 미국에 의해 경제 봉쇄를 당하게 되었다. 체 게바라는 소련을 방문해 경제적 지원뿐만 아니라 무기 원조를 요청했으며, 쿠바에 소련제 미사일을 배치해 미국의 공격에 대비하는 외교적 성과를 이루었다. 하지만 소련은 미국과 협상으로 쿠바에 배치했던 미사일을 철수했다.

이 사건을 계기로, 체는 소련의 점수 따기에 몰두하던 카스트로와 갈등과 반목을 겪는다. 특히 1965년 1월, 알제리에서 행한 연설을 통해 소련을 향해 "어떤 사회주의 국가(소련)는 제국주의 국가처럼 착취한다"라는 원색적 비난을 퍼붓는다. 이에 격노한 새 집권자 레오니트 브레즈네프 소련 서기장이, 그가 공직에서 사퇴하지 않으면 쿠바에 대한 모든 경제 원조를 중단하겠다는 엄포를 놓자, 카스트로의 지시로 모든 공직에서도 사임하고 만다. 경제정책 실패에 이어 터진 이 사건 때문에 그는 혁명 정권에서 고립무원의 처지가 되었다. 결국 그해 5월, 가족과 카스트로에게 보내는 편지를 남기고 소수의 지지자와 함께 쿠바를 떠났다.

## 다시 혁명의 현장으로

그가 향한 곳은 한창 식민지에서 해방되어 독립국이 탄생했던 아프리카였는데, 내전이 한창이던 콩고민주공화국에서 자기 자리를 찾고자 했다. 그러나 스페인어와 가톨릭 등 공통점이 많았던 남미와는 달리 생소한 환경의 아프리카는 그가 생각했던 세상이 아니었다. 자칭 '공산주의자'들은 약탈 밖에는 관심이 없는 오합지졸들뿐이었다. 콩고 반란군은 술집이나 매음굴에 드나들면서 성병에 걸리기 일쑤였고, '다와(Dawa)'라는 미신을 믿어서 마법의 약을 마시면 총알을 맞아도 괜찮다고 여길 정도로 미개했다.

무기에 대해 부주의해서 권총으로 장난치다가 총기사고로 죽는 이도 생겨났다. 게다가 중국과 소련 간의 갈등은 이곳에서도 그의 발목을 잡아 친소 국가인 쿠바 출신의 그를 중국의 지원을 받는 콩고 공산 세력은 다짜고짜 적대시했다. 변장을 한 채 콩고에 들어갔던 체가 콩고의 국회의원에게 정체를 밝히자, 그 국회의원은 국제사회에 물의를 일으킬 것이라며 그를 만나지 않은 것으로 하겠다며 당황해했다.

그나마 체가 믿고 존경하던 콩고의 지도자 로랑 마투디디가 체의 제안을 받아들였다. 하지만 마투디디의 부하들은 외국인이라면서 체의 명령을 듣지 않았는데, 무거운 군장을 메려 하지 않았고 인사불성이 될 때까지 술만 마셨다. 그 과정에서 쿠바군 한 명이 전투 중 일기를 잃어버리는 바람에 쿠바가 콩고 반군을 지원한다는 사실을 CIA가 알게 되었다.

체는 '이런 병력으로 승리란 불가능하다'라며 좌절했지만, 계속 쿠바 게릴라 부대를 모았고 콩고 반군에게 '너희들 같은 남자와 싸우느니 여자들을 데리고 전쟁터에 나가겠다'라고 다그치며 수습하려 했다. 결국 오합지졸들은 패배했고, 그나마 최측근이었던 이들은 체만을 남겨 두고 소련 항공기 편으로 모스크바로 거쳐 쿠바로 돌아가 버렸다. 체만 혼자 탄자니아의 쿠바 대사관에 숨어 지냈다.

결국 콩고군 참모총장이었던 모부투 세세 세코가 쿠데타로 조제프 카사부부 대통령을 몰아내고 철권통치 시대를 염으로써 콩고 혁명은 끝났다. 연이은 좌절에 피폐해진 그는 일단 남미 혁명이라도 완수하겠다고 생각해, 1966년 11월 변장한 채 볼리비아로 입국했다.

쿠바에 돌아온 이후 볼리비아 혁명을 지원하기 위해 게릴라 요원을 훈련시켰으며 1966년 가을에는 볼리비아에 직접 잠입했다. 하지만 소련에 낙인찍힌 그를 볼리비아 공산당은 대놓고 내놓은 식구 취급했고 지휘권 문제까지 불거지자 거의 빈손이나 다름없이 정글로 향할 수밖에 없었다. 볼리비아는 아메리카 원주민과 혼혈 혈통인 메스티소가 대부분이었는데, 이들 현지 원주민은 백인인 체 게바라의 명령을 따르려고 하지 않았다. 사실 볼리비아에서 공산당 지지 세력은 농민들이 아니라 광부나 도시 노동자였으나, 누구도 이 사실을 알려 주지 않았다. 심지어 오랜 동지인 카스트로조차 침묵했다.

결국 지원을 받지 못해 어려움에 처하게 되었고, 산악지대에서 소규모 게릴라 부대를 조직해 라틴아메리카 전체의 혁명을 위해 군사 활동을 전개했다. 하지만 이미 혁명가로서 너무 유명해진 그는 미국에서 카스트로 다음가는 눈엣가시로 여겨졌다. 그의 입국이 확인되자 CIA가 나서서 그린베레(미 육군 특전부대)에 의해 양성된 볼리비아군 정예 레인저 부대를 인간사냥에 투입했다. 그의 목에는 자동차와 오토바이를 비롯한 거액의 현상금이 걸렸다.

영양실조와 이질에 시달리며 11개월 동안 추격을 피해 게릴라를 벌이며 도망 다녔으나, 끝내 확실한 거점을 확보하지 못해 점점 한계에 몰렸다. 끝내 1967년 10월, 몇 안 되는 부하들과 함께 볼리비아 정부군 레인저 부대의 매복에 걸려 그 자신도 총상을 입고 생포되었다.

CIA의 지령을 받은 볼리비아 정부는 그를 살려두면 훗날 큰 화가 생길 것으로 판단하고 체를 비밀리에 죽이기로 한다. 체는 결국 비밀리에 볼리비아 병사들에게 처형된다. 당시 볼리비아에는 사형제도가 없었으므로, 대외적으로는 게바라가 전투 중 부상으로 숨졌다고 발표했다. 그를 사형시킬 때 몇몇 병사가 거부해 병사에게 억지로 술을 먹여 취하게 한 뒤

총으로 쏘았다는 설도 있다. 그의 나이 마흔도 채우지 못한 불과 39세였다.

그의 죽음을 입증하기 위해 볼리비아 정부는 그의 손을 잘라 쿠바의 카스트로에게 보냈다. 얼굴이 이미 심하게 훼손되었기 때문에 식별할 수 있는 것이 지문밖에 없다며 손을 잘라서 보내는 끔찍한 짓까지 벌였다.

그의 시신은 비밀리에 매장되었다가 30년이 지난 1997년, 유족을 포함한 볼리비아-쿠바 합동 조사단에 의해 바예그란데의 어느 폐쇄된 활주로에서 발굴되었다. 이후 쿠바 정부는 추모 주간을 선포하고 대규모 국장 행사를 진행했다. 심지어 산타클라라에 체 게바라를 추모하는 사원까지 생겼다. 2013년에 볼리비아 정부의 협조 아래 체 게바라의 일대기가 담긴 일기와 편지, 신문 기사, 사진, 문서 등이 세계기록유산에 등재되었다.

의사로서 보장된 안락한 삶을 버리고 열악한 라틴아메리카의 실정에 혁명가로 변신해 자신의 삶 전체를 혁명에 바쳤던 인물. 너무도 허망하게 인생을 마감했지만, 그가 보여준 현실의 안락과 권력에 안주하지 않고 신념에 따라 행동하고 죽어간 삶의 궤적은 이후 진보적인 젊은이들이 그를 멘토로 삼기에 주저치 않게 했고, 그의 참혹한 죽음은 '전사 그리스도'란 별명까지 붙게 했다.

실제 쿠바 혁명에 성공하고 난 뒤, 정치가로서 실패와 그 이후 처참하게 쫓겨 다니다가 죽음을 맞이한 그의 인생은 허망하게까지 보일 수도 있지만, 그는 결코 정치를 망쳐 버린 실패자가 아니었다.

체는 쿠바의 정치를 책임지게 되었을 때 녹색 의료, 니켈 생산, 원유 탐사, 설탕 부산물, 화학산업 등 9개의 연구. 개발 기구를 설립했다. 또 회계 처리를 전산화하는 실험을 시도했고, 새로운 임금체계를 고안했다. 노동자의 발명 및 혁신을 장려하고 농업 기계화를 진두지휘했으며, 사회적 노동에 대한 심리학적 분석을 시도하고, 사회적 임무로서 노동 개념을 발전시켰으며, 노동자 경영 참여를 위한 기구를 설립했다.

오늘날 쿠바의 사회. 경제 구조 전반에 이러한 시도들이 상당한 영향을 끼쳤음에도 불구하고, 정작 이를 고안하고 시도했던 체의 기여에 대해서는 알려진 바가 거의 없다. 체 게바라란 인물 자체의 이미지가 혁명 투쟁가로서 색깔이 너무 강해, 어딜 가든 한 곳에 쭉 눌어붙어 지루하고 관료제적인 입씨름이 태반인 실제 국정 운영과 정치를 할 만한 성격이 아니라는 이유 때문이었다.

### 이상을 향해 온몸을 불사르다

본래 어지러운 세상은 영웅을 불러내지만, 그 영웅이 난세가 끝난 후에 정치가로 성공하는 역사는 거의 없다. 영웅은 그저 난세에만 일회용으로 쓰일 뿐이다.

82명의 특공대원 중에서 불과 12명만 남아 버린 인원만으로 쿠바 혁명에 성공한 것은 그야말로 역사적 사건이 아닐 수 없다. 당신이라면 과연 그 상황에서 끝까지 정부군을 뒤집고 혁명에 성공할 수 있다는 확신으로 주민들의 지지를 받으며 세를 키워 가겠다는 결정을 할 수 있었겠는가?

그는 무모하리만큼 우직하고 강직했으며 단순했다. 하지만 그랬기에 그는 혁명가로서 쿠바 혁명을 성공으로 이끌 수 있었다. 오토바이 여행으로 서민들의 불쌍한 삶을 목도했다고 해서 의사로서 보장받은 안락한 미래를 던져 버리고 혁명가로 돌변하는 경우는 그때도 지금도 여간해서는 찾아내기 어려운 드문 사례다.

만약 당신이라면, 아니 당신의 자녀라면, 의대에 다니다 말고, 사회가 썩었으니 그것을 바꾸기 위해 스스로 혁명가가 되어야겠다고 선언하면 당신은 뭐라 답할 수 있었을까? 실제로 우리의 역사에도 그런 이들이 있었다. 공부 열심히 해서 서울대학교에 들어갔는데, 정작 군사 정권이 들어서고 국민의 눈을 가리고 국민을 속이고 국민을 기만하고 자신들의 사리사욕을 채우며 억압과 통제만으로 국민의 목을 움켜쥐려는 이들이 있었다. 서울대학교를 나와 사시를 보고 행시나 외시를 보고, 그것도 아니면 그냥 대학원에 가서 번호표를 받으면 교수가 될 수 있는 시대였다.

그러나 거리로 나와 화염병을 던지고 혁명을 꿈꾸며 새로운 대한민국을 피와 땀으로 얻어 낸 이들이 있었다. 물론 그들 중 적지 않은 이가 정치가로 변하고 결국 기름진 자신의 배를 채우겠다고 이상하게 변질되어 다시 기득권층이라는 본색(?)을 드러내 추잡한 노년을 보내기도 했다. 하지만 최소한 당시 제대로 된 우리 조국을 만들겠다고 했던 그 젊은 혁명가로서 외침은 당당했고, 나중에 국회의원 배지나 달고 보상을 받겠다고 했던 일이 아니었다.

물론 당시에도 그들을 외면하고 도서관에 처박혀 책과 씨름해서 법조인이 되고 의사가 된 이들도 적지 않았다. 당시 친구들은 그들을 욕했지만, 그들이 그들의 위치에서 할 수 있는 당당한 무언가를 했다면 그것도 나름의 의미를 부여할 수 있다고 생각한다.

혁명이 필요하지도, 존재하지도 않는 오늘날 왜 이런 뜬금없는 소리를 하는가 싶은가? 아니다. 젊든 나이를 조금 더 먹었든, 사회를 보는 눈, 잘못된 것을 고쳐야 한다고 인식하는 마음은 결코 바꿔서는 안 된다는 체 게바라의 외침을 알려주고 싶은 것이다.

굳이 쿠바 혁명 이후 그의 실패한 노정을 자세히 이야기한 것도 그러한 이유다. 그 시대에 속했던 당사자인 국민이 변하고자 하지 않는다면, 바꾸고자 하지 않는다면 그들의 삶을 바꿔 줄 혁명가가 맞춤 배달로 짠하고 나타나서 제대로 된 우리의 조국을 만들어 주지 않는다는 것이다. '늘 깨어 있어야 한다'는 말은 그래서 하는 것이다.

직접 가투를 뛰지 않은 사람이라도, 가투에서 쫓기던 친구를 잠시 숨겨 주거나 배고파하던 친구들에게 선뜻 도시락을 건네주었다면 무엇이 그릇된 것인지를 알았기에 기꺼이 동참했던 것이다. 아직도 우리 사회의 그릇되고 잘못된 부분들을 보면 이것은 아니라고 외치고 바꿔야 한다고 나설 수 있는 용기가 남아 있기를 바라마지 않는다.

젊어지려고 피부과를 다니고 운동으로 하고 관리를 받는 것이 당신 자신의 껍데기를 조금이나마 덜 늙어 보이게 할 수는 있겠으나, 썩어 가는 사회의 비뚤어진 구석을 바로잡겠다는 올곧은 마음가짐과 실천만으로도 젊은 혁명가의 피 끓는 열정을 유지하게 만들어 주는 비결이 될 것이다.

겉과 속, 진정 무엇이 젊어지기를 원하는가?

# 폭정과 고립에 맞선 신념의 지도자, 아웅 산 수지

**Ernesto 'Che' Guevara(1928~1967)**
의사로서의 안락한 삶을 포기하고 혁명가로 거듭나
이념과 국가를 넘어 젊은이들에게, '전설'로 기억되다.

> 말할 수 없던 시간들이
> 나의 가장 긴 연설이었다.
> 침묵은 저항이었고
> 세계에 울려 퍼지는 메아리가 되었다.

## 망명 아닌 망명 생활을 했던 국부의 딸

1945년, 양곤에서 미얀마의 국부(國父)로 불리는 아웅 산의 세 번째 아이이자 유일한 딸로 태어났다. 그녀가 태어나고 2년 후 미얀마가 독립하고 제대로 정부가 구성되기도 전에 그녀의 아버지는 32세의 나이에 정적에게 암살당하고 만다.

32년이라는 짧은 생을 오로지 미얀마를 위해 살았던 아웅 산은 그 투명한 삶과 업적으로 인해 미얀마의 국부(國父)로 불리며 국민 영웅이 되었다. 아웅 산의 유족들은 영웅의 유족으로 추앙받았고, 영웅의 유족답게 살아야 한다는 책임감을 평생 짊어져야만 했다. 그래서였을까? 1962년 네 윈에 의한 군사 쿠데타가 일어나기 전까지 아웅 산의 미망인 킨 치 여사는 중앙 정계에서 활발한 활동을 펼쳤다.

그녀에 대해 이야기하려면 그녀의 아버지 아웅 산을 이야기하지 않을 수 없고, 아웅 산을 통해 미얀마의 현대사를 대략적으로 이해할 수 있다.

아웅 산은 1932년 랑군대학교(양곤대학교의 전신)에 입학했으며, 4년 뒤인 1936년 동맹휴학을 지도했다. 1940년 영국의 체포령이 내려지자 일본으로 망명했다가 중국 하이난성에서 버마(1989년 이전까지는 이 호칭이 공식 국명이었다) 독립군을 양성했다.

이후 일본의 도움을 받아 버마에 다시 돌아와 영국군과 싸웠다. 일본은 괴뢰 정부인 버마국을 세우고 영국보다 더욱 가혹하게 통치해 버마인을 비롯한 인근 국가에서 동원해 온

민간인의 피해가 극심했다. 이에 아웅 산은 이른바 '30인의 동지'와 함께 반파시스트 인민자유동맹(AFPFL)을 결성, 일본에 대한 저항운동을 시작한다. 태평양전쟁 기간에 버마인 희생자만 해도 무려 100만에 달하리라고 추정된다.

일본군이 태평양전쟁에서 항복하고 나서, 영국군이 버마를 재점령하자, 아웅 산은 1947년 1월 런던에서 영국 총리 클레멘트 애틀리와 '애틀리-아웅 산 협정'을 맺음으로써 버마 독립을 위한 기반을 마련했다. 독립 직전이던 1947년 7월, 아웅 산의 형을 포함한 7인의 장관들과 함께 양곤 사무국 건물에서 임시 내각 회의를 진행했다. 그런데 아침에 군복을 입고 톰슨과 스텐 기관총으로 무장한 4명의 괴한이 지프를 타고 사무국으로 들이닥쳤다.

이들은 경호원들을 죽이고 회의장으로 난입해 총기를 난사했다. 아웅 산을 비롯한 5명이 그 자리에서 즉사하고, 3명은 치명상을 입었지만 겨우 살아남는다. 이후 영국 식민 정부는 임시 내각의 총리였던 우 소를 비롯한 8명을 암살의 배후로 지목하고 체포해, 버마 임시 대법원에 이들의 재판권을 넘겨주었다. 우 소는 억울함을 항변했지만 받아들여지지 않았고, 9명 모두 이듬해에 처형당했다.

아웅 산의 죽음으로 버마의 운명은 독립 정부를 꾸리기도 전부터 삐걱댔다. 이후 버마족과 카렌, 카친, 샨, 친, 카미, 아라칸, 로힝야족 같은 소수민족과 이념이 다른 정당 간 내전이 끊이지 않았고, 나아가 동남아시아의 빈국으로 추락하고 만다. 만일 그가 죽지 않고 버마의 초대 대통령이나 초대 총리가 되었더라면, 적어도 지금 같은 내전이나 쿠데타로 이리 시달리지는 않았으리라 상상해 본다.

실제로 아웅 산은 버마족 출신이었지만 카렌, 샨, 카친 등 소수민족에도 관대해서 '팡롱 협약'이라는 미얀마 내 소수 종족의 자치와 권익을 보장하는 협정을 체결하기도 했다.

다시 그의 딸 이야기로 돌아와 보자.

그녀는 1960년 인도 대사로 부임했던 어머니를 따라 인도로 건너갔다. 그렇게 15세에 시작한 외국 생활은 그녀가 1988년 어머니의 병간호를 위해 미얀마로 다시 돌아오기 전까지 무려 30여 년이나 계속되었다. 1962년 아버지의 동료였던 네 윈이 일으킨 군사 쿠데타로 조국은 미얀마식 군부 사회주의 독재 정권으로 바뀌었고, 아웅 산 수지는 망명 아닌 망명 상태로 외국을 떠돌았다. 그녀는 영국 옥스퍼드대학교에서 정치와 경제, 철학을 공부하고 뉴욕에 있는 UN에서 일했다.

미얀마의 민주화 운동가이자 정치인, 미얀마의 국부 아웅 산의 딸인, 아웅 산 수지(Aung San Suu Kyi)의 이야기다.

그녀는 1991년 노벨평화상을 수상했으며, 2015년 총선 승리를 이끌어 미얀마의 오랜 군부 집권을 종식했다. 2016년부터 미얀마의 실질적 국가원수인 국가 고문 겸 외교부 장관이자 소속 정당인 민족민주연맹(National League for Democracy, NLD)의 의장 겸 사무총장을 지냈다. 그러나 실질적인 권력은 군부가 쥔 상태였고 군부의 로힝야족, 카렌족을 비롯한 일부 소수민족 학살과 억압을 방조했다는 비판도 받았다.

2020년 총선에서 민족민주연맹이 거대 의석을 차지하자, 이에 반발한 군부에 의해 2021년 2월 1일 쿠데타로 실각했다.

## 동포의 민주 투쟁을 보며 각성하다

이미 아웅 산 수지의 오빠 우는 국적을 미국으로 바꾸고, 조국 미얀마와는 상관없는 인생을 살겠다며 다시는 미얀마를 찾지 않았다. 그녀 역시 어머니를 따라 인도로 떠난 후 30년 동안을 단 한 번도 미얀마를 찾지 않았다.

델리대학교에서 정치학 학사 학위를 받았고, 옥스퍼드대학교 세인트휴스칼리지에서 PPE 학·석사 연계 과정으로 학사 및 석사 학위를 받았다. 미얀마인이 아닌 '영국인' 아시아 연구자 마이클 에어리스와 결혼하면서 조국 미얀마에 대한 아웅 산의 딸로서 부채 의식을 완전히 벗어 버린 듯했다. 그녀는 남편을 따라 부탄과 영국에서 살았다. 그렇게 아들 둘을 낳고 교수 일을 하는 남편을 열심히 내조하며 영국 옥스퍼드에서 가정주부로 살았다.

1985년부터 1986년까지 일본 교토대학교의 동남아시아연구소에서 객원 연구원으로서 자신의 아버지인 아웅 산 장군 관련 책을 쓰기 위해 자료 연구를 한 것이 그녀가 했던 외유(?)의 전부였다.

그러나 운명은 그녀를 내버려 두지 않았다. 그녀에게 평범한 여인이 가질 수 있는 행복 따위는 마련되어 있지 않았다. 1988년 어머니가 갑자기 쓰러지고 조국 미얀마가 그녀를 불러들였다.

당시 미얀마는 26년간 계속된 군부 독재와 이에 따른 경제 파탄과 인권 유린으로 신음했다. 아웅 산과 함께 독립운동을 했고 독립 후 군부의 수뇌가 된 네 윈은 1962년 쿠데타를 일으켜 정권을 장악했다.

물이 고이면 썩는다고 했던가, 젊은 날 독립운동하던 군인은 군부 정권의 최고 권좌에 앉은 뒤 탐욕스러운 독재자로 변해 버렸다. 네 윈과 그를 둘러싼 군사 독재 정권은 온전한 사회주의라기보다는 동양적 가치관과 불교가 혼합된 미얀마식 사회주의 경제체제를 표방했다. 결국, 시대에 역행한 정책과 독재 권력의 부정부패는 경제 파탄을 가져왔다. 미얀마의 국민들은 폭압과 가난 속에서 질식사할 상태에 이르렀다.

사회 불만이 대학생들의 시위로 터져 나왔다. 군부는 평화적 시위대를 향해 총격을 가했다. 많은 학생이 군부의 총칼 아래 희생되었다. 꽃다운 젊은이들의 희생에 그동안 잠자코 있던 미얀마 국민은 분노했다.

1988년 8월 8일 8시 수도 양곤의 대학생들을 중심으로 불교 승려와 시민이 대거 참여한 이른바 '8888항쟁'이 일어났다. 군부는 언제나처럼 이들을 총과 칼로 진압하려 했다. 그러나 진압이 강해지면 강해질수록 시민의 분노는 그 이상으로 강해졌고 시위대의 규모는 커져만 갔다. 사태는 극단적 상황으로 치달았고, 잔혹한 군부에 경종을 울리고 선량한 국민의 대변인이 간절한 상황으로 운명의 수레바퀴가 돌기 시작했다.

그해 4월 미얀마로 돌아와 오로지 어머니의 간호에만 힘쓸 뿐 정치에는 관심을 가지지 않았던 수지는 8888항쟁을 지켜보면서 더는 미얀마의 현실을 외면할 수 없다는 사실을 깨달았다. 민중은 국민 영웅 아웅 산의 딸이 직접 나서 군부를 꾸짖고 새로운 세상을 국민에게 가져다주기를 간절히 소망했다. 8월 15일 아웅 산 수지는 정부에 국민의 요구에 응할 것을 촉구하는 이른바 '화평안'을 제안했다.

그리고 8월 26일 희생당한 시민 시위대의 시신이 안치된 양곤의 종합병원 앞에서 몇십만의 남녀노소 미얀마 국민이 운집한 가운데 민주화를 위한 연설을 한다. 이것이 우리가 익히 들어본 미얀마 민주화의 상징, 아웅 산 수지 여사의 제2의 인생이 시작되는 순간이다.

그렇게 수지는 미얀마를 일당 통치하던 사회주의계획당에 다원적 민주주의를 받아들일 것을 요구하고, 미얀마 민중의 요구를 받아들여 야당 세력을 망라한 민족민주연맹(NLD)을 창당하고 의장이 되었다.

잔혹한 진압에 대한 국제적 비난과 민주화에 대한 거센 국민의 요구에 잠시 주춤했던 군부는 수지의 인기와 거침없는 정치 행보에 당황했다. 하지만 군부는 결코 정권을 내놓을 생각이 없었다. 그 때문에 수지를 그대로 둘 수 없다는 결론을 내린다.

마지못해 퇴진한 네 윈 이후 신군부의 소 마웅은 다시금 군사 쿠데타를 일으키고, 그동안 소강 상태였던 시위대에 대한 잔혹한 진압을 다시 시작했다. 그리고 1989년 7월 아웅 산 수지를 가택연금했다. 아웅 산 수지를 국민과 격리하면, 시위는 사라지고 군사 독재가 가능할 것이라는 단순한 생각에서 내린 결정이었다.

수도인 양곤 같은 대도시의 식자층만이 자신들을 반대할 뿐, 국민 전체는 아직도 군대를 믿고 따른다고 여긴 군사 정권은 8888항쟁 때의 약속을 지킨다는 명목하에 1990년 5월 총선거를 실시했다. 하지만 국민은 그리 어리석지 않았다.

결과는 아웅 산 수지가 결성한 민족민주연맹이 82%의 지지를 받아 압승했다. 그러나 군부는 엄연한 선거 결과에 승복하지 않았다. 평화로운 정권 이양이 되어야 함에도 군부는 오히려 선거 결과를 무효화하고 민주 인사 수백 명을 투옥했다. 선거 시기만 피해 보자는 생각으로 1년 기한이었던 아웅 산 수지의 가택연금도 무기한으로 연장했다. 한때 민주주의의 봄이 오는 듯했던 미얀마에는 다시 암흑이 내려앉았다.

그 이듬해, 1991년 수지는 민주화 운동의 공적을 인정받아 노벨평화상을 받았다. 평화상 수상식이 열렸을 때 그녀는 미얀마의 군부 독재 세력에 의해 여전히 연금 상태에 있어, 두 아들과 남편이 그녀의 전면 사진을 들고 대신 참석했다.

1995년 국제사회의 압력으로 수지는 가택연금에서 6년 만에 풀려났지만, 1999년 남편이 영국에서 암으로 사망했을 때, 다시 돌아오지 못할 것을 우려해 남편에게 가는 것마저 포기한다. 그리고 2000년 9월 2차 연금 조치로 양곤 밖으로 여행조차 금지당하고 만다.

2000년 9월부터 유엔 특사 라잘리 이스마일의 중재로 수지는 군사 정부와 정국 타개를 위한 비밀 협상을 벌여왔다. 그 결과 2002년 5월 미얀마 군사 정부를 이끄는 국가평화발전협의회(SPDC)는 수지를 가택연금에서 해제했다. 그녀는 서방 국가의 미얀마 원조와 관광 중단, 단교 등을 촉구했지만 현실은 가혹했다. 2003년 5월 미얀마 군정은 수지가 이끄는 민족민주연맹 지지자와 친군정 지지자 사이에 유혈 충돌이 발생해 수지를 다시 구금했다.

2010년 11월 13일, 국제사회의 압력을 받은 미얀마 군정은 수지의 가택연금을 해제한다고 발표했다. 하지만 이는 야당의 손발을 묶어 야당이 보이콧을 선언한 총선에서 여당이 압승을 거뒀기 때문이었다. 여당은 25%의 자동 의석을 더해 75%의 의석을 차지했다.

사실 수지가 미얀마 군정의 눈엣가시 같은 존재였음에도 왜 죽이지 않았는지 의아할 수 있다. 이것은 미얀마의 국민 정서 때문인데, 그녀는 단순한 야당 인사가 아니라, 국부이자 초기 군부의 상징적 인물의 딸이기도 했다. 그녀의 제거는 국부인 아웅 산 장군을 부정하는 것이나 마찬가지였기에, 오히려 내부에서 동요가 발생해 또 다른 군사 쿠데타의 빌미를 제공할까 봐 두려워했다.

결국 2012년 4월 1일에 치러진 미얀마 국회의원 보궐선거에 출마, 85%라는 압도적인 득표율로 당선되었다. 그녀가 이끌던 민족민주연맹은 45개 선거구 중 43곳에서 승리하는 기염을 토했다. 그럼에도 여전히 친군부계 통합단결발전당

(USDP)이나 정부군 소속 땃마도(Tatmadaw)가 다수를 차지하는 사실에는 변함이 없었다.

2015년 11월, 총선에서 수지가 이끄는 야당이 압승한다. 선거 의석(전체 의석의 75%, 나머지 25%는 군부 몫의 직능 비례대표) 중에 88%를 쓸어 담으며 단독정부 수립(전체 의석 중에 67% 이상)에 성공한 것이다. 이 선거로 53년간 이어온 미얀마의 군부 독재가 종식될 가능성이 처음으로 열렸다.

하지만 외국인을 배우자로 둔 경우 대통령이 될 수 없다는 미얀마 법 조항 때문에, 2016년 3월 수지의 운전기사 출신이자 측근인 틴초(Htin Kyaw)가 대통령으로 취임하는 코미디가 벌어진다.

2016년 외교부 장관과 대통령 자문역을 맡으면서, 수지가 실질적인 권력을 가질 것으로 보였지만, 여전히 막강한 군부의 권력과 이중적 권력 체제 때문에 미얀마에서 정치 불안과 쿠데타 우려는 상존해 왔다. 사실 치안 및 안보, 국방 관련 같은 실질적 권력은 여전히 군부가 쥐고 있었기에 수지 측에서는 군사 독재를 청산할 수 없었다. 미얀마에서는 대통령과 총리가 법제상 군 통수권자가 아니기 때문이다.

그녀의 아킬레스건 같은 사건이 이즈음 일어난다. 바로 로힝야족 탄압 방관 사건이다. 2018년 12월 대한민국의 광주인권상을 박탈당하는 일도 이 사건 때문이다. 하지만 미얀마 국민의 여론이 로힝야족을 축출하는 데 동의했고, 군부가 그 김에 쓸어 버렸다는 사실을 통해 그녀의 정치가 갖는 한계를 여실히 보였다. 이 사건으로 노벨평화상의 취소도 고려되었을 정도로 그녀는 국제적 지지를 잃고 만다.

2020년 미얀마 총선에서 민족민주연맹이 압승하자 군부는 반발하기 시작했다. 군부는 대법원에 대통령, 선관위원장의 자격을 무효로 돌리는 소송을 제기했다. 군 대변인 자우 민 툰 소장은 기자 회견에서, "군부가 정권을 잡을 것이라고 말하는 건 아니지만, 정권을 잡지 않을 것이라고도 역시 말하지 않는다"라며 쿠데타를 시사하는 발언을 했다. 그는 군 최고사령관 민 아웅 흘라잉이 이미 선거 때 '부정직과 불공정'을 지적했다며 압박의 강도를 높였다.

UN 등 국제사회는 군부의 이러한 막장 행보에 심각한 우려를 표명했다. 결국, 군부는 2021년 2월 1일 쿠데타를 일으켰고 아웅 산 수지를 다시 연금했다. 미얀마군은 문민 통제는커녕 되려 자국군 통수권자를 자신들이 지명하고, 현역 군인들이 개헌 저지를 위해 현역 의원으로 들어가 있는 등 사실상 정부의 통제가 불가능한 집단이었다.

## 반복되는 시련 속에서도 굴하지 않다

수지가 그저 평범한 사람이었다면, 아니면 운명과 타협하는 사람이었다면, 아버지가 국부(國父)라는 그 중압감을 떨치고 살벌한 현실정치에 몸 던질 수 있었겠는가. 그것도 정치라는 해보지도 못한 그저 평범한 40대의 애 둘 키우던 전업주부에서 야당을 대표하는 정치 투사로 변신해 그 수많은 세월을 가택연금을 당하면서 말이다.

사실 제삼자의 입장으로 보면, 미얀마 사태는 이미 예견되었고, 여러 번 기회가 있었음에도 다양한 변화를 모색하거나 군부를 축출하는 극적 상황을 만들어 내지 못한 수지에게도 문제가 있음을 인정하지 않을 수 없다.

그렇다고 해서 군인이 총을 들고 정권을 찬탈했던 부끄러운 역사를 가진 우리 대한민국의 입장으로는 참으로 남의 일 같지 않은 것도 사실이다. 물론 대한민국은 민중의 힘으로 그들을 축출했지만, 그러기까지 많은 시간이 걸렸다.

언젠가 그녀가 첫 번째 공판에서 여든을 바라보는 나이에 4년 형을 선고받았다가, 국제사회가 비난하자 군부에서 졸속으로 2년으로 형을 줄였다는 코미디 같은 뉴스가 있었다.

그녀에게 아버지의 영광을 등에 업고 정권을 창출하려는 의도가 없었던 것은 그녀의 인생을 봐도 그렇고 이후 그녀의 행보를 보더라도 명확해 보인다.

당신 역시 스스로 원하든 원치 않든 갑작스럽게 인생이 확 틀어지는 경험을 해보았거나, 할 수도 있다. 이런 옛말이 있다. "산 사람은 살아야 한다." 아버지가 사업이 망해 대궐 같은 집에서 쫓겨나 반지하에 가서도 먹고살아야 하고, 갑작스러운 배우자의 죽음으로 황망하기 그지없는 상황에서도 배는 꼬르륵거리며 먹어야 산다고 당신에게 외친단 말이다.

아웅 산 수지가 마지못해 운명의 수레바퀴에 끌려 나온 이후, 그녀는 전문가도 아니고 실제로 대단한 정치 행보를 통해 업적을 보이지도 못했지만, 그녀가 할 수 있는 최선의 노력을 언제나 해왔다. 정치라고는 책으로 배운 게 다였던 그녀가 아이만 키우다가 정치 선두에 서서 뭘 얼마나 대단한 혁명을 이뤄 낼 것이라고 기대한단 말인가?

내가 그녀를 소개하는 것은 최근 외신에 핫했던 미얀마 사태에 대한 궁금함을 채워 주기 위해서가 아니다. 그녀가 선택하지 않았지만 걷게 된 제2의 인생, 남편이 암으로 죽어 감에도 내가 지켜야 할 조국에 다시 돌아오지 못할 것을 우려해 출국을 포기하는 결정이 분명 쉽지는 않았을 것이다.

당신에게 닥친 고난이나 실패가 그 서러움과 아픔이 삶을 온통 나락으로 떨어뜨리고 괴롭히는 것처럼 느껴지는 것 잘 안다. 그럼에도 우리는 살아야 하고, 어쩌면 우리가 건사해야 할 남은 가족이 있을 수도 있다.

어떤 이유에서든 당신은 살아야 하고, 살아남아 그들을 지켜 줘야만 한다. 다른 무엇보다 당신을 위한 새로운 삶을 현실과 함께 받아들이고 그것을 이겨 내야만 한다. 그것이 오로지 당신만을 위한 살길이기 때문이다.

내가 예상할 수 있는 고난과 좌절은, 부러 고난과 좌절이라고 부르지 않는다. 예상되는 것은 준비하면 되고 피하면 된다. 그럴 수 없기에 고난이고 좌절이라고 부른다. 하지만 그들의 이름은 변화형이다. 고착형이 아니라는 뜻이다. 삶이 굴러가는 운명의 수레바퀴에 들러붙어 계속 같이 굴러간다. 어떻게 변형시킬지, 어떻게 떼어 낼지, 아니면 그것을 어떻게 유용하게 사용할지는 그 수레바퀴에 탄 당신이 선택하고 결정할 문제다.

육체적 힘도 키워야 하고 사고의 폭도 넓혀야 한다. 그러기 위해 더 많이 배워야 한다. 고난과 좌절의 이유에 대해 철저히 복기하고 다시는 똑같은 일에 당황하지 않을 수 있게 준비해야만 한다. 그것을 준비하는 동안 또 다른 고난이 닥쳐오더라도, 당신은 한 번 준비해 본 경험이 있기에 전과 똑같이 무력하게 굴복하지는 않을 것이다.

그 과정을 미리 이야기해 주고 싶었다.

당신이 이 정도 이야기만으로도 충분히 깨닫고 알아들으리라 믿고 있으니까. 앞으로 당신의 더 나아질 삶을 응원한다, 격하게.

# 바닥의 신분으로 세계의 지붕에 올라선
# 텐징 노르가이

**Tenzing Norgay(1914~1986)**
가난하고 배우지 못한 셰르파의 인생이었지만,
에베레스트 최초 정복의 주인공으로 역사에 이름을 남기다.

> 나는 정복한 게 아니다.
> 다만 끝까지 올라갔을 뿐이다.
> 에베레스트보다 높은 건
> 묵묵히 걸음을 옮기는 겸손과 인내다.

## 가난 때문에 셰르파 집안의 하인으로 살다

1914년, 셰르파족이 '초모룽마'라고 부르는 에베레스트 인근 네팔 쿰부(Khumbu)의 농민 가정에서 태어났다. 그는 자신의 출생에 관해 네팔의 쿰부에서 셰르파족의 일원으로 태어났다고 말했지만, 사실 티베트의 카르타 계곡에서 티베트인으로 태어났다는 설이 더 유력하다. 키우던 야크들이 병으로 죽어 가족의 생계가 위협받자, 그의 가족은 네팔의 타멜로 옮겨 간 셰르파 집안에서 하인 생활을 한다.

출생일에 대해서는 정확한 기록도 없어, 정확한 생일도 몰랐다. 다만 그가 부모님이 챙겨 주었다는 생일에 대해 기억하는 날씨와 곡물들로 미루어 보아 5월 말쯤으로 여겨진다. 후에 그는 세계 최초로 에베레스트산을 등정한 5월 29일을 스스로 생일로 정했다.

그의 본명은 '남걀 왕디'였으나, 어린 시절 융포사(絨布寺)의 창설자인 응아왕 텐진 노르부(Ngawang Tenzin Norbu)의 충고에 따라 이름을 바꾸었다. 그렇게 바꾼 '텐징 노르가이'라는 이름은 '부유하고 행복한 신도'를 뜻한다. 아버지는 야크 목동이었고, 형제 대부분은 유아 시절에 사망해, 그는 13명의 형제 중에서 살아남은 열한 번째 자식이었다.

그는 12세 때 가출해 5,806m 높이의 낭파라 고개를 넘어 자신이 태어난 카르타로 갔지만, 그곳의 사원에서 2주간 머물다가 집으로 돌아와 다시 남의 집에서 하인으로 일해야 했다. 그리고 1930년경 마을 친구들과 함께 다시 한번 가출해 인도 다르질링으로 갔으며, 그곳에서 1년을 머문 뒤 다시 집으로 돌아왔다. 몇 개월 뒤 다르질링으로 떠나, 19세의 나이에 인도 서벵골주 다르질링의 투 송 부스티(Too Song Bhusti)에 위치한 셰르파족 집단에 정착했다.

네팔에서 태어난 네팔, 인도의 산악인이자, 수필가, 여행 안내인으로, 1953년에 뉴질랜드의 산악인인 에드먼드 힐러리와 함께 세계 최초로 에베레스트 등정에 성공한 것으로 유명한 우리가 잘 아는 셰르파(네팔의 산악인도인)였던 텐징 노르가이(Tenzing Norgay), 본명 남갈 왕디(Namgyal Wangdi)의 이야기다.

최초로 에베레스트를 등반하는 데 주도적 역할을 했기 때문에 실제 에베레스트 등반 이후에 정상에 오른 사진이 영국인 힐러리가 아닌 텐징이라는 점에서 사람들이 의아해했다. 분명히 같이 올랐음에도 누가 가장 먼저 정상을 밟았느냐는 취재진의 집요한 질문에 힐러리는 물론 텐징 본인도 약속한 듯 함구한 것으로 유명하다. 텐징은 그렇다손 치더라도 힐러리의 겸손한 태도가 이 사건으로 많이 회자되기도 했다. 네팔인으로 워낙 유명했지만, 말년에는 인도에서 살면서 사업도 하고 가르쳤기에 인도에서도 국적을 얻어 네팔-인도 이중국적을 가졌다.

## 셰르파로 명성을 쌓아 가며
## 에베레스트 등반에 기여하다

텐징은 1932년부터 본격적으로 등반대에 셰르파로 참여하고자 했지만, 연줄이나 경험마저 없어 그것도 생각처럼 여의치 않았다. 그러나 1935년 에릭 십튼이 이끄는 영국 에베레스트 원정대에 참여할 수 있었고, 해발 7,000m 지점까지 올랐다. 십튼은 셰르파 2명을 추가 모집할 때 찾아온 20명의 셰르파들 가운데 텐징을 선발한 이유를 이렇게 회고했다.

"이미 알고 있는 경험 많은 이들을 선발했지만, 웃음이 매력적인 '텐징 노르가이'라는 이름의 청년에 왠지 끌렸다."

십튼의 판단으로 텐징은 정식으로 셰르파에 데뷔한다. 이후 여러 차례 등반을 통해 텐징은 많은 등반가와 원정대 사이에서 성실하고 인간성 좋은 셰르파로 명성을 쌓아 갔다.

1930년대 무렵에, 텐징은 영국 원정대에 고지대 운반인으로 참여해 북부 티베트 쪽에서 에베레스트산 등정을 세 차례 시도했다.

텐징은 또한 인도 아대륙의 다양한 지역의 등정에 참여했다. 1940년대 초반엔 현재의 파키스탄 지역에 살았는데, 등정 중 등반대원 8명이 실종되는 사고가 났던 난다 데비 동쪽 봉우리(Nanda Devi East)가 가장 힘들었다고 한다.

1947년에 텐징은 에베레스트 등정에 참여했으나 실패하고 만다. 텐징 노르가이는 캐나다인 얼 덴먼(Earl Denman), 셰르파 앤지 다와(Ange Dawa)와 함께 티베트 지역에 불법으로 진입해 에베레스트 등정을 시도했다. 그러나 등정은 에베레스트산의 6,700m 지점에서 불어온 강한 폭풍 때문에 실패했다. 덴먼은 등정을 포기했고 3명 모두 안전하게 귀환했다.

　　1952년 5월 텐징은 스위스 에베레스트 원정대에 참여해 레이몽 랑베르(Raymond Lambert)가 이끄는 스위스 원정대와 함께 정상 등반조로 나서 정상 300m 아래까지 올랐지만, 체력이 바닥난 상항이라 8,595m 지점에서 어쩔 수 없이 되돌아서야 했다. 1953년의 9차 영국 원정대가 이러한 경험을 갖춘 텐징에 큰 기대를 거는 것은 당연했다. 당시 영국 원정대의 대원 숫자는 13명. 서양에서 가장 불길하게 여기는 숫자였다. 대장 헌트는 텐징을 셰르파 우두머리이자 대원으로 임명함으로써, 13이라는 불길한 숫자를 모면했다.

## 미천하게 출발해
## 세계의 정상에 오른 진정한 영웅

1953년 5월 29일 오전 11시 30분. 8,848m의 세계 최고봉 에베레스트(영국 측량국장 조지 에베레스트에서 따온 이름), 현지어로 초모룽마(티베트) 또는 사가르마타(네팔) 정상에 마침내 세계 최초로 두 사람이 올라서게 된다. 뉴질랜드의 양봉가 출신 산악인이던 에드먼드 힐러리와 셰르파 텐징 노르가이가 그 주인공이었다.

　　그는 존 헌트 대령이 이끄는 영국 9차 원정대 소속 2차 정상 등반조였다. 359명의 셰르파가 10톤 이상의 장비와 식량을 운반하는 대규모 원정대였다. '1차 정상 등반조는 영국인이어야 하며, 엘리자베스 여왕 대관식 이전에 등반에 성공해야 한다'는 명령이 원정대에게 떨어졌다.

뉴질랜드 출신 힐러리는 1차 등반조에 낄 수 없었다. 그러나 1차 정상 등반조는 실패했다. 힐러리는 당시 상황을 다음과 같이 회고했다.

"에반스와 보딜런이 해낸 일에(에베레스트 남봉 도착) 감탄했지만, 솔직히 한편으론 안도감을 느꼈다. 그들은 정상에 오르지 못했다. 내게 할 일이 남아 있었다."

1차 등반조의 실패 경험을 통해 '마지막 캠프를 가능한 한 높은 곳에 구축해야 한다'는 교훈을 얻었으며, 그 경험이 2차 등반조 성공의 밑거름이 되었다. 정상 등반조 편성 때 텐징은 셰르파 한 명이 끼어야 한다고 강조했고, 헌트 대장은 힐러리와 텐징으로 2차 등반조를 편성했다.

이들이 하산한 후 사람들의 관심은 둘 중 누가 먼저 정상을 밟았는가에 집중되었다. 헌트는 "그들이 팀으로서 함께 정상에 도착했다"라고 말했다. 힐러리와 텐징도 팀을 강조했지만, 사람들은 그런 의례적인 대답에 만족할 리 없었다. 텐징은 사람들이 제기하는 의혹에, 힐러리가 정상에 가장 먼저 발을 디뎠다고 밝혔다. 그는 이렇게 결론을 내렸다.

"에베레스트산에 두 번째로 올랐다는 것이 부끄러운 일이라면, 나는 앞으로 부끄러운 마음으로 살 것이다."

훗날 힐러리는 그날의 진실을 이렇게 밝혔다. "오전 11시쯤 정상 바로 밑에 먼저 도착한 것은 텐징이었다. 그는 마음만 먹으면 최초 등정의 영광을 차지할 수 있었다. 그러나 텐징은 지쳐서 뒤에 처진 내가 올라올 때까지 정상 바로 아래서 30분을 기다렸다. 그로 인해 내가 먼저 정상을 밟을 수 있었다. 잠시 숨을 고른 뒤 악수를 청하는 내게 텐징은 어깨를 감싼 채 등을 두드려 주었다. 텐징은 그의 딸이 준 색연필을 정상에 묻었다."

정상에 15분간 머물며 찍은 사진에는 텐징만 등장한다. 텐징에 대한 감사와 존경 때문에 그렇게 했다는 설도 있지만, 텐징이 카메라를 작동할 줄 몰랐기 때문이라는, "그곳은 텐징에게 카메라 작동법을 가르쳐 주기에 적당한 장소가 아니었다"라는 힐러리의 설명이 제법 설득력 있게 들린다. 피켈(빙설로 뒤덮인 경사진 곳을 오를 때 사용하는 등산 기구)에 영국, 네팔, 인도 그리고 UN 깃발을 단 텐징의 사진은 세계 등반 역사의 기념비로 남았다.

텐징은 당시의 감격을 다음과 같이 회고했다.

"그것은 난생처음 보는 장관이었다. 그토록 거칠고, 경이롭고, 장엄한 광경을 다시는 못 볼 것만 같았다. 그러나 내가 느낀 것은 공포가 아니었다. 나는 산을 사랑했고, 에베레스트를 사랑했다. 평생을 기다렸던 위대한 순간에 나의 산은 바위와 얼음뿐인 생명 없는 장소가 아니라, 따뜻하고 친근하며 사랑스러운 존재였다."

텐징에게 그것은 무려 7번째 등정 시도였다. 텐징은 인도와 네팔에서 찬사를 받았으며, 그를 부처나 시바의 화신이라고 믿는 사람들에게 경배의 대상이 되었다.

새로운 여왕의 즉위와 함께 세계 최고봉 등정이라는 경사를 맞이한 영국인들은 열광했다. 윈스턴 처칠이 축전을 보냈다. 6월 말 영국으로 돌아온 원정대는 뜨거운 환영을 받았다. 엘리자베스 여왕으로부터 힐러리와 헌트는 기사 작위를 받았고, 텐징은 조지 훈장을 받았다.

이와 같은 공훈에 대한 차별대우 때문에 인종차별적인 불공평한 처사라는 비난이 이어지기도 했지만, 텐징은 세계적인 스타로 떠올랐다. 각국 언론의 취재 경쟁이 벌어진 것은 물론 네팔, 티베트, 인도 등 텐징의 국적을 둘러싼 갑론을박마저 이어졌다. 텐징에 대한 네팔 사람들의 열광은 대단했다. 텐징은 네팔의 자존심을 세운 영웅으로 대접받았는데, 카퍼레이드까지 하며 네팔 국왕의 환대를 받았다. 이런 급작스러운 변화가 텐징에게는 당혹스러운 일이었으나, 그는 담담하게 받아들이려 애썼다.

"많은 것이 정치와 국적의 이름으로 행해지고 있다. 하지만 산에서는 그렇지 않다. 그곳에서 생명은 너무 현실적이어서, 죽음도 너무나 가깝다. 인간은 그저 인간일 뿐이다. 그것이 전부다."

텐징은 스위스 제네바에서 1952년 원정을 함께했던 랑베르와 만나 융프라우를 올랐다. 스위스 등산 재단 측 인사들이 텐징에게 인도 다르질링에 등반학교를 세우자고 제안했고, 인도 수상 네루가 학교 설립을 적극적으로 도와 1954년 11월 4일에 히말라야 등반학교가 설립되었다.

텐징은 에베레스트 최초 등정 이후 다시 에베레스트에 오르지는 않았다. 다르질링에서 히말라야 등산학교의 현장 훈련 감독관을 지냈으며, 간혹 강연회나 행사에 초청되거나 인터뷰에 응하고 방송에도 출연했다. 만년에는 인도 정부의 지원이 줄어들어 어려움을 겪기도 했고, 우울증에도 시달렸으며 폐렴으로 고통받기도 했다.

1978년 그는 히말라야 트레킹을 위한 텐징 노르가이 탐험회사(Tenzing Norgay Adventures)를 설립했다. 이 탐험회사는 2003년부터 텐징의 아들이자 1996년에 에베레스트산 정상을 등정한 잠링 텐징 노르가이(Jamling Tenzing Norgay)에 의해 운영 중이다. 1986년 '설산(雪山)의 호랑이'로 불리던 그는 뇌출혈로 쓰러져 71세에 세상을 떠났다.

텐징은 읽고 쓰는 법을 배운 적이 없으나, 몇 가지 언어를 말할 수 있었다. 그의 모국어는 셰르파어였으나 네팔어에 능통했고 그 밖에도 영어, 힌디어, 티베트어와 인도에서 쓰이는 몇몇 언어에 대한 실용적 지식이 있었다.

그와 생사를 함께하며 에베레스트 정상을 밟았던 힐러리는 그에 대해 다음과 같이 평가했다.

"나는 나 자신을 한 번도 영웅으로 생각해 본 적이 없다. 하지만 텐징은 예외였다. 그는 진정한 영웅이었다. 그는 미천하게 출발해서 세상의 정상에 올랐다."

먹고살기 힘들어 형제들이 죽어 나가는 열악한 환경에서, 몇 번이나 도망을 쳤던 소년은 갈 곳이 없어 다시 집으로 돌아와야만 했다. 제대로 학교에 다닐 수도 없는 형편이었으니 당연히 읽고 쓰는 것을 배우지 못했다. 당시 주변의 상황이 다 고만고만하니 특별히 부끄러운 기억으로 남지는 않았다. 그렇다고 그가 산을 타는 일을 천직으로 여기거나 셰르파 전문 교육을 받은 것도 아니다. 그는 직업을 선택할 권리조차 누리지 못했고, 자연스럽게 분위기에 휩쓸려 셰르파가 되었을 뿐이다.

셰르파는 그의 존재 이전부터 지금에 이르기까지 등반사의 전면에 등장하지 못하는 존재다. 그런데 네팔에 가서 등정해 본 전문가들은 셰르파의 존재가 얼마나 중요한지를 확고하게 인식한다. 그것은 그들이 단순히 길을 안내해 주는 것만은 아니라는 사실을 의미한다. 그러나 셰르파가 주목을 받거나 인정을 받은 사실은 없다. 그렇기에 텐징을 인정하고 존경의 뜻을 표했던 힐러리 경이 빛날 수 있었다.

## 인생은 등정이며,
## 우리에겐 이미 각자의 셰르파가 있다

당신의 삶이 주목받는 주인공의 삶이 아닐 수 있다. 아니 어찌 보면 당신을 비롯한 수많은 사람은 주인공으로서 삶을 살지 못한다. 드라마를 보든 영화를 보든 주인공은 한정되어 있다. 누구나 주인공을 하고 싶다고 할 수 있는 것도 아니고, 주인공을 한다고 해서 그 드라마나 영화가 모두 주목받지도 못한다. 그럼에도 엑스트라 한 명 한 명에서 보이지 않는 스테프에 이르기까지, 그들의 삶 역시 존중받아야 마땅한 한 집안의 가장이고, 누군가의 사랑이고, 눈에 넣어도 아프지 않을 누군가의 자식이기도 하다.

당신이 안간힘을 쓰며, 모든 것을 움켜쥐어 주인공이 되겠다고 발버둥 치지 않더라도 어느 순간 주목받을 순간은 반드시 온다. 꾸준한 노력과 부단한 시도를 해왔다면, 그 기회는 반드시 올 수밖에 없다. 그저 기다리기만 하는 자에게 그런 순간이 오지 않는 이치와 마찬가지로 좌절하거나 포기하지 않고 도전하고 연구하고 다시 도전한다면 위에 올라설 기회가 오는 것 또한 당연한 것이다.

물론 힘들 것이다. 매일 그 험악한 고산지대에서 셰르파로 살아온 텐징마저도 7번째의 시도 끝에 에베레스트를 정복할 수 있었다. 그는 자신이 7번째에 에베레스트에 오를 수 있었던 것에 대해 다음과 같은 이야기를 남긴 바 있다.

"나는 적을 물리치는 병사의 기세가 아니라, 어머니 무릎에 오르는 아이의 마음으로 매번 산을 찾았다. 내가 할 수 있는 모든 말은 에베레스트에 있다."

산은 대자연의 살아 있는 증거물이다. 산을 오르겠다는 사람을 방해하거나 내치지도 않는다. 그저 산을 오르는 이들이 자신들이 정한 기준으로 그것을 끝까지 올랐는지, 오르지 못했는지를 통해 실패와 성공을 나눌 뿐이다. 산은 그것에 대해 아무런 의견을 제시하지도 않거니와 특별한 기준을 가지고 있지도 않다는 뜻이다.

당신에게 인생은 지극히 자연스러운 시간의 흐름일 수

있다. 하지만 부자든 가난한 자든, 성공한 자든 실패한 자든 공평하게 흐르는 그 시간은 누구에게나 똑같아 보이지만 실상은 그렇지 않다. 누군가에게 그 시간은 노력으로 꽉 차 있을 수 있고, 누군가에게 그 시간은 오만과 방탕으로 채워져 소진되는 것일 수 있다.

당신이 이뤄 내고자 하는 꿈을 향해 가는 길은 산을 오르는 일처럼 힘들고 지루하며 때로는 위험하기까지 하다. 어느 순간 발 한 번 잘못 딛는 것만으로도 이제까지 걸어 올라왔던 그 길을 다시 걸어야 할지도 모르고, 뼈가 부러지고 얼음 골짜기의 틈에 빠져 죽음을 맞을 수도 있다. 그럼에도 그들은 산에 오른다. 우리가 산을 등정하는 전문 등반인은 아니지만, 우리 역시 인생이라는 험난한 산을 등반하는 셈이다.

당신에게 왜 사느냐고 묻는 것은, 산을 오르는 이들에게 왜 산을 오르냐고 묻는 것과 같은 것이다. 당신이 보내는 시간들은 당신의 발밑에 차곡차곡 쌓여 당신을 위로 올릴 수도, 다시 밑으로 끌어내릴 수도 있다. 하지만 묵묵히 한 걸음 한 걸음 옮기는 당신의 등정이, 그리고 정상에 오르겠다는 그 신념과 의지가 당신을 좀 더 단단하게 하고 필요없는 힘은 뺄 수 있는 경지로 이끌어 줄 것이다.

넘어질 수도 있고, 미끄러질 수도 있다. 하지만 몇 번 그런 일을 겪는다고 해서 포기하고 산을 내려오는 사람이 없듯이, 인생의 고난이나 실패가 인생을 돌이키거나 끝내고 싶을 만한 일은 못 된다.

당신이 정상에 올라, 영광을 누리는 데서 행복을 느끼는 것이 아니라, 걸어 올라온 그 길을 보며 스스로 대견하다고 말할 수 있는 인생이기를 바란다. 당신에게는 이미 당신을 사랑하고 당신이 사랑하는 셰르파가 있지 않은가?

# 학위도 없이 학계의 편견을 깬
# 제인 구달

**Jane Goodall(1934~ )**
가난과 안면인식장애, 최종 학력 '고졸'의 여인이 사회적 편견과
핍박을 이겨 내고 불세출의 동물학자로 거듭나다.

> 나는 침팬지의 세계를
> 이해하려 하지 않았다.
> 그 대신 나 스스로 그 일부가 되기로 했다.

## 가세가 기울어 중단했던 공부

1934년 영국 런던에서 태어나 영국 남부 도싯주의 본머스 바닷가에서 자랐다. 당시 그녀의 아버지는 영국에서 유일한 카레이서였다고 한다. 어려서부터 동물을 무척 좋아해 지렁이를 침대 위에 올려놓는가 하면, 닭이 알 낳는 장면을 보겠다고 5시간이나 닭장 안에서 기다리다 가족들이 경찰에 실종 신고를 하는 소동을 치렀다. 소설에서 강렬한 인상을 받았던 아프리카를 여행하는 것이 소원이라고 말하기도 했다.

그녀의 나이 12세에 친구들과 동물사랑 단체를 결성해 박물관을 만들고 전시회를 개최하기도 했다. 또한 기금을 마련해 늙었다는 이유로 안락사당할 위기에 처한 말을 구하는 등 또래의 아이들은 물론, 여타 어른들보다도 뛰어난 행동력을 보였다. 그러던 중 갑작스럽게 가세가 기울었던 탓에 "비서가 되면 세계 각지를 여행할 기회가 더 많아질 것"이라는 어머니의 조언을 따라 대학을 포기하고, 비서 학교에 진학했다. 이후 병원과 영화사 등에서 일하다가, 1956년 5월 케냐에 있던 친구의 초대를 받는다. 꿈에 그리던 아프리카로 간다는 기대에, 그녀는 케냐로 갈 뱃삯과 생활비를 마련하기 위해 웨이트리스 일까지 한다. 그리고 마침내 이루어진 아프리카 케냐 여행은 그녀의 일생을 송두리째 바꾸는 계기가 되었다.

1956년, 드디어 도착한 케냐의 친구네 농장에서 지내던 중, 이웃이 그녀의 유별난 동물에 대한 관심과 사랑이 특이했던지 루이스 리키(Louis Leakey, 1903~1972) 박사에게 소개해 인연을 만들어 준다. 당시 루이스 리키는 케냐 나이로비의 국립 자연사박물관장이었다. 그녀는 그를 만나면서, 대학 대신 선택했던 비서로서 경력을 살려 그의 개인비서를 자원한다.

당시 학계에서 저명한 고고학자였던 루이스 박사는 영국인 선교사의 아들로, 케냐에서 태어나 키쿠유족과 함께 생활하면서 그들의 방식으로 성인식까지 치렀을 정도로 그곳의 말과 문화에 정통했다. 귀족 사회에 둘러싸여 자라지 않았던 덕분에 학계의 인습이나 권위를 신경 쓰지 않아, '학계의 이단아'로 불렸다. 루이스는 아내, 아들과 함께 케냐의 올두바이 협곡에서 고인류의 화석을 발굴하면서 명성을 얻기도 했다.

그즈음 루이스는 현존하는 생물 가운데 인류와 가장 가까운 침팬지, 고릴라, 오랑우탄 같은 대형 유인원에 관한 현장 연구가 필요하다고 생각했다. 그는 유인원 같은 동물을 연구함으로써 선사 시대 인류의 행동 양식에 대해서 조금이나마 힌트를 얻을 수 있으리라고 기대했다. 그런 상황에서 그녀가 그의 연구 필요성에 동조하며 연구를 보좌하겠다고 자원하자, 루이스 박사는 자신의 계획을 실현할 수 있으리라고 확신하며 그녀를 전폭적으로 지원했다. 그의 주변에서는 학력도 경험도 일천한 영국인 아가씨가 혼자서 밀림에 들어가 연구하겠다는 용기에 어이없어했지만, 루이스 박사는 주위의 우려를 일축하고 역사에 남게 될 연구 프로젝트를 진행하는 자신의 비서를 밀어주기 시작했다.

영국을 대표하는 동물학자, 침팬지 전문 연구가이자 환

경운동가로 유명한 제인 모리스 구달(Jane Morris Goodall)의 이야기다. 그녀는 탄자니아에서 40년이 넘는 기간을 침팬지와 함께한 세계적인 침팬지 연구자다. 침팬지가 채식뿐 아니라 육식도 좋아하고, 도구를 사용한다는 사실을 최초로 밝혀낸 인물로도 유명하다.

제인 구달은 루이스 박사의 비서 업무에 빠르게 적응했다. 게다가 루이스 박사는 그녀를 동지로서도 충분한 자질을 갖추었다고 생각해 침팬지에 대한 관찰과 연구를 본격적으로 추천했다. 그의 제안에 제인은 기다렸다는 듯이 바로 침팬지 서식지로 떠나겠다고 한다. 젊은 백인 여성 혼자서 오지까지 들어가는 것을 탐탁잖게 생각한 케냐 정부는 허가를 내줄 수 없다고 거부한다. 이에 그녀는 케냐 정부의 허가를 받아내기 위해, 영국에 있던 그녀의 어머니를 케냐로 불러들여 동행의 형태로 재요청했다.

### 침팬지 서식지로 떠날 기회를 얻다

그렇게 그녀는 20대 중반의 나이에 야행성 침팬지 서식지(현재의 탕가니카 호수 인근의 자연보호구역)로 들어간다. 당시 두 모녀의 안내를 맡았던 가이드는 영국에서 온 백인 여자 둘이서 정글 안에 들어가 제대로 버티지 못하리라고 확신했다. 그와 그의 친구들은 기껏해야 몇 주나 버티면 다행일 것이라며 내기까지 걸었다.

딸의 요청으로 케냐로 들어온 제인의 어머니와 제인은, 1960년 7월 16일에 탕가니카(현재 탄자니아 지역) 곰베(Gombe)의 침팬지 보호구역에 들어간다. 탕가니카의 인접국인 벨기에령 콩고에서 식민 통치에 반발하는 민중 봉기가 일어나면서 피난민이 국경 너머로 몰려오자, 탕가니카 정부에서 민간인의 접근을 차단한 상태였다. 그 엄중한 상황에 보호구역에서 지내면서 영국인 모녀는 계속해서 의혹의 눈길에 시달려야만 했다. 현지인들은 누구도 백인 여자 둘이 원숭이를 살펴보려고 왔다는 사실을 믿어 주지 않았다. 그들은 이 두 모녀가 아마도 케냐의 불순분자 세력이나 다른 나라의 첩자일 것으로 여기며 의심의 눈초리를 거두지 않았다.

곰베에 도착한 지 5개월 만에 제인의 어머니가 먼저 영국으로 돌아가자, 현지인과 안내인은 자신들의 예상에 들어맞는 것처럼 보였다. 그때까지만 해도, 누구도 이 젊은 여성이 10여 년 넘게 그곳에 머무르며, 세계를 깜짝 놀라게 할 사실을 발견하리라고는 상상하지도 못했다.

제인은 혼자 남아 밀림에 베이스캠프를 차리고, 매일 침팬지들이 서식하는 지역까지 산을 오르며 찾아다녔다. 관찰이 시작되고 처음 얼마 동안은 침팬지를 구경하기 어려웠다. 제인은 함부로 다가서는 대신, 충분한 시간을 두고 멀찍이 앉아서 침팬지들이 자신의 모습에 익숙해질 것을 기다렸다. 점차 시간이 지나면서 침팬지들의 경계가 사라지기 시작하자, 가까이 다가가 침팬지의 행동 패턴에 맞춰 그들의 털을 골라주는 등의 신체 접촉까지 하면서 친숙해지는 데 성공했다.

특히 제인은 자신이 연구하고 관찰하던 침팬지들에게 데이비드, 골리앗, 맥그리거, 플로 같은 이름까지 지어 주었다. 지금이라면 문제가 되지 않겠지만, 당시 학계에서는 금기로 여겼던 행위로 이 때문에 거센 비판을 받기도 한다. 이런 동물 관찰연구 방식은 연구 대상에 대해 연구자의 다소간 감정이입이 필요하다고 주장하던, 동물행동학의 원조 격인 콘라트 로렌츠(Konrad Lorenz, 1903~1989)의 이론과 일맥상통했다. 제인은 비록 제대로 이 분야를 공부하지 못했지만, 그의 연구는 자연환경을 벗어나 실험실의 인공 환경에 갇혔던 연구가 현재의 형태로 진화하는 새로운 전기를 마련했다.

그러나 당시 학계의 평가는 냉담하기 짝이 없었다. 그들은 제인을 비아냥거리며 금발의 백인 미녀였던 그녀의 외모에 더해 당시 영국에서는 상상도 할 수 없는 백인 여자가 다리가 훤히 드러난 반바지 차림의 사진을 지적하며, 〈타잔〉 속 타잔의 여자 친구 캐릭터와 이름이 똑같다며 조롱의 대상으로까지 삼았다.

## 오로지 연구의 업적만으로 박사 학위를 받다

물론 제인 구달 이전에도 침팬지를 연구했던 동물 관련 학자는 있었지만, 그때까지 여성 연구자는 단 한 명도 없었다. 더 나아가 직접 밀림에 들어가 침팬지와 함께 생활하는 관찰형 연구는 없었다. 고작 자연 상태에서는 수개월 정도의 단기 연구가 대부분이었다.

그렇다면 제인 구달의 초기 연구가 기존 연구와 무엇이 달랐는지에 대해서 확인할 것이 있다. 당시 학계에도 충격적일 수밖에 없었던 침팬지 연구에서 새롭게 발견되었던 사실은 크게 두 가지였다. 첫째는 침팬지가 사냥과 육식을 즐긴다는 사실이었고, 두 번째는 침팬지가 연한 나뭇가지를 구멍에 쑤셔 넣는 방법을 사용해 흰개미를 잡아먹는다는 사실이었다. 특히 두 번째 발견은 침팬지가 도구를 제작하고 사용할 줄 안다는 점에서, 오직 인간만이 도구를 사용하는 능력이 있다는 통념이 지배적이던 시절이라 충격이 컸다. 이 소식을 가장 먼저 보고받았던 루이스 리키 박사는 그녀의 초기 연구 결과를 이렇게 평가했다.

"그렇다면 우리는 인간을 다시 정의하든가, 도구를 다시 정의하든가, 아니면 침팬지를 인간으로 받아들여야 할 것이다."

제인은 앞서 설명했듯이, 1962년에 침팬지 연구를 시작할 때까지 대학 근처에도 가보지 못해서 아무런 학위도 없는 '고졸'에 불과했다. 루이스 박사는 그녀가 앞으로의 연구를 위해서라도 반드시 해당 분야의 학위를 받아야 한다고 생각했다. 루이스 박사의 주선으로 그녀는 그동안 연구하면서 정리했던 자료를 학계에 발표해 큰 이슈를 일으켰다. 그 성과로 1962~1965년에 학사 학위 없이 곧바로 케임브리지대학교 박사 과정에 입학하는 기적을 만들어 낸다. 대학조차 다녀본 적이 없었던 제인에게 베풀어진 이런 특혜는, 그때까지 영국 역사상 단 8명밖에 누리지 못했던 일이다. 이후 제인은 박사 학위를 받고 자신의 이론적 연구 기반을 위해 1971~1975년까지 스탠퍼드대학교의 외래교수로 재직한다.

영국으로 돌아와 학위를 따내던 와중에도 자신과 함께 지내던 침팬지들이 걱정되었다. 그녀는 침팬지들의 생태계가 위기에 처할지 모른다는 걱정에, 침팬지들의 현실에 대한 강의를 여러 차례 열었다. 현지 주민에게 숲과 그것을 둘러싼 생태계의 중요성에 대해 교육받도록 생태계 보호 시스템을 구축함으로써 숲과 침팬지들의 존속을 인정받게 만드는 역할도 하게 되었다.

## 역경을 딛고 환경운동가로 거듭나다

이러한 획기적인 발견과 연구 발표 직후, 그녀에 대한 학계와 사회의 반응은 뜨거웠다. 특히 《내셔널 지오그래픽》에서는 자금 지원과 아울러 네덜란드 출신의 사진작가 휴고 반라윅을 파견해 사진 및 영화를 촬영하기 시작했다. 이 과정에서 제인과 휴고는 서로 의지하다가 사랑에 빠져 1964년에 결혼했고, 짧은 신혼여행을 마치고 바로 곰베로 돌아가 본격적인 침팬지 연구를 재개했다.

제인은 1967년에 아들을 낳으면서 자녀 양육에 신경을 쓰면서 현장 연구에서 다소 멀어진다. 오지에서 침팬지 연구로 강인함의 상징이 되다시피 한 그녀였지만, 모순되게도 어머니라는 여성의 전통적 역할을 강조하다가 당시 페미니즘 진영의 비판을 받기도 했다. 그러나 동물의 세계에서 페미니즘을 찾으려 한다면, 침팬지는 그 개념에 부합하는 동물이 아니라는 점이 그녀가 다시 본격적인 연구를 하면서 천명한 확고한 입장이었다.

그녀는 아들 에릭이 짐승 흉내를 내는 등 모글리 현상(소설『정글북』의 주인공 이름인 모글리에서 따온)을 보이는 상황을 마주하며, 정글 속에서 생활을 만류한 남편과 다투다가 결국 10년 만인 1974년에 이혼하고 만다. 그리고 바로 다음 해인 1975년에 탄자니아인(탄자니아로 귀화한 영국인)인 탄자니아 국립공원 관리자 데릭 브라이슨과 재혼했다. 데릭 브라이슨은 백인으로서 드물게 탄자니아에서 국회의원까지 역임했을 정도로 그 나라에서 탄탄한 인맥을 구축했던 인물이다. 그녀의 연구에 큰 도움이 되어 주었으나, 아쉽게도 1980년 암으로 세상을 떠났다.

한편 제인의 연구는 1975년에 큰 위기를 맞이한다. 연구원 4명이 탕가니카 호수를 건너온 자이레(콩고)의 테러리스트에게 납치되는 사건이 발생했다. 이 사건 직후 탄자니아 정부는 곰베에서 외국인을 모두 철수시키는 강경조치를 내린다. 제인조차 지금까지 그곳에 거주하지 못하고 매년 몇 주 동안만 체류가 허락되었으며, 부재중에는 탄자니아인 연구원들이 업무를 대신 수행했다. 납치범들과 협상 과정에서 탄자니아 정부나 연구소 측이 소극적 태도를 보이는 것처럼 외부에 비치는 바람에, 제인은 한동안 연구를 위해 사건을 은폐

또는 축소하려 했다는 비난에 시달려야만 했다.

또 같은 해, 충격적인 연구 결과가 제인에게 관찰된다. 바로 침팬지 사이에서 '동족 살해'의 사례가 처음으로 관찰된 것이다. 이 상황을 목격한 제인은 침팬지의 미덕에 대한 자신의 선입견을 솔직하게 인정하고 바로잡는 용기를 보여 준다. 침팬지가 그저 온순하기만 한 동물이 아니라, 인간처럼 충분히 잔인해질 수 있으며, 인간 못지않은 잔혹한 본성을 지녔다는 사실을 공식 연구로 학계에 발표했다. 침팬지의 잔인성에 대한 그녀의 연구 보고는 많은 사람의 반감과 비판을 불러일으켰다. 일각에서는 이런 연구 결과를 토대로 자칫 폭력과 살인을 옹호하는 근거로 오용될 수 있다고 지적했다. 물론 연구자였던 제인이 누구보다 그런 위험을 잘 알았지만, 정치적 고려 때문에 사실을 은폐하거나 축소할 수 없다고 생각했다. 당시 그녀는 이렇게 말했다.

"침팬지는 우리가 생각한 것보다 훨씬 더 우리 인간을 닮았다."

20세기 초만 해도 아프리카의 침팬지는 200만 마리에 달했지만, 반세기가 지난 후에는 인간의 생태계 파괴 때문에 15만 마리로 급감하고 만다. 난개발이 확장되면서 밀림이 점차 사라지고 개간지로 변모해 갔다. 곰베 인근만 해도 제인이 처음 연구를 시작할 당시에는 사람들이 들어가기에 위험하다고 여길 정도의 울창한 밀림이었지만, 오늘날 국립공원 경계선 밖으로는 나무 한 그루조차 보기 어려운 황폐한 황무지로 변해 버렸다.

특히 그즈음의 침팬지는 실험용 및 애완용으로 비싼 값에 수출되기도 했다. 밀렵꾼은 보통 어미를 쏴 죽이고 새끼를 포획해 밀반입함으로써 돈을 챙기는 일이 빈번했다. 어미 잃은 새끼의 생존 확률은 지극히 낮을 수밖에 없었기에, 불법 거래되는 침팬지 새끼 한 마리는 다른 침팬지 여러 마리가 이미 학살당한 결과라는 것이 그녀의 지적이었다.

제인 구달은 1986년 말까지만 해도 동물보호 운동의 일선에서 본격적인 자기 목소리를 내지 않는다는 사실 때문에, 운동가들에게 오해와 비난을 받았다. 물론 그녀가 목소리를 내지 않았다고 해서, 동물을 무의미하게 학대하고 죽이는 일을 외면했던 건 아니다. 오히려 그녀는 철저하게 그와 같은 행태에 반대하는 입장이었다.

사안이 엄중하다는 사실을 인지한 이후로는 그녀가 스스로 전 세계를 돌며 자연보호 관련 강연을 했으며, 전 세계 각지의 실험실이며 동물원을 방문해 그곳에 수용된 침팬지들의 권익 향상을 위해 노력했다. 한편 '뿌리와 새싹'이라는 아동 대상 환경보호 운동까지 제창해 동물 애호가나 환경운동가에게 큰 호응을 얻었다. 제인은 90세를 넘긴 현재까지도 침팬지의 존망과 지구 환경의 중요성을 설파하기 위해 활발하게 활동하는 중이다.

## 스스로 한계를 설정하고 머뭇거려선 안 된다

만약 당신이었다면, 고등학교를 졸업하고 비서 전문학교를 나와서 아프리카에 가서 동물 연구를 하겠다고 당당히 나설 수 있었겠는가? 박사 학위는 고사하고 대학 근처에도 못 가봤다는 비아냥과 학계 학자들의 노골적인 무시와 비난을 받으면서도 꾸준히 자신의 연구 성과를 발표하며 그 일을 지속할 수 있었겠는가?

그녀가 목숨을 내놓고 그 위험한 야생 동물 서식 구역에서, 심지어 테러리스트들이 수시로 출몰하는 그 지역에서 평생을 바쳐 동물을 연구한 것은 그녀의 어린 시절부터 꿈이었고, 그녀가 그렇게도 하고 싶은 일이었다. 그녀의 목적은 명문대 학위도 교수직도 아니었다. 만약 그랬다면 그녀는 어렵게 얻은 성과로 런던으로 돌아와 돈과 명예를 누리며 지냈을 것이다. 자신의 아이가 말을 배우기도 전에 모글리처럼 되어 간다며 아내의 명성이 부담스러웠던 남편의 질시와 몰이해를 온몸으로 경험하면서도 그녀는 절대 자신의 꿈을 포기하지 않았다.

이미 그녀가 몸담았던 분야의 사람들에게는 널리 알려진 사실이기도 한데, 그녀는 '안면인식장애'가 있다. 안면인식장애는 여러 증상이 있긴 하지만, 대표적인 증상으로는 사람을 구분하지 못한다는 것이다. 예컨대 안면인식장애가 있는 남자는 집안에서는 아내를 아내라고 인식하지만, 아내와 마트에 가면 아내의 얼굴을 인식하지 못해 알아보지 못한다고 한다.

　그런 그녀가 침팬지마다 각기 다른 이름을 지어 주고 그 무리 속에서 아들과 함께 울고 웃으며 생활했다는 것은, 소설에서나 가능한 일이다. 일반인의 기준으로 보면 신체 건강하며 장애가 없어도 불가능한 일이다. 그럼에도 그녀는 그 일을 멋지게 해냈고, 침팬지의 생활에 대해 면밀하게 모든 것을 알아낸 동물학자로 인정받았다.

　만약 여자라서, 학력이 짧아서, 어떤 장애를 앓고 있어서 혹은 아이를 낳고 키우느라 어쩔 수 없이 경력이 단절될 수밖에 없어서 자신이 원하던 인생을 살지 못한다고 스스로 한탄하고 시대를 탓하며 좌절에 빠져 우울해질 수도 있다. 하지만 결혼하지 않고, 아이도 낳지 않고 독신으로 하고 싶은 일을 해서 업적을 높이 세운 사람보다 결혼하고, 아이 낳고 심지어 대학 졸업장이 없어도 저렇게 자신이 원하는 삶을 살고, 인류에 공헌할 만한 업적을 쌓은 사람이 적지 않다.

　문제는 주위 환경도 아니고, 사회적 문제도 아니다. 핑계를 대려면 한도 끝도 없이 누구에게나 성공하지 못할 핑계는 산처럼 쌓을 수 있다. 그저 핑계만 늘어놓다가 마음을 접는다고 홀가분해질 리 없다. 그런다고 사람들이 아, 그런 이유가 있었네, 하면서 고개를 끄덕이고 가슴으로 이해해 주지 않는다. 절대 그렇지 않다. 가정을 포기하고 아이를 포기해야만 꿈에 가까이 다가갈 수 있다는 논리는 자가당착이다. 능력과 의지의 문제일 뿐이다.

　아이를 양육하고, 올바른 가정을 만들고, 남편을 성실하게 내조하는 일도 분명 가치 있는 일이다. 당신의 삶은 오로지 당신 스스로 결정하고 당신이 이끌어 가는, 바로 당신이 주인인 삶이어야만 한다. 그래야만 그 책임도 오롯이 당신이 진다는 결론에 어긋남이 없이 고개를 끄덕일 수 있다. 당신의 삶이 누군가에 의해 판단된다는 나약한 생각을 할 필요가 없다. 당당하게 당신의 삶을, 있는 그대로, 당신 스스로의 판단을 존중하며 앞으로 나아가기를 응원한다.

# 꿈을 현실로 만드는 영상의 마법사, 제임스 카메론

**James Francis Cameron(1954~ )**
데뷔작으로 폭망한 감독이라 아무도 써주지 않았지만,
직접 쓴 시나리오를 1달러에 팔아 세계적인 감독으로 우뚝 서다.

> 실패는 좌절이 아니라 준비다.
> 심해에서 우주까지, 내가 이룩한 세계는 한때
> 불가능이라는 낙인이 찍힌
> 황당한 아이디어였다.

## 온갖 일을 하면서 영화감독을 꿈꾸다

1954년 캐나다 온타리오주에서 태어났다. 아버지는 전기기술자, 어머니는 화가였다. 17세 때 미국 캘리포니아로 이주, 1950년대 B급 SF 영화에 빠져들었고, 어린 시절부터 잡동사니로 로켓, 비행기, 탱크 등을 만들면서 미니어처 제작의 묘미에 빠져들었다.

독서광이었던 그는 특히 공상과학물에 몰입하면서 시각적 상상력을 표현하는 데 관심을 기울였다. 그는 아버지에게 카메라를 빌려, 16mm 영화 습작과 미니어처를 직접 만들어 특수 효과도 실연해 보는 상당히 실험적인 소년이었다.

캘리포니아 주립대학을 중퇴하고 결혼했던 그는 생활을 위해 트럭 운전사나 만화가 어시스턴트 같은 직업을 전전한다. 그러던 중 1977년 개봉한 조지 루카스의 〈스타워즈〉에서 엄청난 컬처 쇼크를 경험하고, 하던 일을 그만둔 채 본격적으로 영화계에 뛰어들 결심을 굳힌다. 그리하여 1년 만에 친구와 함께 만든 단편 습작영화 〈제노 제네시스〉가 좋은 평가를 받아, B급 저예산 영화를 흥행시켜 수익을 남기는 것으로 유명했던 로저 코먼의 뉴 월드 픽처스에 들어가는 행운을 잡는다.

캐나다 국적의 감독으로, 역대 세계 흥행 순위 1위 영화인 〈아바타〉와 3위인 〈타이타닉〉을 연출한, 현존하는 가장 화려한 영상제작 기술을 구현하는 감독으로 불리는 제임스 프랜시스 카메론(James Francis Cameron)의 이야기다.

그는 자신을 영화계로 끌어들이는 계기가 되었던 조지 루카스와 함께 할리우드의 영상제작 기술의 수준을 높이는 데 기여한 감독으로 인정받는다. 그런가 하면 새로운 기술과 SF적 상상력을 바탕으로 한 영상에 완성도 높은 고전적인 이야기를 융합해, 자신만의 독자적 영역을 개척하는 데 성공한 스토리텔러이자 SF영상의 신세계를 열었다는 평가를 받는다. 1998년 아카데미 시상식 감독상 수상 소감으로 "I'm the King of the World!"를 외친 것으로도 전설을 더했다.

## 어렵게 감독이 되어 세계적 거장이 되다

로저 코먼의 밑에 들어가, 〈우주의 7인〉(1980)의 미니어처를 제작한 것이 그의 첫 영화 작업이었다. 이 외에도 〈뉴욕 탈출〉(1980)이나 〈공포의 혹성〉(1980) 같은 B급 SF영화의 디자인과 특수 효과에 참여해, 제작자들에게 제법 감각 있는 친구라는 눈도장을 받는다.

그리하여 〈피라냐 2(Piranha Part Two: The Spawning)〉(1981)에서 드디어 꿈에 그리던 감독으로 데뷔한다. 그러나 이 영화는 그의 인생에서 최악의 악몽이라는 기억만 남기게 한다. 사실 미국 영화가 아닌, 이탈리아 영화였던 이 작품은 〈피라냐 1〉과 전혀 상관이 없는 영화로, 〈피라냐 1〉은 로저 코먼이 제작하고 조 단테가 감독한 〈죠스〉의 인기에 힘입은 패러디 작이었음에도 적은 제작비로 만들어 미국에서만 제작비의

15배가 넘는 대박을 거둔 B급 영화였다. 그런데 대박 미국 영화의 속편을 표방하며 그대로 베끼듯이 멋대로 만들어 낸 영화가 바로 이 영화였다.

제작자 오비디오 G. 아소니티스의 유명작 이름만 빌려 돈을 벌어 보겠다는 얄팍한 잔머리로, 감독이 확정되지 않던 와중에 카메론에게는 명분상 감독 자리를 주었는데, 그는 촬영을 시작한 지 불과 12일 만에 해고 통지를 받는다.

당시 미국 워너브라더스의 제작 투자를 받은 영화에는 조건이 있었다. 감독을 반드시 미국인으로 기용하라는 조건이었다. 그 때문에 오비디오 아소니티스는 계약조건에 합당한 감독으로 그를 형식적으로 고용했다가 바로 해고해 버린 것이다.

더 충격적이고 엽기적인 사실은 제작비 아끼는 것으로 악명 높았던 로저 코먼이 제작한 〈피라냐 1〉조차도 60만 달러라는 최저(?)의 제작비를 들였었음에도, 이 짝퉁 영화 〈피라냐 2〉는 15만 달러만을 들여 만들었다. 그래도 극장 개봉으로 40만 달러 정도 벌어들여 적자는 모면했다.

기대에 찬 첫 영화에서 제대로 감독직을 수행하지도 못하고 잘려 버린 카메론은 실망을 넘어서 좌절한다. 그리고 이를 갈며 절치부심하면서 자신이 제대로 된 영화의 감독으로 데뷔할 것을 다짐했으나, 그에게 다시 기회가 돌아올 기미는 어디에서도 보이지 않았다.

〈피라냐 2〉로 고생하던 어느 날, 카메론은 로마에서 촬영 기간 중 머물던 어느 싸구려 호텔에서 고열로 앓아누웠는

데, 끔찍한 모습의 기계 인간이 불 속에서 서서히 일어나는 악몽을 꾸었다. 그는 이를 바탕으로, 그의 전설이 시작된 〈터미네이터〉의 시나리오를 쓰고 완성한 후, 자신의 인생을 건 도박을 하기로 한다.

그는 시나리오를 들고 제작사를 찾아다녔다. 제작사들은 참신한 아이디어가 돋보이는 이야기에 앞다퉈 시나리오 판권을 사려 했다. 하지만 그는 퍼시픽 웨스턴 제작사에 시나리오를 1달러에 팔겠다는 파격적인 조건을 제시한다. 그 파격적인 계약조건으로 시나리오를 넘기는 대신, 단 한 가지 조건을 걸었다. 바로 자신이 영화의 감독을 할 수 있게 해 달라는 것이었다.

시나리오에 관심을 보이며 높은 가격을 제시했던 많은 제작사가 원했던 것은 그가 쓴 쌈박한 시나리오였을 뿐, 감독 자리는 아니었다. 할리우드에서는 희대의 망작 〈피라냐 2〉의 감독이라는 꼬리표를 달았던 제임스 카메론을 도저히 신뢰할 수 없었기 때문이다.

당시 신생 제작사였던 제작자 게일 앤 허드는 그러한 제임스 카메론의 파격적인 제안을 받아들였고, 영화 〈터미네이터〉 제작에 돌입하게 되었다. 하지만 또 다른 난관이 있었다. 영화의 전반을 장악하는 〈터미네이터〉 역을 누가 맡을 것인가 하는 문제였다. 주인공임에도 대사가 적고 악역인 터미네이터를 당시 이름이 좀 있다는 배우들은 아무도 연기하려고 하지 않았다. 사실 아놀드 슈워제네거 역시 처음엔 인간을 위해 싸우는 용사 카일리스 역을 맡기로 하고 계약을 맺었다.

하지만 아놀드를 직접 만난 제임스는 그가 터미네이터 역에 적격이라고 판단했다. 터미네이터 역을 제안했지만 아놀드 슈워제네거는 거절한다. 그런데 얼마 후, 슈워제네거가 그의 제안을 수락하며 마음을 바꾼다. 제임스가 보낸 그림 한 장 때문이었다.

제임스 카메론 감독은 슈워제네거에게 어떻게든 자신이 만들어 낸 캐릭터에 대한 적임자임을 설득하기 위해 그의 얼굴을 한 터미네이터 그림을 그려 선물했고, 그림을 보고 감동한 슈워제네거가 그 역을 수락했다.

하지만 첩첩산중이었다. 아놀드 슈워제네거가 이미 촬영 중이던 〈코난〉의 촬영이 끝나지 않아 제작 과정이 늘어졌다. 그렇게 영화는 우여곡절 끝에 640만 달러라는 당시엔 엄청난 저예산으로 제작되었다. 하지만 영화의 배급을 맡은 오라이언사는 싸구려 액션 영화일 뿐이라며 영화를 폄훼하며 홍보에 일절 돈을 쓰지 않겠다고까지 선언했다.

그러나 영화는 개봉 직후 관계자들의 예상을 뒤엎었다. 개봉 첫 주 박스오피스 1위를 차지한 데 이어, 개봉 직후 '테크 누아르'(technology와 film-noir의 합성어)란 호평과 함께 미국에서만 3,840만 달러, 해외에서는 8,000만 달러에 달하는 수익을 올려 거의 제작비 20배에 육박하는 대성공을 거뒀다. 그해 최고의 영화로 등극하며 그야말로 대박을 기록했다. 〈터미네이터〉는 공상과학 액션 영화의 판도를 바꾼 영화라고 극찬을 받았고, 새턴 어워즈에서 SF 각본상 등 3개 부문을 수상하는 쾌거를 이뤘다. 이후 제임스 카메론은 할리우드 최고의 감독으로 자리매김했다.

　이때부터 그는 성공 가도를 달리기 시작한다. 카메론은 실베스터 스탤론과 공동으로 〈람보 2〉(1985)의 각본을 맡은 뒤, 〈에이리언 2〉(1986)의 감독으로 발탁된다. 〈람보 2〉와 〈에이리언 2〉는 속편이 전 편을 넘어 더 성공하기 힘들다는 영화계의 속설을 깨부수며 대성공을 거두었다. 계속되는 흥행 성공으로 카메론은 모든 할리우드 영화사에서 모셔야 하는 흥행 감독으로 등극해 제작비를 신경 쓰지 않고 영화를 마음껏 제작할 수 있는 위치에 올랐다.

　이후 카메론은 〈어비스〉(1989), 〈터미네이터 2: 심판의 날〉(1991), 〈타이타닉〉(1997) 등을 감독했는데, 새로운 특수 효과를 개발해 가면서 시각 세계의 표현 영역을 넓히는 데 주력했다.

　바다를 배경으로 과학기술의 오용이 가져올 위험성을 경고하는 영화 〈어비스〉는 카메론의 전작들과 달리, 역동적인 액션보다 중년 부부의 헌신적인 사랑과 미지와의 조우를 해저 심연에 펼쳐낸 카메론식의 SF 동화였다. 7,000만 달러를 들인 〈어비스〉는 평은 좋았으나 대중이 즐기기엔 다소 심심한 내용이었다. 게다가 영화가 제작되는 동안 제임스 카메론이 심해 소재 영화를 만든다는 소문이 퍼지자, 여기저기 숟가락을 얹겠다고 유사한 심해 소재 영화가 줄줄이 쏟아졌다.

## 한계를 뛰어넘는 끊임없는 영상적 시도

그러한 이유에서였을까? 그의 새로운 시도는 아쉽게 실패로 끝나고 만다. 이 영화는 카메론이 직접 감독한 메이저 영화 중에서 처음으로 상업적 실패를 기록한다. 그러나 이 영화를 제작하는 과정에서 개발된 신기술은 이후 〈터미네이터 2〉에서도 유용하게 활용되었다.

〈어비스〉에서 흥행에 실패했던 그를 또다시 일으킨 것은 역시 터미네이터였다. 1억 200만 달러가 투입된 〈터미네이터 2: 심판의 날〉(1991), 1억 2,000만 달러의 〈트루 라이즈〉(1994), 급기야 2억 달러 이상의 제작비를 퍼부은 〈타이타닉〉에 이르기까지, 카메론은 할리우드 영화의 제작비 상승을 주도한 주범(?)으로 떠올랐다.

흥행에 실패했다고 하지만 심해를 리얼하게 표현하겠다는 그의 장인정신이 투영되었던 영화 〈어비스〉의 디지털 특수 효과는 이후 그의 영화를 한 단계 진전시키는 디딤돌 역할을 충분히 해주었다.

의인화된 유체 캐릭터는 몰핑 기법으로 창조한 〈터미네이터 2〉의 T-1000의 변신 장면에 투영되면서 영화 마니아들을 충격의 도가니로 몰아넣었다. 〈트루 라이즈〉의 4분의 1을 차지한 구분이 모호한 실사와 컴퓨터 그래픽의 합성 등 불가능해 보이는 표현의 한계에도 도전했고, 경이로운 제작비에도 불구하고 훨씬 더 큰 수익을 경신했다.

그의 영화는 〈어비스〉를 빼놓고 모두 큰 성공을 거뒀다.

그 자신이 특수 효과 제작자로서 영화계에 뛰어들기도 했던 만큼, 모형 제작의 달인이자 특수 효과 제작자인 스탠 윈스턴과 함께 특수 효과 전문 업체인 '디지털 도메인'을 설립하기도 했다.

하지만 〈타이타닉〉의 경이로운 성공을 이루어 내기 전까지 그는 그저 SF 액션 영화만을 뛰어나게 잘 만드는 감독이라는 다소 편향된 꼬리표를 달고 다녀야만 했다. 하지만 특수 효과의 향연과 스펙터클, 멜로드라마의 문법을 결합한 〈타이타닉〉은 최고의 테크놀로지를 동원해 최고의 작품을 만들어 내는 장인의 경지를 보여 주었으며, 1998년 아카데미 시상식에서 작품상과 감독상을 포함한 14개 부분에 노미네이트되어 이 중 11개 부문을 수상하면서 그런 평가를 단번에 일축했다.

사실 그 이면에는 그가 처음 절박한 마음으로 쓴 시나리오를 들고 감독을 하겠다고 1달러만을 받는 조건으로 데뷔했던 이야기만큼 눈물이 서려 있다. 〈타이타닉〉은 제작비가 정해진 예산을 애초에 초과해 버렸고, 이 때문에 영화는 좌초될 위기에 처한다. 이미 최고의 감독이라고 인정받았던 그였지만, 할리우드의 현실은 냉혹했다. 그가 공을 들인 만큼 예산이 무리하게 들어가 버린 것도 그러한 사태를 초래할 수밖에 없는 상황이었다.

그 상황에서 그는 다시 절박함에 눈물의 승부수를 던진다. 감독으로서 보수를 포기하는 것은 물론, 만약 〈타이타닉〉이 흥행에 실패하면 이후 제작할 〈터미네이터 3〉를 무보수로 찍겠다는 별도의 계약까지 하는 등 자신의 모든 것을 던짐으로써 제작을 원활히 할 수 있게 했다.

미국 내 수익과 해외 수익을 합쳐 1년 동안 무려 18억 4,000만 달러를 벌어들인 〈타이타닉〉은, 총수익 9억 2,000만 달러를 벌어들인 〈쥬라기 공원〉의 역대 최고 흥행 기록을 무려 2배 이상으로 넘어서며 깨버렸다. 전 세계 영화 역사상 최고의 제작비를 들여 최고의 수익을 올린 전대미문의 블록버스터로 기록되었다.

카메론도 〈쥬라기 공원〉, 〈스타워즈〉, 〈E. T.〉 등으로 10여 년간 치열하게 역대 박스오피스 1위를 뺏고 빼앗기는 경쟁을 해온 조지 루카스와 스티븐 스필버그를 멀찌감치 제치고 새로운 패왕에 등극했다. 그가 아카데미 감독상을 받으며 감격에 겨워 "내가 이 세상의 왕이다!"라고 외친 것은 결코 객기나 건방진 오만에서 나오지 않았다. 그가 얼마나 눈물겨운 노력 끝에 그 상황을 뒤엎고, 자신이 영화계에 투신하게 했던 계기를 제공해 준 감독마저도 넘어서는 쾌거를 이룬 것에 대한 표현이었다.

심지어 이 기록은 아직도 자신의 〈아바타〉와 루소 형제의 〈어벤저스: 엔드게임〉을 빼고는 제친 작품이 없다. 2015년도 최고의 화제작이었던 〈스타워즈: 깨어난 포스〉조차 당시 기준으로 최종 20억 달러가량의 흥행으로 역대 박스오피스 3위(현재는 4위)에 그쳤을 뿐이다.

〈타이타닉〉은 당시 어떤 작품도 넘지 못했던 북미 5억 달러의 흥행을 넘어 6억 달러라는 전대미문의 흥행을 기록했다. 그리고 그 전설은 그에 의해 다시 기록된다. 아무도 넘지 못하던 북미 7억 달러의 흥행을 그가 만든 〈아바타〉로 넘어섰다.

심지어 〈타이타닉〉 첫 개봉이 지난 17년 뒤인 2015년에 개봉해 엄청난 대박을 터뜨린 〈쥬라기 월드〉가 전 세계 흥행 기록은 포기하더라도, 〈아바타〉의 북미 기록만이라도 넘어 보려고 갖은 용을 썼으나 〈타이타닉〉의 기록조차 넘어서지 못했다. 이처럼 〈타이타닉〉이 상상을 뛰어넘는 초대박을 치자, 제작사인 폭스와 파라마운트에서는 보수도 포기했던 카메론에게 무려 1억 달러(약 1,000억 원)의 천문학적인 보너스를 따로 주었다. 이걸 보너스라고 해야 할지 잘 모르겠지만.

북미 5억 달러를 넘은 작품도, 월드와이드 10억 달러를 넘은 작품도 없는 가운데, 〈타이타닉〉이 모든 흥행 기록을 다 깨뜨리고 북미 6억 달러 전 세계 18억 달러를 벌어들였으니, 영화사에서는 그를 붙잡고 싶은 마음에 파격적인 보너스로 그의 환심을 살 수밖에 없었을 것이다.

재미있는 사실은 카메론이 〈타이타닉〉을 찍은 진짜 목적이 영화 제작이 아니었다는 소문이 돌았다는 것이다. 그는 사실 역사 로맨스물에는 관심이 없었고, 바닷속에 가라앉은 타이타닉호를 탐사하기 위한 목적을 빙자해 영화를 찍었다고 한다. 그의 최대 관심사는 처음부터 꾸준히 우주와 바다였고, 특히 심해는 마치 외계 생물들이 가득한 SF의 세계와 같다고 생각해 꼭 보고 싶어 했다고 한다. 그래서 직접 잠수함을 탄 채 바닷속과 타이타닉을 촬영하고 당시 기준으로 바닷속으로 가장 깊숙이 들어가는 기록까지 세웠다.

이렇게 바다와 심해를 탐사하면서 그와 관련된 소소한 다큐멘터리들을 내놓았다. 엄청난 흥행 신화를 썼기에 언제 다시 메가폰을 잡고 복귀하느냐가 할리우드 초미의 관심사였지만, 카메론은 다큐멘터리 영화들이나 영화 제작에 잠깐 참여할 뿐 실질적인 영화감독 복귀는 하지 않았다. 그 때문에 〈타이타닉〉의 엄청난 흥행으로 인한 부담감에 카메론이 고통받는다는 소문도 돌았다.

이런 소문과는 달리 카메론은 끊임없이 새로운 곳에 눈을 돌리고 관심 영역을 넓혀 갔다. 2000년도에 일본의 SF 만화인 『총몽(銃夢)』의 영화화 판권을 사들였으며, 20세기 폭스사를 통해 도메인도 등록했다. 2003년도에 자신이 직접 감독해 2007년에 개봉하겠다고 밝히기도 했다. 그러나 '총몽', 즉 〈알리타: 배틀 엔젤〉은 카메론의 또 다른 야심작인 〈프로젝트 880〉에 의해 뒤로 밀려났다.

이 〈프로젝트 880〉이 바로 〈아바타〉로 이어졌다. 〈타이타닉〉으로 1990년대 후반을 휩쓸었던 제임스 카메론의 영화감독 복귀작이 결정되었다는 소식이 퍼져 나감과 동시에, 〈아바타〉의 제작에 대한 일거수일투족이 초미의 관심사로 떠올랐다. 이에 카메론 감독은 영화사에 길이 남을 영상 혁명을 보여 주겠다고 호언장담했다. 3D 영화라는 점, 20세기 폭스에서 제작비에 관해 무제한으로 허가해 줘서 제작비가 자그마치 4억 달러에 달한다는 점 등이 알려지자 대중의 반응은 엄청난 기대와 함께 이번 영화가 망하면 그의 영화 인생이 끝날지도 모른다는 걱정까지 이어졌다.

2009년 12월에 드디어 12년 만의 신작 〈아바타〉가 개봉했고, 초반 로튼토마토 지수 100%를 받으며 전야제부터 대중의 반응은 그야말로 폭발적이었다. 그리고 극장 개봉 2개월 만에 결국 12년간 흥행의 아성을 지켜오던 〈타이타닉〉의 기록을 뛰어넘는다. 자신의 기록을 스스로 갱신한 것이다. 끝을 모르는 흥행 기록은 계속되어 결국 최종 27억 8,700만 달러라는 어마어마한 수치의 흥행을 달성했다.

카메론은 〈아바타〉의 성공 이후 후속작 3편을 더 만들겠다고 밝혔다. 이와 관련해 제작사인 20세기 폭스는 카메론에게 속편 제작의 전권을 위임했고, 찍고 싶은 것을 맘껏 찍으라고 판을 깔아 주었다. 그가 그간 직접 보여 준 성과에 대한 신뢰이자 투자였다. 그러나 이후 시리즈는 계획했던 것과 달리 2021년 〈아바타 2〉가 완성된 것을 시작으로 조금씩 조금씩 일정이 뒤로 밀렸다.

**영화감독만큼 성공하지 못한 제작자로서 이력**

한편 그는 제작자로도 일찌감치 데뷔한다. 하지만 흥행 대박 작품이 가득한 스티븐 스필버그와 달리 카메론이 직접 제작을 맡은 작품은 〈생텀〉(2011)을 빼고는 전혀 흥행하지 못했다.

처음 카메론이 제작에 참여했던 영화는 전 아내인 캐서린 비글로 감독의 〈스트레인지 데이즈〉(1995)였는데,

4,200만 달러의 제작비로 전 세계에서 겨우 800만 달러를 벌어들이는 데 그쳤다. 물론 아카데미 감독상, 최우수 작품상을 받은 경력을 가진 비글로 감독답게 작품 면에서는 괜찮은 평을 받았지만, 흥행 감독에서 제작자로 변신하는 데는 인정을 받지 못할 만한 성적표가 이어졌다.

〈타이타닉〉 흥행 이후 5년 뒤에 나온 카메론 제작 영화 〈솔라리스〉(2002)는 스티븐 소더버그가 감독한 작품으로, 평론가들의 평은 좋은 편이었으나 흥행 면에서는 미국 첫 주 수익이 7위(675만 달러)라는 초라한 기록을 달성해 미국 흥행 수익이 1,497만 달러에 그치며 큰 손해를 남긴다.

〈아바타〉의 흥행 2년 후, 제임스 카메론이 제작하고 알리스터 그라이슨이 감독한 〈생텀〉은 미국에서 첫 주 2위로 개봉했지만, 흥행 성적은 944만 달러로 부진했다. 이 영화는 〈솔라리스〉와 달리 평론가들에게도 혹평을 받으며 미국 흥행에서 참담한 실패를 기록한다. 하지만 전 세계 흥행 1억 800만 달러가 나오면서 겨우 수익은 올렸다. 참고로 이 영화 제작비는 3,000만 달러로 꽤 저렴하게 만든 영화이기에 수익을 올린 작품으로 인정받은 셈이다.

2019년에는 〈알리타: 배틀 엔젤〉이 개봉했다. 카메론은 그동안 누구에게도 이 영화의 감독직을 주지 않겠다고 호언장담했고 아바타 촬영장에서까지 이 영화의 주인공 갈리가 그려진 티셔츠를 입을 정도로 애정을 과시했다. 그러나 5편까지 제작이 결정된 〈아바타〉 속편과 일정이 겹치며 감독직을 로버트 로드리게즈에게 넘기고 자신은 제작자로 참여했다. 오랜 기다림 끝에 개봉한 〈알리타〉는 극장 개봉 흥행으로 본전치기 수준에 그치며 그가 제작하면 흥행에서 멀어진다는 공식을 넘어서지 못했다.

그해 말에는 〈터미네이터: 다크 페이트〉가 개봉했다. 2편의 직계 후속작임을 내세우고 〈데드풀〉 실사영화로 능력을 인정받은 팀 밀러에게 메가폰을 넘겨 주목을 받았다. 그러나 뚜껑을 열어 보니 그 결과물은 터미네이터 팬들에게 엄청난 비난을 받고 흥행에도 완전히 실패하고 만다. 그를 일으키고 늘 지지해줬던 〈터미네이터〉 시리즈 역사상 처음으로 제작비조차 건지지 못하는 최악의 성적을 기록했다. 그 역시 그가 제작을 맡았다는 저주를 극복하지 못했다.

## 뼈아픈 시행착오는 성공을 위한 자양분

이처럼 당신이 잘 안다고 생각했지만, 미처 몰랐던 제임스 카메론의 인생을 돋보기를 통해 보여 준 이유는 단 하나다. 그가 처음부터 승승장구하며 잘 나가지 못했다는 것, 무엇보다 그러한 시련과 실패와 좌절 속에서 지금의 성공을 이루는 극적인 계기를 만들어 냈다는 사실을 보여 주기 위해서다.

자신이 감독을 할 수 없다는 이유만으로 직접 시나리오를 쓴 사례는 약간 변용되어 지금은 전설이 된 맷 데이먼과 벤 애플릭이 배우로서 등장하고 싶어 쓴 〈굿윌 헌팅〉의 사례와 아주 비슷하다. 그들에게 절박함은 자신들을 믿고 배우나 감독으로 고용해 주지 않는 현실을 시나리오라는 창작물로 뛰어넘고자 하는 노력으로 발현되었다. 결국 그들은 그 한 방으로 자신을 알리고 일어설 수 있었다.

그래서 그의 영화에는 그의 인생사가 아주 잘 녹아들어 있다. 카메론은 자신의 필모그래피에서 특히나 주체적이고 강한 여성 캐릭터를 많이 만들어 냈고, 그 캐릭터들이 호평을 받은 것으로도 유명하다. 〈에일리언 2〉의 엘렌 리플리부터 시작해서 〈터미네이터 2〉의 사라 코너, 〈타이타닉〉의 로즈 등 적극적이고 활달한 강한 여성 캐릭터는 카메론의 상징처럼 받아들여졌다.

이에 대해서 카메론 감독은 여러 인터뷰에서 어렸을 때부터 강한 여성이었던 어머니와 할머니를 존경하며 자랐고, 자신이 커리어를 시작했을 때 영화계에서는 주로 전형적인 강한 남성 주인공이 넘쳐났기 때문에 이런 현실에 대한 반발심으로 강한 여성 캐릭터를 많이 만들게 되었다고 밝혔다.

다만 오늘날에 와서는 주체적이고 강한 여성 캐릭터가 등장하는 작품이 많아지다 보니, 굳이 이런 부분을 고집하지는 않는다며 그보다는 남성과 여성을 구별하지 않고 강한 주체성을 가진 캐릭터를 만들어 가는 데 더 흥미가 있다고 한다.

한편 거대 자본을 가진 대기업들이 악역으로 잘 나오며, 결말에는 좋은 꼴을 못 보여 준다는 공통점도 그의 내면에 깔린 심리를 잘 보여 준다. 이는 대기업과 연루된 상류층에 대한 조롱과 풍자에 다름 아니다. 이는 〈에이리언 2〉의 웨이랜드

유타니, 〈터미네이터〉 시리즈의 사이버 다인 시스템즈, 〈아바타〉 시리즈의 RDA, 〈타이타닉〉의 화이트 스타 라인이 하나같이 부정적인 모습으로 그려지는 것으로 확인할 수 있다.

그는 할리우드 감독 중에서도 스탠리 큐브릭 감독과 더불어 가장 괴팍하면서 완벽주의적인 성격으로 유명하다. 〈에일리언 2〉를 촬영할 때 초반에 영국 스태프들과 호흡이 잘 맞지 않자 책상을 뒤엎을 정도로 싸웠다고 한다. 딕 부시 조명감독은 듣보잡인 카메론을 무시하고 일부러 자기 입맛대로 작업했다. 결국, 제작자인 허드가 그를 해고해야 했다. 〈타이타닉〉 촬영 때도 뭐 하나 맘에 안 들면 육두문자부터 시작해서 스태프들과 배우들을 달달 볶아댔다고 한다. 제아무리 몸값 높고 유명한 배우라고 해도 인정사정없었다고 한다.

그의 불같은 성격 때문에 촬영장의 스태프들은 그를 촬영장의 폭군 혹은 촬영장의 패튼 장군(미 전차군단장으로, 2차 세계대전의 전쟁영웅)이라고 불렀다. 실제로 카메론은 패튼 장군처럼 고래고래 소리를 지르며 막말을 하거나 마음에 들지 않는 스태프를 가차 없이 해고해 버리면서, "그래도 나는 패튼 장군처럼 몽둥이로 당신들을 두들겨 패지는 않았다"라고 덧붙였다.

이처럼 불같은 성격의 그가 나사의 과학자들과 함께 심해 탐사를 다녀오면서 성격이 크게 바뀌었다. TED에 나와 그가 고백하듯, 카메론은 그 탐사 과정을 통해 "다른 사람들을 존중하며 함께 일하는 과정에서 생기는 유대감"을 배웠고, 이를 〈아바타〉의 제작 과정에 도입해서 매우 좋은 결과를 냈다고 밝혔다.

실제로 〈아바타〉의 촬영은 이전까지 카메론이 찍은 영화들과는 다르게 굉장히 화목한 분위기 속에서 진행되었다고 한다. 〈에일리언 2〉에서 출연했던 시고니 위버가 카메론이 순해졌다고 증언할 정도로 그는 큰 변화를 보였다.

이것은 그가 뭔가 대단한 극적인 계기를 겪었다기보다는 그가 끊임없이 노력하는 과정에서 새로운 발전을 겪었다는 뜻이다. 가난하고 가진 것도 없었으며 사람들에게 인정받지 못해 어떻게 해서든 성과를 내야 하는 입장에서, 그가 가진 단단한 세계관을 표현하기 위해 제대로 따라 주지 못하는 이들에게 날카로워질 수밖에 없었을지도 모른다. 하지만 정작 그가 최고의 자리에 오르고 나서도 계속 그랬다면 그에게 전설적인 〈아바타〉는 탄생하지 못했으리라고 장담한다.

자신의 부족한 점을 인지하고, 그것이 결국 자신은 물론이고 주변 사람들에게 좋은 성과를 가져오지 못한다는 사실을 깨닫는 순간, 그는 가장 효율적인 자신의 변화를 택했다. 그것은 그가 철학적 내용이나 영상미에 치중하는 영화감독이 아닌 철저하게 대중의 의중을 읽는 데 탁월한 재능을 가진 감독이기 때문에 가능한 추론이기도 하다.

겨우 가족의 생계를 유지할 수 있었던 직업을 과감하게 던지고 꿈을 찾아 새로운 일을 바닥부터 시작한다는 건 결코 쉬운 일이 아니다. 그리고 정점에 올라 망한 영화를 통해 배운 기술들이 이후 출세작의 밑바탕이 되었다고 말할 수 있는 당당함도 자신의 선택에 확신을 가지고 모든 것을 내던져 본 사람만이 갖출 수 있는 것이다.

그의 유일한 흥행 실패작은 이후 초대박 작품의 자양분 역할로 충분한 자기 몫을 했다. 지금 겪고 있는 자신의 실패가, 뼈아픈 시행착오가 자신의 성공을 위한 자양분임을 잊지 말아야 한다. 이제까지 했던 노력은 어디론가 증발해 버리지 않으며 미래를 배신하지 않는다. 하지만 그것이 정말로 그렇게 되려면 포기하지 않아야 하고, 신념을 버리지 않고 끝까지 밀고 나가야만 가능하다는 사실도 잊어서는 안 된다.

자신의 삶이 삼진아웃으로 끝날지 만루 역전홈런을 때릴지는, 환경적인 요인이나 운보다, 자신의 선택과 의지에 달렸다는 사실을 제임스 카메론의 인생을 통해 읽어 내야 한다.

3장

# 생각의 경계를 넓힌 사람들

# 비관 속에서 피어난 희망의 판타지, 미야자키 하야오

**Miyazaki Hayao, 宮崎駿(1941~ )**
거절당하고 말아먹고 제작비가 없어 쩔쩔매는 게 일상이었지만,
세계 애니메이션의 역사를 새로 쓴 장인으로 우뚝 서다.

> 모든 게 무너진 그 날부터
> 꿈을 다시 그렸다.
> 세계는 잔혹했으므로
> 더 아름다운 세계를 만들 수 있었다.

## 어린 시절의 열등감을 이겨 낸
## 그림 그리기와 독서

1941년 일본 도쿄에서 4형제 중 둘째 아들로 태어났다. 3세 때 전란을 피해 도치기현 우츠노미야시로 피난 가서, 초등학교 3학년 때까지 그곳에서 생활했고, 전쟁이 끝나 도쿄가 안정을 찾은 뒤인 1950년에 돌아왔다. 아버지는 가문 기업으로 큰아버지가 경영하는 '미야자키 항공흥학(宮崎航空興学)'의 공장장이었다. 이 회사는 나카지마 비행기(中島飛行機)사의 하청을 받아 군용기 부품을 생산 조립했는데, 태평양전쟁 당시 일본 해군의 주력 함상 전투기인 '제로센(ゼロ戦)'을 만들기도 했다. 그의 날개와 비행에 대한 로망은 바로 이 시기에 자연스럽게 형성되었다고 한다.

    집안의 가업은 패전 후 물자가 부족했던 상황에서 생필품을 생산하는 공장으로 업종을 전환했는데, 가업은 번창했고 그 또한 상당히 유복한 환경에서 자랐다. 전후 일본 국민이 대부분 궁핍한 삶으로 힘겨운 시기를 보냈지만, 그의 집은 언제나 삼시 세끼 흰 쌀밥을 먹을 정도로 유복하게 살았다고 한다. 가업 탓에 어려서부터 집에 군수업에 종사하는 고급 기술자와 군인 출신들이 오가는 독특한 환경에서 성장했다. 군인 출신 기술자 중에는 일본이 다른 나라를 어떻게 공격해 성공했는지 무용담을 떠벌리고 다니는 사람들이 많아, 그때 그런 좋지 않았던 기억 때문에 제국주의의 그림자에 염증을 느꼈다고 한다. 심지어 아이들이 즐겨 불렀던 군가풍의 노래가 싫어 러시아 민요를 부르고 다녔을 정도라고 한다.

그의 아버지는 정치에는 도통 관심이 없었으며 반전주의자이기도 했다. 하지만 아버지는 전쟁 특수로 돈을 벌어들였던 시절을 그리워하는 세대였기 때문에, 대학생이 되어 좌익 사상에 물들어 가뜩이나 사회를 삐딱하게 보던 그는 아버지와 심하게 부딪혔다.

여섯 살 무렵, 그의 어머니는 결핵균에 척추까지 감염되어 누워 지낼 수밖에 없는 처지가 되었고, 그 때문에 그는 어머니 곁에 가까이 다가가지도 못하고 자랐다. 결핵균 전염을 방지하기 위해 어쩔 수 없이 따라야 했던 조처였다.

그는 책 읽는 것을 좋아했고 씩씩하고 활달했던 어머니에게서 많은 영향을 받으며 자랐다. 그의 작품 속에 유독 어머니를 모티브로 하는 인물이 많이 등장하는 것도, 그 성격이나 모습이 한결같은 것도 바로 이런 유년기의 영향 때문이라는 견해가 지배적이다.

어머니가 몸이 아파 움직이는 것이 불편했던 탓에, 어릴 적에는 가사 도우미가 집안일을 했지만, 이후에는 형제들이 스스로 밥을 짓고 집안을 치우고 동생을 돌보며 자랐다. 〈이웃집 토토로〉는 당시 미야자키 하야오의 자전적 상황이 고스란히 그려진 작품으로, 여자 주인공 사츠키는 자신의 체험을 투영해 자신이 태어난 연도까지 그대로 적용해 창조한 인물이다.

어렸을 때부터, 체격도 작고 몸이 약해 운동에는 소질이 없어 달리기 경주를 하면 늘 꼴찌였고 내내 육체적 열등감에 시달렸다. 그 대신 방안에 틀어박혀 그림 그리기와 독서에 열중하기 시작했다. 데즈카 오사무, 스기우라 시게루의 만화를 좋아했고, 특히 '그림 이야기 시리즈'의 〈사막의 마왕〉의 열렬한 팬이었는데, 이 작품에서는 사람이 하늘을 날 수 있게 하는 비행석이 등장한다.

일본 애니메이션이 세계적 명성을 누리는 데 가장 큰 공을 세웠다고 인정받았으며, 일본 애니메이션계 역사를 새로 썼다고 자타가 공인하는 거장. 그의 작품을 한 번도 보지 않은 사람은 있어도 한 작품만 보고 끝낸 사람은 결코 없다고 하는 전설적인 인물. 일본 애니메이션을 '작품' 수준으로 끌어올린 애니메이션 장인, 미야자키 하야오(宮崎駿)의 이야기다.

사실 일본 애니메이션은 1990년대까지 일부 일본 만화, 애니메이션 팬을 제외하면 서양에까지 세계적으로 알려진 수준까지는 아니었다. 1999~2000년에 〈모노노케 히메〉가 서방 국가에서 개봉되면서, 그는 세계적으로 주목받기 시작했다. 마침내 2002년 〈센과 치히로의 행방불명〉이 세계적인 역대급 찬사를 받으며 알려지지 않았던 과거의 걸작이 발굴되어 영미권에도 알려졌다. 지브리 스튜디오와 미야자키 하야오는 세계적 거장으로 인정받게 되었다.

## 뛰어난 작품을 만들었지만
## 순탄치만은 않았던 환경

중학교에 입학한 뒤 운명처럼 만난 프랑스 유학파 미술 선생님에게서 데생의 기초부터 개인 교습을 받으면서, 그의 미술 실력은 그전과는 다른 차원으로 일취월장한다. 특히 폴 세잔과 인상파 화가들에 경도되어 그들의 영향을 받으며 닥치는 대로 종이만 보이면 그림을 그려댔다고 한다. 주로 채색화가 아닌 연필만으로 그린 데생이 전부였는데, 인물보다는 주로 탱크 같은 것을 그렸다고 한다.

스스로 반전주의자였지만 평생에 걸쳐 이어지는 미야자키의 이 밀리터리 마니아적 취향은, 어린 시절 본 비행기 부품 제조 공장의 기억과 전후 미군의 일본에 대한 정리(?)가 끝난 후, 그 반동(反動)처럼 몰아닥친 태평양전쟁의 정당성을 주장하는 우익 성향 아동 잡지의 영향을 받았기 때문으로 알려져 있다.

고등학교 3학년 때, 토에이가 제작한 일본 최초의 컬러 애니메이션인 〈백사전〉(1958)을 보고 여주인공에게 반해, 3일 연속 극장을 찾으며 애니메이션에 푹 빠져들어 관심을 두기 시작했다. 그전까지 주로 디즈니 작품이나 미국 애니메이션만 즐겨보던 그에게는, 별것 아니라며 무시했던 일본 애니메이션이 던진 충격이었다. 애니메이션 업계에 들어가게 된 것도 바로 이 작품의 영향이었다.

만화가가 되려는 마음은 있었지만 무엇을 그려야 할지

몰랐는데, 이 낯간지러운 멜로 애니메이션을 보고 자신이 이런 것을 좋아한다는 사실을 깨달았다고 한다. 부끄럽더라도 자신이 좋아하는 것, 원하는 것을 솔직하게 인정한 다음에 작품을 만들어야 한다는 점을 이때 깨달았다고 한다.

대학은 미대를 가고 싶었지만, 아버지의 권유로 가쿠슈인대학교 정경학부(정치경제학)로 진학했다. 대학 재학 기간 당시 일본은 한창 학생운동이 활발했던 시절이었으나, 가쿠슈인은 대표적 부르주아 교육기관(귀족학교)이라 학생운동의 무풍지대(無風地帶)였다. 미야자키도 처음에는 그들과 어울려 시대와 무관한 듯 철없이 굴던 학생이었지만, 1960년 안보투쟁에서 경찰이 대학생을 폭력적으로 진압하는 사진을 보고는 충격을 받아 시위 현장에 참여했다.

그는 대학 입학 후 만화 동아리에 들어가고 싶었지만, 당시 일본은 만화를 천대하던 시기라 그런 동아리는 아예 없었다. 하는 수 없이 그나마 그쪽에 가까워 보이는 아동문화연구회에 들어간다. '그나마'라고 표현한 이유는, 동아리 이름에 들어 있는 '아동문화'를 표방하긴 했으나 그냥 친목 모임에 불과한, 인형극 몇 편을 연출하려다 그만두었던 경험이 고작인 동아리였다고 한다. 하지만 당시 인형극의 주인공 이름으로 구상했던 '파즈'(해적 선원의 이름)와 '시타'(그리스어 알파벳)는 훗날 그의 역작 〈천공의 성 라퓨타〉에서 주인공의 이름으로 낙점되었다.

대학에 재학 중이던 이 시기에 그는 몇 편의 사회주의 혁명을 그린 습작 원고를 들고 만화 출판사의 문을 두드렸지만,

원고도 검토하지 않은 채 "우리 회사는 시대극 같은 건 안 받습니다"라는 편집자의 매몰찬 홀대로 퇴짜를 맞았다고 한다. 워낙 타고난 성격이 소심했던 탓에 자신의 원고를 제대로 봐 주지 않는 편집자들에게 자신의 만화를 보여 준다는 것이 자존심이 상했다. 그렇게 퇴짜를 받은 이후로 다시는 출판사에 직접 찾아가는 일 '따위'는 하지 않았다고 한다.

만화가와 애니메이터라는 진로 선택의 갈림길에서 오랫동안 고민하다가, 결국 애니메이션이 표현 방법 면에서 더 뛰어나다고 결론을 내리고, 대학을 졸업하고 토에이 동화(東映動画)에 정식 입사했다. 동화를 그리는 애니메이터 생활을 시작했지만, 토에이 동화가 만들던 작품에 매력을 느끼지 못하고 조직의 톱니바퀴로 소모되는 것도 싫어서 오후 5시가 되면 칼퇴근하는 불성실한 직원이었다고 한다.

애니메이션 원화의 수준에 실망해 매번 싸움을 벌이곤 하다가, 입사 1년 뒤 회사 안에서 열린 상영회에서 본 소련의 애니메이션 〈눈의 여왕〉(1957)을 보고 깊은 감명을 받고, 애니메이션을 평생의 직업으로 삼아야겠다고 결심했다.

당시 그는 "정말로 어떤 생각이나 마음을 전하기 위해 심플하고 정성 들여 만들면 애니메이션도 사람의 마음을 휘어잡는다"라는 사실을 깨달았다고 고백한다. 비디오테이프도 없던 시절이라 지인을 통해 구한 〈눈의 여왕〉의 음향 릴 테이프가 늘어질 정도로 몇 번이고 반복해서 들었다고 한다. 러시아어도 전혀 몰랐지만, 그저 봤던 영상을 떠올릴 수 있는 것만으로도 좋았다고 한다.

입사 1년 차 신입 애니메이터였던 미야자키는 〈걸리버의 우주여행〉(1965)의 라스트 신을 기발하게 바꾸는 아이디어를 제안해서 선배들을 놀라게 했다. 이 사건으로 그는 회사에서 '물건' 혹은 '천재'로 유명해졌다.

1965년 같은 직장 동료인 연상의 여인에게서 청혼을 받아들여 결혼했다. 그해 토에이 동화 노동조합 주도로 제작을 시작한 타카하타 이사오(高畑勲)의 첫 극장용 영화 연출작, 〈태양의 왕자 호루스의 대모험〉(1968)에서, 미야자키는 신인이었음에도 장면 설정과 원화로 참가했다. 바위 거인 같은 캐릭터에서 각종 무기류, 건물의 투시도에 이르는 방대한 그림을 그려서 미야자키의 평생 동료이자 라이벌이었던 타카하타 이사오가 연출하려는 작품 세계 전부를 실체화한다. 하지만 이 작품은 막대한 예산(1억 3,000만 엔)과 시간(3년)을 투입하고도 상업적으로 참패해 토에이 동화가 문을 닫을 뻔할 정도로 휘청거리게 했다. 자연스럽게 제작팀의 회사 내 입지는 좁아질 수밖에 없었다.

다음 작품인 〈장화 신은 고양이〉(1969)는 지금까지도 명액션 장면으로 회자될 정도로 좋은 반응을 얻는다. 특히 오오츠카 야스오 작화 장면과 타고난 공간 감각을 이용해 종횡무진으로 펼쳐지는 미야자키의 작화 장면이 돋보이는 클라이맥스의 추격전이 압권이었다. 이 작품은 흥행에도 대성공해서 두 편의 후속작이 만들어졌다. 이후 주인공 고양이 페로는 토에이 애니메이션의 마스코트가 되었다.

만화가로서 재능이 워낙 탁월했던지라, 이 시기 미야자

키는 1969년 9월부터 1970년 3월까지 일본 공산당의 청소년 잡지 《소년소녀신문》에 필명을 사용해 〈사막의 백성〉(砂漠の民, 총 26화)이라는 만화를 연재한다. 11세기 말 중앙아시아를 무대로 실크로드를 둘러싼 민족 분쟁과 노예 반란을 주동하는 소년 주인공을 그린 작품으로, 이후 〈슈나의 여행〉과 〈바람계곡의 나우시카〉의 모델이 된 작품이다.

이후 차기작 〈하늘을 나는 유령선〉(1969)이나 〈동물 보물섬〉(1971)에서 눈에 띨 만한 액션이 가미된 작화는 대부분 미야자키의 손에서 탄생한다. 〈알리바바와 40마리의 도적〉(1971)에서 원화로 참가하는 것을 마지막으로 그는 토에이 동화를 떠난다.

토에이 동화는 노조를 탄압하기 시작했고, 회사는 이들을 희망퇴직이라는 명분으로 내쫓았다. 〈태양의 왕자 호루스의 대모험〉이 제작비와 제작 기간을 초과하고 막대한 적자를 냈다는 이유로 타카하타 이사오 또한 징계를 받았다. 이후 그는 연출을 못 하게 되었고, 그의 팀이었던 미야자키도 원화를 그리는 일만 시켜서, 토에이에서 그가 연출을 맡을 기회는 요원해 보였다.

1971년 그렇게 희망퇴직이라는 명목으로 쫓겨나듯이 타카하타 이사오, 코타베 요이치와 함께 3인방은 토에이 동화를 떠나, 토에이의 선배 오오츠카 야스오가 1968년에 먼저 옮겨온 A 프로덕션(현재의 신에이 동화)으로 자리를 옮겼다. 그곳이라면 자신들이 만들고 싶어 하는 작품을 마음껏 만들 수 있는 환경을 제공해 주리라고 생각했기 때문이다.

〈말괄량이 삐삐〉를 텔레비전용 애니메이션으로 만들기 위해 사전에 많은 준비 작업을 하고, 스웨덴까지 날아서 원작자 아스트리드 린드그렌을 만나 부탁했지만, 애니메이션화의 허락을 받지 못하고 기획은 좌초됐다. 이때 낮은 시청률 때문에 방송국의 고위 간부에게서 꾸중을 들은 감독이 홧김에 제작 현장을 내팽개치고 떠나 버리는 일까지 벌어졌다. 미야자키는 난리가 난 상태인 〈루팡 3세〉(1기 TV 시리즈)에 긴급 투입되어 엉겁결에 연출을 맡게 된다.

1972년 10월 중국에서 일본에 선물로 보낸 판다가 폭발적인 인기를 얻었다. 애니메이션 업계에도 판다를 소재로 한 영상화 이야기가 나돌았다. 미야자키는 기획이 엎어진 〈말괄량이 삐삐〉의 설정과 캐릭터를 살려서 각본을 쓰고 〈판다와 아기 판다〉(1972)라는 극장용 단편 영화를 만든다.

이 무렵 미야자키나 타카하타, 모두 슬하에 어린아이를 두고 있었는데 자기 아이들에게 보여 주려고 만든 작품이었다. 대박은 아니었으나 반응이 좋아서 속편 〈비 오는 서커스〉(1973)도 만들어졌다. 미야자키는 아이들이 마지막에 함께 주제가를 부르며 호응하는 모습을 보며, 정말로 아이들의 마음을 세심히 헤아리고 그들의 입장으로 정성껏 작품을 만들기만 하면 이렇게 집중해서 본다는 사실을 직접 실감하고, 보람과 행복감을 느끼고 용기를 얻었다고 한다. 화면 속에 자극적인 장면이 없어도 어린이의 마음을 이해하고 만들면 된다는 체험은 다음 작품인 〈알프스의 소녀 하이디〉(1974)의 기초가 되었다.

1973년 즈이요 엔터프라이즈의 사장이 오오츠카 야스오의 추천으로 타카하타 이사오를 감독으로 발탁해, 그와 함께 즈이요 영상으로 옮겼다. 여기에서 세계명작극장 시리즈가 되는 〈알프스의 소녀 하이디〉에서 장면 설정과 레이아웃을 맡았다. 장면 설정과 레이아웃이란 화면에 보이는 모든 그림을 설정하고 구도를 설계하는 작업이다. 보통의 애니메이터는 하루에 고작 10컷 정도만 그릴 수 있는데, 하야오는 하루에 50컷 이상, 한 에피소드당 300컷 이상을 그려서, 하이디 52화 전 컷을 혼자서 해치우는 전설을 만들어 낸다.

이 작품이 엄청난 대박을 터트리면서, "세상 한구석에서 찌그러져 일하던 기분이었는데, 돌연 세상과 만난 기분이었다"라며 기대 이상의 성취감을 맛보았다고 한다. 대부분 방송사가 그렇듯, 작품이 한 번 크게 히트하면 같은 스타일로 비슷한 작품을 만들어 달라는 오더가 쏟아지기 마련이다. 미야자키는 그렇게 한국에서도 방영된 바 있는 〈엄마 찾아 삼만리〉(1976)에서도 전 에피소드 전 컷의 장면 설정과 레이아웃을 담당하게 된다.

1977년 일본에서는 〈우주전함 야마토〉의 극장판 편집 영화의 히트와 〈스타워즈〉의 영향으로 애니메이션과 SF 붐이 일기 시작한다. NHK도 이런 사회적 요구에 부응하고자 유소년과 청소년층을 대상으로 하는 애니메이션 연속극 방영을 기획하고 투자하기 시작했다. 그렇게 세계명작극장 시리즈로 인기를 얻었던 닛폰 애니메이션의 의뢰가 들어온다.

프로듀서의 추천으로 미야자키는 감독으로 발탁되었

다. 그는 생애 처음으로 연출을 맡은 TV 애니메이션 연속 시리즈(총 26화) 〈미래소년 코난〉(1978)에서 거의 모든 작업을 혼자서 해내는 대활약을 펼쳤다. 앞선 두 편의 TV 애니메이션 시리즈의 전 컷의 레이아웃과 장면 설정을 한 경험이 그에게 그것이 가능하게 한 능력과 자신감을 준 결과였다.

〈미래소년 코난〉은 첫 방송에서는 시청률이 높지 않았지만(평균 9%), 다시 방영되면서 작품성에서 높은 평가를 받았고, 지금까지 회자하는 고전 명작이 되었다.

1979년에는 타카하타 팀으로 복귀, 세계명작극장 시리즈 〈빨강 머리 앤〉에 참가했지만, 동일한 작업 스타일과 따분한 일상극에 욕구불만이 최고조로 달했다. 그즈음 선배인 오오츠카 야스오가 도쿄무비신사(TMS, Tokyo Movie Shinsha) 산하 텔레콤 애니메이션 필름에서 제작하는 극장용 영화 〈루팡 3세 칼리오스트로의 성〉의 감독직 의뢰를 받고 고민한다는 전화를 받고 자신이 하겠다고 나선다.

하지만 결과적으로 〈칼리오스트로의 성〉은 3억 엔의 제작비를 들여 고작 절반도 채 회수하지 못하고 흥행에서 참패했다(이후에 이 작품도 명작이라는 재평가를 받게 된다). 혼신의 힘을 쏟아부은 〈칼리오스트로의 성〉 흥행 참패는 극장 영화로 데뷔한 39세의 소심했던 미야자키에게 엄청난 정신적 내상을 입혔다. 다시는 감독직을 맡지 않고 애니메이터도 그만두고 만화가가 되든지 그림책 작가가 되겠다며 힘겨운 시간을 보내야만 했다.

이후 도쿄무비신사의 텔레콤 애니메이션 필름에서 이

탈리아와의 합작 TV 애니메이션 〈명탐정 홈스〉에서 5편을 연출하고, 도쿄무비신사가 세계 시장 진출을 노린 야심 찬 대작 〈리틀 네모〉 제작을 위해 타카하타 이사오, 오오츠카 야스오와 함께 미국 LA까지 건너가 장기간 체류하면서 준비했지만, 기획에 대한 의문을 품고 도중 하차한다. 더는 회사와도 의견이 맞지 않는다며 퇴사하고 프리랜서를 선언한다.

이 암울했던 시절의 기획이 훗날 〈이웃의 토토로〉, 〈바람계곡의 나우시카〉, 〈천공의 성, 라퓨타〉, 〈모노노케 히메〉로 실현됐다.

프리랜서가 된 후, 여러 편의 영화 기획을 내밀어 보지만 받아 주는 곳은 없었다. 원작이 없다는 이유로 기획이 연거푸 문전박대를 당하자, 《아니메쥬》 잡지의 편집장이었던 스즈키 토시오는 원작이 될 만한 만화를 그리라고 권했다. 하지만 미야자키는 영화를 만들려는 수단으로 만화를 그리고 싶지 않았기에, 영상화는 염두에 두지 않고 평소 자신의 철학과 취향을 살린, 만화라는 매체에 맞는 작품으로 〈바람계곡의 나우시카〉를 《아니메쥬》에 연재하기 시작했다.

〈바람계곡의 나우시카〉는 그럭저럭 인기를 얻었고, 단행본 1권이 발행되자 1시간 분량의 OVA로 제작하자는 제안이 들어오기 시작했다. 하지만 미야자키는 장편 극장용 영화를 만들고 싶었다. 그래서 영상사업에 의욕이 있었던 당시 도쿠마 쇼텐(德間書店)의 사장을 《아니메쥬》 초대 편집장 오가타 히데오와 2대 편집장 스즈키 토시오가 설득하고, 미야자키의 남동생이 근무하는 광고대리점이 공동투자를 하기로 해서 영화화를 결정해 프로젝트팀(제작위원회)이 결성됐다.

톱 크래프트를 제작 거점으로 제작팀을 꾸려, 1984년 3월 11일 〈바람계곡의 나우시카〉를 극장에서 공개했다. 관객 동원 수는 약 91만 5,000명으로, 대박까지는 아니었지만, 다음 작품을 진행할 수 있을 정도로 인정받는 데 안도해야만 했다.

정작 〈바람계곡의 나우시카〉는 그해 아니메 그랑프리, 일본 아니메 대상에서 상을 타고, 영화잡지에서도 높은 평가를 받았다. 신문 칼럼에서도 주제의식과 작품성에 대해 절찬했고, 다음 해 텔레비전에도 방영되면서 호평을 얻은 뒤 역주행했다. 결국 비디오 판매와 대여로 높은 흥행 수입을 기록했다.

하지만 정작 미야자키는 필름 원본을 불태워 버리고 싶을 정도로 부끄러워했다. 제작 스태프를 제대로 구하지 못하는 인력난에 제작 기간에 긴박한 상황들이 겹쳐, 원하는 퀄리티가 나와 주지 않았던 탓이었다.

애당초 영상화를 고려하지 않고 그린 작품이라 애니메이션으로 만들어 내는 것 자체가 하나하나 손이 많이 가는 작업이었다. 스토리도 만화 원작의 프롤로그 소개 수준에 억지로 만든 결말을 덧붙인 미완성작이었다. 라스트 신도 원래 콘티에는 나우시카가 오무와 서로 마주 서는 장면으로 끝내려고 했는데, 주변에서 오무를 죽이는 엔딩을 해야 한다고 우겨 지금의 엔딩이 되었기에 미야자키에게는 아픈 손가락 같은 작품이었다.

하지만 역주행을 한 덕분에 미야자키에게도 원작자 지분의 저작권 로열티로 상당한 금액이 들어왔다. 애니메이터는 가난한 직업이라 이 돈을 혼자서 갖는다는 것이 양심에 걸렸다. 그래서 미야자키는 이 돈을 타카하타 선배를 위해 쓰기로 한다. 〈바람계곡의 나우시카〉를 만들 때 프로듀서를 맡아 준 은혜를 갚기 위해 이번에는 자신이 타카하타의 작품의 프로듀서가 되어, 그가 만들고 싶은 영화를 지원하겠다고 나섰다.

그런데 타카하타 이사오 특유의 느긋한 스타일 때문에, 그의 문화 다큐멘터리 영화는 절반도 완성되기 전에 제작비가 바닥나 버렸다. 보통 독립 다큐멘터리 영화라면 1,000만~2,000만 엔이면 충분했는데, 5,000만 엔이 증발하는 바람에 미야자키는 본인의 집까지 저당 잡혀야 할 처지에 놓였다. 어떻게 할까 고민하는 미야자키에게 스즈키 토시오는 다른 영화를 만들어 돈을 벌 수밖에 없다고 제안했다.

## 애니메이션의 신화, 지브리 스튜디오의 탄생

그렇게 미야자키는 리틀 네모와 NHK TV 애니메이션 기획을 위해 제안하려고 만들었던 기획서를 가져온다. 그 기획서가 저 유명한 〈천공의 성 라퓨타〉였다. 그렇게 이 작품을 영화로 만들기 위해 1985년, 〈바람계곡의 나우시카〉의 제작 거점이었던 톱 크래프트를 해산한 뒤 재창립하는 형식으로 '지브리 스튜디오'라는 애니메이션 제작사가 탄생했다.

하지만 〈마녀 배달부 키키〉(1989)가 히트하기 전까지 미야자키는 항상 투자자들의 압박 속에서 작업해야 했다. 〈천공의 성 라퓨타〉(1986)는 지브리 스튜디오의 첫 작품으로, 관객 동원 수는 약 77만 명으로 전작인 〈바람계곡의 나우시카〉에 못 미치는 성적을 남겼다. 하지만 TV에 방영되면서 엄청난 시청률을 기록하며 대중적인 인기작이 되었다.

이후 수많은 작품이 지브리 스튜디오를 애니메이션의 명가로 만든 것은 모두가 익히 아는 사실이다. 여든을 맞이한 이 거장은 지금까지 현역으로 남아 꼼지락거리며 작업을 이어 가고 있다. 지브리 스튜디오를 세운 뒤 그는 성공가도를 달리는 중이다. 그러나 그가 성취한 성공에 나는 그다지 관심이 없다. 그가 성공에 도달하기까지 어떻게 계속되었던 실패를 극복해 냈는지가 나의 관심사다.

지금 40대 중반 이상이라면, 지브리 스튜디오가 아닌 그와 함께했던 일본 애니메이션의 역사를 고스란히 추억할 것이다. 그의 발자취에 있는 그 작품들은 1980년대 텔레비전을 통해 제목만으로도 주제가를 흥얼거리게 할 만한 명작들이기 때문이다.

그는 생긴 그대로, 소심하고 소극적이며, 작품을 끝낼 때마다 은퇴하겠다고 징징거리는 성격으로 유명하다. 가난이 매일반이었던 전후 일본에서 유복한 가정에서 만화가를 꿈꾼 소심한 그가, 실패를 거듭하며 밀리고 밀려 돈을 마련할 방편으로 어쩔 수 없이 만든 영화가 그를 지금의 대가로 만들었다. 그렇게 만들어진 회사가 일본 애니메이션을 대표하는 지브리 스튜디오가 되었다. 그림체만 보더라도 그의 작품임을 알 수 있을 만큼 그는 처음부터 끝까지 모든 작업을 거의 혼자서 다 한다고 할 정도로 독특한 작업 스타일을 갖게 되었다. 보통 사람이라면 엄두도 내지 못할 일이지만, 앞서 살펴본 것처럼 그것은 그의 성격이 빚어낸 자업자득의 결과였다. 일본의 애니메이션은 그런 방식으로 만들어지는 시스템이 아니었고, 물론 지금도 아니다. 그렇기 때문에 그의 스타일은 누구도 감히 흉내 낼 수 없는 독창적인 것이 되어 버렸다.

그가 한갓 만화가가 아닌, 예술가로서 높이 평가받는 것은 그의 작품이 상업 애니메이션임에도 불구하고, 창의적이고 섬세하고 뛰어난 영감으로 다양한 모티브들을 끌어냈기 때문이다.

## 모든 것을 자신의 자산으로 만드는 힘

그런데 실패로 점철된 그의 삶을 가만히 들여다보면, 그는 매번 실패의 순간에서 일정한 성취를 이루어 냈다. 자신이 모두 작화할 수밖에 없던 현실에서 자신의 역량을 업그레이드할 수 있었고, 그 모든 작업을 혼자 해내면서 극장용 애니메이션의 전체 호흡을 조율할 수 있는 능력을 키울 수 있었다. 생각이 다른 이들과 내내 부대끼면서 움츠러들고 유보하면서도 그때 준비했던 것들 어느 하나도 그의 자산이 아닌 것이 없었다.

당시에 처참한 실패라고 손가락질받고, 희망퇴직이라는 미명하에 쫓겨나고, 제작비가 없어 제대로 된 작품을 완성하지도 못했던 그 모든 경험과 그렇게 궁지에 몰려 그가 생각해 내고 그려 냈던 것들은, 여든의 거장이 되어 가는 동안 하나하나 자산으로 풀어냈고, 인기를 얻는 작품으로 거듭났다.

그의 실패 중 어느 하나 허투루 쓰인 것이 없을 정도로 그의 좌절했던 시기의 그림과 아이디어들은 알뜰살뜰하게 그의 성공한 인생의 밑바탕이 되어 주었다.

우리가 지금 하는 일이, 꾸준히 해나가고 계속해서 자신의 꿈을 향해 가면서 실패라고 낙인찍혔던 것들마저도 결국 우리의 최종적인 성공에는 꼭 필요한 자양분이고 실질적인 재산이 된다는 사실을, 간혹 우리는 잊고 지낸다.

안다. 힘들고 지치고, 이제까지 당신이 해온 모든 것이 다 의미 없는 것만 같고, 도대체 이제까지 뭘 하고 살았는지 아무것도 남는 것이 없는 것 같다고 생각할 수도 있음을. 하지만 그렇지 않다. 당신에게도 내게도, 인생이 그렇게 초라하고 시시하며 의미 없이 끝나지는 않을 것이다. 언젠가 그것을 증명하는 날이 반드시 찾아올 것이다. 당신이 이제까지 다 헛되다고 여겼던 수많은 일이 우리 영혼에 근육으로 붙어 꿈을 이루는 데 어느 하나 허투루 버려지지 않고 사용될 것이기 때문이다.

당신의 실패 어느 하나도 소중하지 않은 것이 없다는 사실을 잊지 않아야 한다. 당신의 인생은 이제 막 전성기에 들어서기 위한 워밍업을 끝냈을 뿐이다.

# 광활한 우주의 스토리텔러가 된 이단아, 칼 세이건

**Carl Edward Sagan(1934~1996)**
두 번의 이혼과 불치병으로 시한부 선고를 받고도,
자신의 신념을 굽히지 않고 과학계를 빛낸 스타가 되다.

" 과학은 차갑고
세상은 냉소적이었지만,
그의 언어는 별보다 따뜻했다. "

## 책을 읽으며 우주를 꿈꾸었던 소년

1934년 미국 뉴욕주 브루클린에서 태어났다. 우크라이나 이민 노동자였던 아버지는 재단사였고, 어머니는 가정주부였으며 둘 다 유대계였다. 어려서부터 명석했던 이 소년은 과학을 무척이나 좋아했다. 한 번은 근처의 공립도서관에 가서 '별(star)'에 관한 책을 달라고 했더니, 꼬마 독자의 수준을 너무 얕잡아 본 사서가 연예계 '스타(star)'에 관한 책을 꺼내 준 적도 있었다.

어린 시절 화성을 무대로 한 E. R. 버로스의 SF 시리즈를 읽으며 외계 생명체에 대한 상상에 빠졌던 소년은, 아서 C. 클라크의 예언적인 저서 『성간 비행』을 읽고 로켓을 이용한 우주여행의 가능성에 눈떴다.

1951년에 시카고대학교에 들어간 그는 천문학과 천체물리학을 전공해 박사 학위를 받았다. 1959년에는 금성 탐사선 매리너호 계획에 관여하면서 나사(NASA, 미국항공우주국)와 처음 인연을 맺었다. 1963년에 세이건은 하버드대학교의 천문학 강사로 초빙되지만, 이듬해에 첫 번째 결혼에 실패했다.

1957년에 세이건과 결혼해 아들 하나를 두었던 린 알렉산더는 남편의 그늘에 머물기를 거부하고 자기만의 길을 찾기로 했다. 이혼 후 결정학자(結晶學者)인 토머스 마굴리스와 결혼한 그녀는 린 마굴리스라는 이름으로 활동하며 생물학자로 명성을 얻었고, 아들 도리언 세이건과 함께 여러 권의 과학 교양서를 펴냈다.

미국의 천문학자 겸 과학 저술가로, 세계에서 가장 대중적으로 유명한 천문학자로 꼽히는 천체물리학과 천문학의 대가, 칼 에드워드 세이건(Carl Edward Sagan)의 이야기다.

그는 과학의 대중화에 가장 선도적인 역할을 한 인물로도 인정받는데, 출간한 책만 30권이 넘으며 그중 『코스모스』는 대중적으로 가장 많은 사람에게 인정받는 명저로 알려졌다.

세이건은 코넬대학교 데이비드 던컨 천문학 및 우주과학과 석좌교수로 재직했으며, 나사에서 마리너, 파이오니어, 보이저, 바이킹, 갈릴레오, 패스파인더 화성 탐사선 등의 우주 탐사선 계획에 참여했다. 20대 때인 1950년대부터 나사의 기술고문으로 재직한 과학자로서는 가히 지존급에 해당하는 존재였다.

한국에서는 유시민 작가가 『코스모스』를 추천해서 요즘 젊은이들에게도 유명해졌는데, 사실 후술하겠지만 『코스모스』는 '라떼'의 아재들에게는 1980년 텔레비전 시리즈로 방영되어 유명해진 책이다. 유시민 작가는 "무인도에 딱 한 권 들고 가서 죽은 날까지 살아야 한다면 이 책(『코스모스』)을 가져가고 싶다"라고 이 책을 찬양한 바 있다.

현재 케임브리지대학교 과학철학 석좌교수로 있는 장하석은, 중학교 때 이 책을 번역서로 12번, 원서로 11번 완독하면서 지금의 전공 쪽으로 빠졌다고 고백했을 정도로, 독자들에게 상당한 영향력을 미친 책임에는 이견이 없다.

원서 보급판이 324쪽이고, 한국어 번역본이 800쪽이 조금 안 되니 그리 무리가 되지는 않겠구나 싶지만, 다독에 서평을 꽤 쓴다고 하는 이들이 정독을 한 달 만에 끝냈다고 자랑(?)하는 것을 보면 만만한 책도 아닌 게 사실이다.

### 과학을 대중화한 스토리텔러, 과학적 합리주의의 전도사

1968년에 세이건은 화가인 린다 살츠만과 재혼했고, 코넬대학교로 자리를 옮겨 정교수가 되었다. 1969년의 아폴로 11호 발사에 관여했음에도, 정작 7월 21일 닐 암스트롱이 달에 착륙하던 그 역사적인 순간에 그는 정작 위 수술을 받고 병원 침대에 누워 있어야만 했다. 이후 그는 인류 최초로 태양계를 벗어나 소행성대를 통과하고 행성계를 탐사한 우주선으로 기록된 파이어니어 10호(1972)와 11호(1973) 계획에 관여했으며, 인류의 메시지를 담은 알루미늄판을 만들어 외계로 보내자고 제안하기도 했다.

이 판에는 인간 남녀의 모습과 태양계에서 지구의 위치 등을 가리키는 그림(두 번째 아내 린다 세이건이 그린)이 들어 있었다. 세이건은 사상 최초로 화성의 지표면 모습을 전송한 나사의 화성 탐사선 바이킹의 계획(1976)에서도 주도적 역할을 하는 등 당대 나사의 모든 우주 프로젝트에 지대한 영향을 미쳤다.

1976년 칼 세이건은 공영방송 PBS와 13부작 과학 다큐멘터리를 제작하기로 합의한다. 1980년 9월 28일 처음 방영된 〈코스모스〉는 전 세계 60개국에서 6억 명의 시청자가 지켜봄으로써, 세계 방송 역사상 가장 높은 시청률의 과학 다큐멘터리 시리즈가 되었다.

사실 여기에는 비하인드 스토리가 있는데, 당시 미국의 텔레비전 방송 작가들이 일제히 임금인상을 요구하며 파업해 모든 인기 드라마가 결방된 상황이라, 본의 아니게 잘 만들어진 이 시리즈를 상영할 수밖에 없었다. 그에게는 행운이라고밖에 할 수 없는 일이었다.

방송에 직접 해설자로 등장한 칼 세이건은 보이저호의 목성 사진 같은 최신 자료와 다양한 세트를 이용해 우주와 인간, 과학의 역사, 지구의 미래 등에 관해 흥미진진한 이야기를 펼쳤다. 이 프로그램 덕분에 칼 세이건의 이름과 얼굴은 전 세계적으로 유명해졌다. 그렇게 방송에 힘입어 곧이어 출판된 『코스모스』도 불과 두어 달 만에 40만 부가 넘게 판매되었다. 70주 이상 베스트셀러 리스트에 올라 있었으며, 무려 40년이 지난 지금까지도 꾸준히 판매되고 있다.

세이건은 과학 저술가로도 호평을 받으며 저술 활동에 정력을 쏟기 시작했다. 전공 분야가 아니었지만, 인간의 뇌를 다룬 『에덴의 용』(1978)은 논픽션 부문 퓰리처상을 수상했고, 유일한 소설인 『콘택트』(1985)는 여러 출판사 간의 경쟁 끝에 당시로선 사상 최대인 200만 달러의 선인세를 받아 유명해졌으며, 조디 포스터 주연으로 영화화되기도 했다.

1981년 세이건은 두 번째 부인 린다와 이혼하고 〈코스모스) 제작 과정에서 친해진 작가 앤 드루얀과 결혼한다. 핼리혜성이 지구에 근접한 해에 맞춰 간행된 『혜성』(1985)은 세이건과 드루얀의 첫 번째 공저였고, 『잊혀진 조상들의 그림자』(1992)는 두 번째였다. 드루얀의 영향으로 세이건은 이후 환경 및 정치 문제에도 관여해 진보적 입장에서 사회 참여적인 발언과 활동을 전개했다.

특히 냉전 말기인 1980년대 세이건은 미국과 소련 양측에 '핵겨울'의 위험을 경고하고, 특히 레이건 정부가 막대한 예산을 들여 추진하던 '스타워즈 계획'의 맹점을 대중들에게 알림으로써 평화적인 사태 해결을 촉구하기도 했다. 1990년대에는 낙태와 종교 같은 보다 논쟁적인 문제에 적극적으로 뛰어들어, 과학자이자 합리주의자로서 자신의 신념을 밝히는 데 앞장섰다.

1994년 세이건은 백혈병의 한 종류인 '골수이형성 증후군(Myelodysplastic syndrome)'을 진단받았다. 이 사실이 알려지자 기독교에서는 물론이고, 힌두교와 이슬람교 성직자들도 그를 위해 기도하겠다며 그를 끌어들이기 위해 조직적인 움직임을 보였지만, 불가지론자였던 세이건은 죽음 앞에서도 끝내 자신의 신념을 철회하지 않았다. 화성 탐사선 계획인 마스 패스파인더 프로젝트에 관여하던 중, 2년간 투병해 온 골수이형성 증후군의 합병증인 폐렴으로 1996년 12월, 칼 세이건은 62세를 일기로 눈을 감았다.

이듬해 나온 유작 『에필로그』에서 칼 세이건은 이렇게 말했다.

"이 세계는 더할 수 없이 아름다우며, 크고 깊은 사랑과 선으로 가득한 곳이기 때문에, 증거도 없이 예쁘게 포장된 사후 세계의 이야기로 자신을 속일 필요가 없다. 그보다는 약자 편에서 죽음의 눈을 똑바로 쳐다보고, 생이 제공하는 짧지만 강렬한 기회에 매일 감사하는 편이 훨씬 낫다고 생각한다."

칼 세이건은 알려진 것처럼 대중적 과학저술과 방송으로 얻은 명성 못지않게 전공 분야에서도 많은 업적을 남긴 과학자다. 40년 넘는 활동 기간에 단독 및 공동으로 500여 편의 논문과 저술 등을 발표했는데, 대략 한 달에 한 편꼴인 압도적인 양이다. 특히 금성의 온실효과, 화성의 계절 변화 등에 관한 연구 등은 세이건의 가장 훌륭한 업적들로 손꼽힌다. 그는 개인 연구보다 나사 등에서 팀의 일원으로 활동하면서 더욱 능력을 발휘했다. 관측보다는 이론을 좋아하고, 한꺼번에 여러 아이디어를 놓고 사람들과 공동으로 작업하는 스타일이었기 때문에, 누구보다도 생산성이 높고 광범위한 영향력을 발휘할 수 있었다.

전술했듯이, 칼 세이건은 냉전 말기에 이른바 '핵겨울'의 위험을 경고한 인물로도 유명하다. 다수의 핵무기가 폭발할 때 발생하는 연기와 먼지로 인해 햇빛이 차단되고, 추운 날씨가 지속되어 지구상의 생물에게 치명적인 결과를 가져올 것이라고 주장했다. 나아가 그는 냉전 당시에 미국이 천문학적 예산을 들여 추진하던 '스타워즈 계획'의 허구성도 폭로했다.

만약 핵전쟁이 일어날 경우, 가령 1만 기에 달하는 소련 핵무기의 90%를 막아 낸다고 하더라도, 나머지 1,000기는 미국 전체를 박살 내기에 충분한 양이라는 지적이다. 따라서 유일한 해결책은 양국의 핵무기 감축밖에는 없다는 결론이, 그가 비판에 나섰던 명분이었다.

학자로서 근면한 연구와 끊임없는 연구 성과 발표, 과학자로서 현실참여와 자신의 목소리를 내서 사회의 긍정적 변화를 도출했으나, 그의 가장 큰 업적이라고 평가되는 것은 뭐니 뭐니 해도 '과학의 대중화'였다.

텔레비전 시리즈 〈코스모스〉와 여러 권의 과학 교양서, 그리고 대중 강연을 통해 그는 일반 대중이 과학을 친근하게 느끼도록 해주었다. 나아가 그는 기회 있을 때마다 과학적이고 합리적인 사고의 중요성을 강조했으며 UFO, 심령술, 사이비 과학 같은 '현대의 미신'을 깨뜨리기 위해 노력했다. 조금 헷갈릴 수 있는데, 칼 세이건은 외계 지성체의 존재 가능성에 대해서는 오히려 긍정적으로 받아들였고, SETI(외계 지성체 탐색) 프로젝트에서 주도적이자 핵심적인 역할을 했다. 하지만 그는 에리히 폰 데니켄의 '외계인 고대 문명 건설론'이라든지 임마누엘 벨리코프스키의 '격변론'을 사이비 과학으로 규정하고 조목조목 반박했다.

'현대의 미신'에 대해 그가 어떤 식의 설명으로 그 허상을 지적하는지, 그의 방식을 간단하게 소개하자면 그 내용은 이러하다.

UFO의 경우, 1960년대에 미국 공군의 의뢰로 세이건 본인이 UFO 관련 기록을 전부 직접 검토해 분석한 결과 상당수가 목격자의 착각에서 비롯되었다는 점을 밝혀냈다. 그 모든 착각에 대해 과학적으로 설명할 수 있는 현상이라는 설명을 한 바 있다. 또, 버뮤다 삼각지대(이곳에 관한 전설은 1960년대에 미국의 《펄프》지에 실린 기사에서 처음 시작되었다)의 경우, 비행기와 선박의 평균 통행량을 고려해 볼 때 그곳의 사고율은 다른 지역에서 생기는 실종이나 사고들의 수준보다 결코 높다고 할 수 없는 수준이라는 통계학적 근거를 제시했다.

만약 지상에서 그와 유사한 사고율을 보이는 지역이 있었다면 아무도 신경 쓰지 않았겠지만, 바다에서는 사고 기체나 선체가 가라앉아도 눈으로 확인할 수 없으므로, 상상력으로 지어낸 이야기가 발동되었다는 것이 그의 지적이다.

이러한 그의 활약으로 인해, 칼 세이건은 아마 아인슈타인과 스티븐 호킹을 제외하면 20세기의 가장 유명한 과학자일지도 모른다. 특히 방송을 통해 부각된 그의 깔끔한 외모와 말투 그리고 특유의 쇼맨십은 그의 명성을 끌어올리는 데 큰 역할을 했다. 워낙 야심이 크고, 과시욕이 있으며, 남들에게 주목받는 것을 즐겼던 그의 성격에 대해서는 칭찬 못지않게 비판도 많았다. 그래도 〈코스모스〉의 방영 이후 그는 세계적인 명사가 되었고, 특유의 터틀넥 스웨터와 코르덴 재킷 차림과 그가 별들을 묘사하며 쓴 "수십억의 수십억 개(billions and billions)"라는 말까지 유행하게 되었다(사실 세이건이 한 말은 아니며, 당시 그가 출연했던 〈투나잇 쇼〉의 자니 카슨이 훗날 그를 흉내 낸 것이 마치 그가 한 말처럼 오인되어 유명해졌다).

세이건의 명성이 높아질수록 과학계의 질시 역시 커져만 갔다. 1992년에 칼 세이건은 미국 국립과학 아카데미의 회원으로 선출될 기회를 잡았지만, 기존 회원들의 이례적인 결사반대 분위기로 결국 탈락의 고배를 맛본다(이혼 후 세이건과 줄곧 불편한 관계에 있었던 린 마굴리스조차도 회원들의 옹졸함에 격분하는 반응을 보였을 정도였다). 이후 미국 국립과학 아카데미의 한 세미나에서, 과학자 겸 저술가로 유명한 재레드 다이아몬드는 과학의 대중화에 앞장서는 일부 과학자들이 동료 과학자들로부터 칭찬 대신 비난을 받는 현실을 꼬집었다.

당시 그 세미나에서 동석해 발언권을 얻은 세이건은 자신도 비슷한 경험을 당했지만, 그로 인해 큰 손해를 입진 않았다며 애써 웃음 지으며 털어 내는 모습을 보였다. 그렇게 말한 것 자체가 유독 자부심이 강한 것으로 유명했던 세이건의 당시 과학계의 냉대에 대한 뒤끝 작렬의 표시였음을 그를 아는 이들은 모두 잘 알았다.

칼 세이건처럼 『만들어진 신』의 저자인 리처드 도킨스 역시, '현대의 미신'과 싸우기에 앞장서는 과학자들은 종종 만사를 '과학만능주의'로 재단한다는 비판에 직면하곤 한다. 세이건이나 도킨스도 종교의 순기능까지 부인한 것은 아니다. 다만 과학이 스스로 한계를 인정하는 만큼, 종교 역시 스스로 한계를 솔직히 인정하라는 것이 이들의 합리적(?) 주장이다.

다시 말해, 종교의 능력 범위를 벗어나 과학의 영역까지 침범하지는 말라고 엄중히 경고한 것이다. 미묘한 차이라고 느낄 수 있는데, 세이건은 결코 종교의 신비를 옹호하는 사람을 비난하지 않는다. 다만 우주라는 또 다른 신비를 제시하고, 그 안에 사는 인간의 왜소함을 보여 줌으로써, 종교가 아닌 대우주의 논리로 보다 겸손할 것을 권했을 뿐이다.

1950년에 미국에서는 이른바 '격변론'을 주장한 임마누엘 벨리코프스키의 저서 『충돌하는 세계』가 베스트셀러가 되었다. 이 책은 달이 일찍이 목성의 일부분이었으며, 성서에 나온 기적들이 천문학적 사실이라고 주장하는 등, 과학적으로 수많은 오류가 있어서 큰 논쟁을 불러일으켰다. 그런데 얼마 있다가 미국 과학계의 일부 인사들이 그런 사이비 과학 책을 펴내는 맥밀런 출판사와는 거래할 수 없다며, 해당 출판사의 교과서 불매 운동을 벌이겠다고 압력을 행사했다. 당시 교과서 판매 비중이 높았던 맥밀런 측은 고심 끝에 벨리코프스키의 책을 절판하고 다른 출판사로 판권을 넘겨 버리는 사건이 있었다.

칼 세이건은 한때 벨리코프스키와의 토론회에 참석해서 그 주장의 오류를 조목조목 반박했던 경험이 있었다. 따라서 그 책의 절판 소식에 누구보다도 반가워할 법도 했지만, 그는 오히려 이 소식을 안타깝게 생각했다. 그는 사이비 과학을 깨트리는 데도 최대한 토론과 논리를 이용해 객관성을 추구해야만 한다는 지론을 가졌기에, 그 사건이 결국 과학계가 마피아 같은 압력을 행사해 억누른 것밖에 되지 않는다며 불쾌하게 받아들였다.

이후 『코스모스』 후반부에서 세이건은 벨리코프스키 이론이 갖는 맹점을 구체적으로 지적하는데, 그 책을 둘러싼 스캔들은 표현의 자유에 대한 중대한 침해였다는 견해로 과학계의 횡포 아닌 횡포에 일침을 가했다. 굳이 하지 않았어도 될 말이었음에도, 자신의 저서를 통해 그가 취했던 과학자로서 논리 반박 방식에 대한 공정성을 그 한마디에 모두 농축했다고 해도 과언이 아니다. 그는 그와 관련해 이렇게 말했다.

"마음에 들지 않는 생각을 억압하는 일은 종교나 정치에서는 흔히 있을지 모르겠지만, 진리를 추구하는 이들이 취할 태도는 결코 아니다."

앞서 설명했지만, 그는 평생 한 달에 한 편꼴의 논문을 발표했던 학자였다. 특히 행성 과학과 우주생물학의 이론적인 바탕을 마련한 것과, 이를 바탕으로 나사의 화성 탐사 계획인 바이킹 계획의 총책임을 맡았던 인물이다. 나사에서는 연구 실적이 허술한 학자를 고액의 연봉을 주면서 기술고문으로 초빙하는 일 따위를 하지 않는다.

그가 주도했던 바이킹 계획에 의해 오늘날 우리가 아는 화성의 상당 부분이 밝혀졌다는 점에서 그가 학계에 끼친 영향은 막대하다고 말하는 것만으로는 부족하다. 특히 일반인들에게는 생소할 현대 우주생물학의 실질적인 창시자로 이것만으로도 인류사에 불멸의 업적을 남겼다고 할 만한 인물이다.

그는 이혼을 두 번이나 하고 결혼을 세 번이나 하면서 각 부인에게서 아이를 두었다. 지금은 많이 나아졌다고 하지만, 그럼에도 미국은 청교도적 분위기 때문에 불륜이나 이혼에 대해 굉장히 엄격한 사회다. 그가 하버드대학교에 강사로 초빙받았음에도, 첫 이혼은 그에게 정신적으로 실질적인 데미지를 주었다. 첫 번째 아내였던 생물학자 린 마굴리스는 세이건 못지않은 진화 생물학계의 본좌급 학자로 일컬어지는 인물이다. 전공자들은 이미 다 알겠지만, '미토콘드리아의 내공생설(內共生說, endosymbiont hypothesis)'을 최초로 주장한 학자이기도 하다. 그런 세기의 학자들 간의 이혼이 학계에서 입소문과 무성한 뒷이야기를 남기지 않을 리 없다. 특히나 굉장히 안 좋게 이혼한 사례여서 린은 세이건에 대한 감정이 굉장히 좋지 않았던 것으로 전해진다.

화가였던 두 번째 아내, 린다 잘츠만과의 이혼은 세 번째 아내와의 만남과 겹쳐 불륜의 소문이 끊이질 않았다. 죽기 직전까지 마지막 아내였던 앤 드루얀에게는 『코스모스』까지 그녀에게 헌정하는 사랑꾼의 모습을 보여 주기도 했다.

## 시련에 굴하지 않고, 오늘 하루를 당당히 살아가라

한 번의 이혼도 단둘만이 아닌 아이까지 딸려 있으면 힘겹기 그지없는 것이 사실이다. 그 역시 사람인지라 첫 번째 이혼으로 하버드대학교로의 진출이 좌절되었고, 두 번째 이혼으로 과학계와 주변에서 불륜이 아니냐는 손가락질을 받고 흔들릴 만도 했다. 하지만 그는 그렇게 자신을 무너뜨리지 않고 버티고 또 버텼다.

요즘 이혼하는 수요가 급격히 증가하면서 가족의 와해

가 가속되어 간다는 뉴스가 계속해서 들려온다. 이혼은 직접 경험하는 당사자들도 그렇지만 아이들이 있는 경우, 아이들이 받는 충격은 물론이고 그 아이들과 관련해 부부 당사자가 느끼는 스트레스는 상상을 초월해, 인생을 무너뜨리는 원인이 되기도 한다.

그가 겪은 일들은 담담하게 받아들일 일은 결코 아니었다. 전술했듯이, 그는 불치병으로 시한부 선고를 받아 그 시간을 기다리며 2년간 투병했고, 합병증인 폐렴으로 세상을 떠났다. 대개 종교가 없는 사람이거나 불가지론자도 시한부 판정을 받으면 흔들리고 신에게 매달리곤 한다. 자신이 아닌 가족이 그런 일을 당하게 되더라도 사람은 신에게 쪼르르 달려가는 모습을 보이는 연약한 존재다. 그러나 그는 자신의 신념을 꺾지 않았고, 의연하게 자신에게 주어진 죽음을 맞았다. 62세, 지금으로 보면 한창 일할 수 있는 나이다.

마지막 사랑이었던 아내의 영향으로 사회에 비판적 목소리까지 내가며 한창 일을 벌이려던 차에 시한부 인생이라니. 그러나 그는 운명을 받아들이며, 자신의 유작이 될 『에필로그』를 정리하는 작업에 몰두했다. 그는 이미 앞서 두 번의 이혼을 극복하며 자신이 겪는 좌절과 시련을 어떻게 받아들이고 중심을 잡아야 할지를 잘 알았다. 배가 흔들릴 것을 안다고 해 멀미가 나지 않는 것은 아니다. 그가 수년간 매일 한결같은 패턴으로 공부하고 수양했던 그 바탕이, 그의 마지막 의연한 모습을 만들 수 있었다.

그를 그렇게 만들어 주었던 힘은 당연히 그의 전공에서

나왔다. 그의 전공은 하늘의 별을 보고 우주를 연구하는 것이다. 매일 그 대우주를 보고 연구하면서 그가 느낀 것은 한갓 점으로도 표현할 수 없는 미미한 인간으로서 겸손함을 가져야 한다는 것이고, 그는 대우주의 가르침을 겸허히 받아들였다.

누군가 겪었을 이혼의 아픔이, 그리고 아무도 예견하지 못했을 아이들의 상처와 고난의 하루하루가 얼마나 힘겨울지 나는 미처 알지 못한다. 하지만 한 가지만은 분명히 안다. 그것을 이겨 내야만 하는 이유가 상처받은 아이나 측은해하는 늙은 우리 부모님 때문일 수도 있겠으나, 누구보다 더 많이 상처받고 더 많이 지쳐 있는, 수시로 모든 것을 다 놓아 버리고 싶었을 자신을 위해서라는 것이다.

삶은 그럼에도 계속될 것이며, 그 삶 또한 타인은 물론이려니와 자신에게도 존중받아야만 할 마땅한 이유가 있는 삶이다. 그러니 당당하게 오늘을 살아라. 굳이 미래를 생각할 필요도 없다. 이 하루를 온전하게 살아 내기만 하면 된다. 중요한 것은, 자신이란 존재를 얼마나 존중하며, 어떻게 삶의 중심을 잡고 본연의 자신을 잃지 않을 것인가 하는 것이다. 각자의 삶에 오롯이 집중하자.

# 스스로 하나의 장르가 된 SF의 신화, 아이작 아시모프

**Issac Asimov(1920~1992)**
유대인이라는 이유로 의과대학에 들어가지 못했어도
자신의 이름이 곧 장르가 되는 경지에 오르다.

> 반복되는 거절에도 그의 잉크는
> 마르지 않았고 상상은 멈추지 않았다.
> 세상이 그에게 문을 닫았을 때,
> 그는 우주의 문을 열었다.

## 가업을 도우며 키워 간 '이야기의 세계'

1920년, 벨라루스와 국경 지대에 있는 러시아 스몰렌스크 지방의 페트로비치에서 유대인으로 태어났다. 세 살 때인 1923년에는 공산주의 혁명(이른바 10월 혁명) 이후의 뒤숭숭한 분위기를 피해서 가족과 함께 미국 뉴욕으로 가족이 이민을 온다. 우여곡절 끝에 그의 부모는 브루클린에서 편의점(캔디 스토어)을 운영해서 제법 안정된 생활을 누렸다.

그는 편의점 일을 돕기 위해서 학교가 끝나자마자 집에 돌아와야 했고, 친구들과 어울려 놀기보다는 혼자서 책을 읽는 시간이 훨씬 더 많았다. 그는 그저 책을 읽는 데 그치지 않고, 읽은 내용을 훨씬 더 흥미진진하게 꾸미고 살을 붙여 친구들에게 이야기해 주는 자기만의 능력이 탁월했다. 이후 이러한 훈련(?)은 쌓이고 쌓여 그가 작가 기질을 발현하는 데 밑거름이 되어 주었다.

1926년, 전설적인 SF 편집자 휴고 건스백이 최초의 SF 전문 잡지인 《어메이징 스토리즈》를 창간하는데, 그는 자기 집 편의점 판매대에 놓인 이 잡지를 통해 SF에 처음 관심을 두기 시작했다.

중학생이었던 11세 때 그는 드디어 처음으로 창작을 시도했다. 장르로 치면 SF까지는 아니었고 자기가 읽은 청소년 소설 시리즈 가운데 한 권의 내용을 거의 베끼다시피 한 미완성 작품이었다. 창작이라고는 했지만, 정식 창작물도 아니고 당시만 해도 작가가 되려는 생각은 꿈에도 없었다. 당시 유대계 이민자 2세 상당수 그러했듯이, 그 역시 부모의 권유를 받아들여 훌륭한 성적을 바탕으로 의과대학에 진학할 예정이었기 때문이다.

1935년에 그는 고등학교를 졸업하고 세스 로 주니어 칼리지(Seth Low Junior College)를 거쳐 컬럼비아대학교에 입학했지만, 동물 해부 실습 과정에서 심한 혐오감을 느껴 전공을 생물에서 화학으로 변경했다.

러시아에서 태어난 미국 작가로 과학소설과 교양 과학 분야에서 눈부신 성공을 거두어 세계적 명성을 얻었던, 수많은 SF 작품을 발표한 미국 SF계의 제1인자로서 특히 미래사회를 묘사하는 데 뛰어난 아이작 아시모프(Issac Asimov)의 이야기다. 미국에 이주해 오면서 그의 아버지가 영어를 잘하지 못했던 탓에, 성을 'Asimov'로 이민 서류에 잘못 기재하는 바람에 이름의 발음이 바뀌었다. 원래 정확한 알파벳 표기는 'Isaak Ozimov'로, 그의 이름은 '아시모프'가 아니라 '오지모프'가 된다.

아서 클라크, 로버트 하인라인과 함께 'SF의 3대 거장' 중 한 명으로 손꼽히는 전설적인 작가다. 많은 사람은 그저 소설가로만 알지만, 컬럼비아대학교 대학원에서 생화학으로 박사 학위를 받고 1949년에서 1951까지 미국 보스턴대학교 의과대학 생화학 교수를 지낸 명백한 생화학자였다. 소설가로 데뷔하면서 전업 작가의 길을 걷겠다며 교수직을 버린다. 전공은 생화학이었으나 천문학, 물리학, 화학, 생물학 등 광범위한 과학 일반에 대한 지식을 배경으로 뛰어난 해설을 하는 것으로도 더욱 유명했다. 무엇보다 전업 작가로서 끊임없는 집필을 통해, 방대한 영역에 걸쳐 500여 권에 달하는 책을 낸 다작 소설가로 유명하다. 대표작으로『파운데이션』과『로봇』 시리즈가 있다.

## 스스로 장르가 된 SF계의 거장

대학생이 된 아시모프는 취미였던 SF 읽기에서 한 걸음 더 나아가, 본격적으로 소설 습작에 돌입한다. 마침 아시모프가 애독하던 SF 잡지《어스타운딩 스토리즈》가 1937년에 새로운 편집장 존 W. 캠벨 2세를 영입해《어스타운딩 사이언스 픽션》으로 이름을 바꾸면서, 이전과는 다른 차별화된 작품을 선보이기 시작했다. 이런 잡지의 편집 방향이 변화한 것이 유독 마음에 들었던 아시모프는 매호 수록된 소설에 대한 자기 나름의 감상을 적어 잡지사에 투고하기 시작했으며, 급기야 독자 대 편집자의 관계로 캠벨과 친분을 맺는다.

SF의 역사에서는 1930년대와 1940년대를 이른바 'SF의 황금시대'라고 일컫는다. 이른바 'SF의 3대 거장'으로 일컬어지는 아이작 아시모프, 아서 C. 클라크, 로버트 하인라인이 모두 이 시기에 활동을 시작했다. 그뿐만 아니라 A. E. 밴 보그트, 폴 앤더슨, 할 클레멘트, L. 스프레이그 디 캠프, 레스터 델 레이, 시오도어 스터전, 레이 브래드버리 등의 저명한 작가들 역시 이 시기에《어스타운딩》이나《어메이징》같은 잡지에 작품을 발표하면서, 활발하게 활동했기 때문이다.

존 W. 캠벨은 유명한 SF 단편 「거기 누구냐?」[존 카펜터의 영화 〈괴물〉(1982)의 원작]의 저자로도 유명하지만, 《어스타운딩》의 편집장으로 활동하면서 수많은 신인 작가를 발굴한 공이 작지 않다. 그렇게 말할 수 있는 근거는 위에 언급한 'SF 3대 거장'을 비롯한 황금시대의 주요 SF 작가들은 물론, 심지어 이후 '사이언톨로지'의 창시자가 되어 논란을 일으킨 L. 론 허바드까지도 캠벨의 후원으로 작품 활동을 시작했고 성장했다.

아시모프는 1938년에 처음 캠벨을 만났고, 그의 격려를 받으며 한 해 동안 무려 10편의 습작을 여러 잡지에 투고한다. 그리고 1939년 《어메이징》 3월호에 단편 「베스타 표류」가, 《어스타운딩》 7월호에 단편 「추세」가 게재된다. 특히 「추세」는 같은 호 잡지에 실린 A. E. 밴 보그트의 「검은 파괴자」와 8월호에 실렸던 로버트 하인라인의 「생명선」과 함께 이른바 'SF의 황금시대'의 서막을 연 작품으로 간주될 정도로 그의 작가로서의 가능성을 확실하게 보여 주었다.

그만큼 아시모프가 작가로서 성장하는 데 있어, 캠벨의 조언과 후원은 결정적이었다. 그래서였을까? 자서전에서 아시모프는 그와의 멋진 인연을 이렇게 회고했다.

"언젠가 나는 그에게 감사의 말을 하면서, 당신이 없었다면 오늘의 나는 없었을 거라고 말한 적이 있었다. 하지만 그는 확고히 고개를 가로저으며 대답했다. '당치도 않은 소리야, 아시모프. 나는 자네뿐만 아니라 자네와 똑같이 수백 명이나 되는 작가를 도와주었지. 하지만 모두가 다 아이작 아시모프가 되진 않았는걸.'"

1939년에 아시모프는 당시 반유대주의의 영향으로 대학을 졸업하고 의과대학 진학에 실패하면서 낙담한다. 그는 컬럼비아대학교에서 생물을 전공하려 했지만, 앞서 언급한 이유로 전공을 바꾸면서 화학으로 석사 및 박사 과정을 밟는다.

그런 와중에도 SF소설에 대한 열정은 식지 않아, 계속해서 집필하고 기고함으로써 점차 마니아층에서 명성을 얻기 시작한다. 1941년에는 유명한 중편「전설의 밤」을 발표해서 격찬을 받고, 명실상부한 SF 분야의 대표 작가로 자리매김한다.『파운데이션』과『로봇』시리즈를 구상하고 집필하기 시작한 것도 바로 이즈음이었다.

제2차 세계대전이 발발하자 아시모프는 친구이자 동료인 스프레이그 디 캠프와 함께 필라델피아에 소재한 미국 해군 조선소에서 연구원으로 근무했다. 해군사관학교 출신이던 로버트 하인라인이 자신의 인맥을 이용해서 두 사람을 도와주었기 때문이다. 3년간 해군 조선소 근무를 마친 뒤, 아시모프는 다시 육군에 징집되어 9개월간 버지니아주와 하와이에서 현역으로 복무했다. 1948년에 아시모프는 박사 학위를 받고, 생계를 위해 보스턴대학교의 의과대학 소속 생화학 담당 강사로 일하기 시작했다.

1955년에 아시모프는 조교수로 승진하지만, 승진한 지 얼마 되지 않아 강의와 월급을 포기하는 조건으로 직위만 유지한 채 전업 작가로 변신하는 파격적인 결정을 내린다. 정작 그 결정을 내린 1950년대 말부터 아시모프는 SF를 거의 쓰지 않았다. 그 분야는 20대에 이미 충분히 써서 더는 쓰고 싶은 마음이 들지 않는다는 이유였다.

대신 이 시기부터 그는 스푸트니크 충격의 여파로 수요가 급증한 과학 논픽션 집필과 대중 강연에 집중했다. 나중에는 추리소설과 역사서와 고전(성서와 셰익스피어 등) 주해에 이르는 다양한 분야의 일반 교양서를 저술했다.

신작을 내지 않았음에도 이전에 출간한 『로봇』과 『파운데이션』 시리즈가 꾸준히 팔리면서, SF 분야에서 아시모프의 명성은 여전히 난공불락의 정점이었다. 오히려 후속작을 원한다는 팬들의 성원이 그치지 않아, 출판사의 설득을 받아들여 무려 20여 년 만인 1981년에 SF 복귀작인 『파운데이션의 끝』(1981)을 출간했다.

대담한 상상력이 돋보였던 초기작에 비해 후기작은 기존의 여러 가지 작품 소재(가령 로봇과 파운데이션)를 하나로 엮어 보려는 시도였다. 물론 전만 같지 못하다는 실망과 비판의 목소리도 없지 않았지만, 거장의 귀환을 반기는 독자들 덕분에 책은 또다시 공전의 히트를 기록해 가며 베스트셀러가 되었다.

전술했듯이, 아시모프는 초인적인 저술가로도 유명하다. 1950년부터 1969년까지 20년간 무려 99권의 단행본을 펴낸 기념으로, 100번째 책인 『작품 100번』(1969)은 지금까지 자신이 출간한 책들에 관한 해설서로 꾸몄다. 그리고 심지어 10년 뒤에는 『작품 200번』(1979)을, 또다시 5년 뒤에는 『작품 300번』(1984)을 펴내며 연이어 놀라운 필력을 자랑했다. 1968년부터는 특유의 구레나룻을 기르기 시작해서, 이때부터 대중에게 친숙한 모습의 스타일이 자리 잡는다.

1992년, 아시모프는 72세에 뉴욕시의 자택에서 심장과 신장 질환으로 사망했다. 그로부터 10년의 세월이 흐른 뒤에야 그의 진짜 사인이, 1980년대 초에 수술을 받았을 때 수혈로 감염된 HIV 바이러스에서 비롯된 합병증이었음이 정식으로 발표되었다.

아이작 아시모프가 평생 쓴 글이 정확히 몇 편인지는 아직 아무도 집계하지 못했다. 단독 저술만 해도 500권이 넘는다는 것은 출판 데이터로 확인되지만, 공저와 편저 그리고 각종 칼럼과 서문과 추천사 등까지 그의 저술로 간주한다면, 그는 정말 가공할 정도로 글쓰기를 해온 것이다.

1940년 12월, 아시모프는 《어스타운딩》에서 잡지 편집자이자 지지자였던 캠벨과 이야기를 나누다가, 문득 로봇을 소재로 한 소설에 관한 주제로 화제가 옮겨 갔다. 이때 캠벨은 '로봇이 따라야 하는 세 가지 규칙'을 정하자고 제안했고, 아시모프는 그에 응답해 다음과 같은 정의를 정리했다.

"① 로봇은 인간에게 위해를 가할 수 없으며, 인간이 위험한 상황에 처했을 때 방관해서도 안 된다. ② 로봇은 ①에 위배되지 않는 한, 인간이 내리는 명령에 복종해야 한다. ③ 로봇은 ①과 ②에 위배되지 않는 한, 자신의 존재를 보호해야 한다."

아시모프는 이 세 가지 원칙을 이용해서 단편 23편과 중편 3편을 썼는데, 훗날 로빈 윌리엄스의 명연기로 영화화된 중편 「200세가 된 남자(바이센테니얼 맨)」(1976)와 역시 윌 스미스가 주연으로 연기한 〈나, 로봇(I, ROBOT)〉(2004)의 원작에 수록된 9편의 단편도 그 일부분이다. '로봇공학(robotics)'이라는 단어 자체가, 아시모프의 신조어로 인정되어 옥스퍼드 영어 사전에 수록되기도 했다. 아시모프는 이 3원칙의 창시자는 자기가 아니라 캠벨이라고 겸손하게 말했지만, 캠벨은 '그 내용은 원래 자네의 작품 밑바탕에 깔려 있던 것'이라며 그 단어와 개념의 창시자라는 영예를 극구 사양했다.

'로봇'이란 명칭은 체코의 작가 카렐 차페크의 희곡 「로섬의 만능 로봇(R.U.R.)」(1920)에 처음 나왔다. 여기 나오는 인간 모양의 인공 생명체의 이름인 '로봇(robot)'은 체코어로 '일'과 '노동'을 뜻하는 '로보타(rotoba)'라는 단어에서 비롯되었다. 차페크 이후에 나온 대부분 SF가 로봇을 인간의 적수로 규정하는 천편일률적 태도에 반발해, 아시모프는 로봇이야말로 엄격한 법칙에 따라 운용되는 기계 장치라는 점을 부각하기 위해서 여러 작품을 썼다.

그의 최고 걸작으로 손꼽히는 '파운데이션 시리즈'에 나오는 '심리역사학(psychohistory)'이라는 단어 역시 옥스퍼드 영어 사전에 수록된 신조어다. 원래 그는 에드워드 기번의 『로마제국쇠망사』에서 힌트를 얻어서, 은하 제국의 쇠퇴와 부흥을 묘사한 중편 분량의 소설을 써보려 했다. 하지만 이 작품은 캠벨의 제안에 따라 시리즈로 늘어났으며, 단행본으로는 『파운데이션』(1951), 『파운데이션과 제국』(1952), 『제2파운데이션』(1953)을 시작으로 해서, 무려 40여 년 뒤인 1992년에야 모두 7권으로 완간되었다.

심지어 그는 1977년에서 1992년 사망할 때까지는 자신의 이름을 딴 《아이작 아시모프 SF 매거진》의 편집에도 참여했다. 이쯤 되면 아시모프는 사실상 그 자신이 하나의 브랜드요, 장르라고 해도 과언이 아니다. 1976년의 어느 토론회에서 그는 '과학소설(Science Fiction)'이란 명칭의 싸구려 이미지를 벗고자 '사변소설(Speculative Fiction)'이라는 명칭을 건의했던 동료 작가 할란 엘리슨에게 다음과 같이 이의를 제기했다.

"나는 SF 작가이지만 싸구려 대접을 받지 않는다. 그런데도 굳이 명칭에 연연할 필요가 있는가?"

사실 그의 말보다 정작 더 유명해진 것은 그의 지적에 대한 엘리슨의 다음과 같은 답변이다.

"당신은 SF 작가가 아니죠. 무려 '아이작 아시모프'잖아요."

듀이의 도서 분류법의 10개 분야 가운데 '철학/심리학'을 제외한 9개 분야에 모두 작품을 남겼다는 것만으로도 그가 얼마나 많은 분야의 공부를 하고 그와 관련된 저작을 남겼는지 알 법하다(사실 다른 사람의 '철학/심리학' 분야 저서에 쓴 서문 등이 워낙 유명해서 사실상 10개 분야에 모두 작품을 남겼다는 주장도 있다). 이는 단순히 천재성뿐만 아니라 근면성에서 비롯된 위업이었다. 그는 병원에 입원해서도 집필을 계속했으며, 만약 6개월 시한부 생명이라면 무슨 일을 하겠느냐는 방송인 바버라 월터스의 질문에 "타자기 두들기는 손을 더 빨리 움직여야 하겠지"라고 대답하기도 했다.

전성기의 아시모프는 집필 속도가 매우 빨라서 심지어 2시간 만에 단편 하나를 뚝딱 쓰기도 했다. 그 대신 그는 퇴고하는 법이 없었으며, 따라서 아이디어의 참신함에도 불구하고 문체는 진부하다는 지적을 종종 받았다. 아시모프도 이런 자신의 문학적 한계를 순순히 인정했다.

"글쓰기에 있어서 나는 '원시인'이다. …… 제대로 된 창작 교육을 받은 적이 없다. 강의를 듣지도 않았다. 작법에 대한 책을 읽은 적도 없다."

비록 정통파 유대인 가문 출신이지만, 아시모프는 평생 무신론자이며 합리주의자로서 자세를 견지했다. 대신 '인본주의자(휴머니스트)'를 자처해 인간의 문제는 인간 스스로 해결해야 한다고 주장했으며, 절친한 친구인 칼 세이건처럼 대중 계몽을 위해 노력했다. 그가 은인이며 친구였던 캠벨과 말년에 소원해졌던 이유도 그 때문이다. 캠벨이 L. 론 허바드(훗날 '사이언톨로지'의 창시자)의 '다이어네틱스' 관련 기고문을 잡지에 수록하자, '사이비 과학'을 지원한다며 통렬하게 비판했기 때문이다.

앞서 그가 전업 작가를 선언한 1950년대 말부터 오히려 SF 분야에 집필하지 않았던 이유가 젊어서 이미 쓸 만큼 써서 관심을 잃었기 때문이라고 설명했다. 하지만 일설에는 이미 유행이 바뀌어서 자신은 더 이상 SF를 쓸 수 없다고 자책하며, 슬럼프에 빠졌다는 이야기도 있다. 그러던 중에 그는 한 친구에게서 다음과 같은 격려를 받는다.

"아시모프, 당신이 쓰면 그게 바로 SF예요."

이 조언에 감동을 받고 깨달음이 있었던 아시모프는 이후로 글을 쓸 때마다 자신감을 얻기 위해 이 말을 스스로 반복했다고 한다. 우스울 수 있지만, 글을 쓰는 사람의 입장으로는 충분히 공감이 가는 이야기다.

## 스스로 만족하지 않고
## 평생 겸허하고 성실하게 글을 쓰다

그의 책을 모두 읽을 기세로 파고들었던 시절이 있었다. 내가 가진 SF에 대한 상식과 SF소설의 기법은 모두 그와 음으로 양으로 그의 영향을 받은 작가들에게서 배웠다고 해도 과언이 아닐 정도다.

그는 서른이 되면서 SF소설을 더는 쓰지 않았지만, 그때까지 쓴 소설만으로도 그는 이미 하나의 SF 브랜드가 되었다. 그가 쓴 다양한 분야의 글 역시 그의 관심사와 끊임없는 노력으로 집필된 작품들이다.

상투 어구처럼 사람들은 말하곤 한다. "내 이야기를 소설로 쓰면 책이 몇 권이 나올 거야"라고. 소설이 그들에게는 그리 만만한 장르로 보였던 모양이다.

지금 이 책에 일부 이야기가 엮어진 '실패한 대가들의 이야기'라는 이 시리즈는 원래 내가 20여 년 전 한 친구를 상담하고 조언하는 과정에서 실패를 딛고 선 위인의 사례를 찾아 정리하는 일에서 시작되었다. 본래는 심리치료의 일환으로 제안하려는 의도에서였다. 자료를 정리하려니, 애초에 생각했던 것보다 훨씬 많은 공력이 요구되었는데 그 과정에서 자연스럽게 나의 삶을 되돌아보는 뜻밖의 경험을 하게 되었다. 이 작업이 누군가에게는, 특히 실패를 겪고 있는 사람에게는 성찰과 격려와 마음공부가 되겠구나 싶어 작업을 이어 가게 된 것이다.

　　타인의 삶을 정리하는 것은 때론 자신의 삶을 기록하는 것보다 어렵다. 내가 아닌 남의 삶이기에 그렇다. 하나의 사건을 언급하는 데도 많은 자료를 찾고 비교하고 검증해야 한다. 본래 인터넷의 정보란, 옥석을 가리는 지식과 안목을 갖추지 못하면 정보의 바다가 아니라 그저 쓰레기의 바다일 수밖에 없다. 그중에서도 제대로 된 독해를 통해, 일일이 읽어 옥석을 가려 정선(精選)하고 정리한 자료를 통해 다시 자기 공부를 하는 것이 글쓰기의 시작이다.

　　그런데 인터넷도 없던 시대에, 듀이의 분류법 10개 분야 중에서 무려 9개 분야를 섭렵한 것이 바로 아시모프의 집필 이론이었다. 자신의 전공 분야가 아닌 경우, 아시모프는 일반인들을 위한 해설자 역할을 자처했다. 자신이 그 분야를 공부하면서 정리하며 이해한 내용을 일반 독자들에게 편하게 풀어 주는 역할을 저자로서 수행했기 때문이다.

　　글쓰기를 정식으로 배운 적도 없고, 자신이 좋아하는 글쓰기에서 시작해, 한 장르를 자신의 이름으로 대신할 정도의 거장이 된 아이작 아시모프도 늘 부족하다며 그렇게 평생을 가열하고 겸허히 썼다. 아시모프가 쓰면 SF가 된다. 그렇게 되기까지 과정이, 그 경지가 거저 얻어지는 것은 아님을 당신이 글을 쓰겠다고 하기 전에 깨닫게 되길 바라마지 않는다.

# 감옥에서 역사를 설계한 자유의 지도자, 넬슨 만델라

**Nelson Mandela(1918~2013)**
무려 27년 6개월을 감옥에 있다가 일흔이 넘어 나와,
조국을 변화시키고 남아프리카공화국의 국부로 추앙받다.

> 감옥은 나를 가두지 않았다.
> 나를 일으켜 세웠다.
> 복수는 쉽고 용서는 위대했다.
> 나는 후자를 택했다.

## 흑인을 위해 일하겠다는 꿈을 키웠던 소년

1918년 남아프리카연방 트란스케이 움타타에서 코사족 부족장의 아들로 태어났다. 아버지로부터 말썽꾸러기를 의미하는 '나뭇가지를 잡아당긴다'는 뜻의 '롤리흘라흘라(Rolihlahla)'라는 이름을 처음으로 받았다. '넬슨(Nelson)'이라는 이름은 초등학생 때 교사가 지어 준 영국식 이름이다. 16세 때 성인식을 치른 뒤 얻은 이름, '달리붕가(Dalibhunga)'는 '새로운 권력자'라는 뜻이다. 16세 때 치른 이 성인식은 할례, 즉 포경수술인데 당시 부족의 전통 풍습이었기 때문에 마취 없이 성인식을 치렀다고 한다.

아버지가 일찍 돌아가셔서 부족의 족장이 대부(代父) 역할을 해주었으며, 어머니는 어린 아들에게 이런 아프리카 민담을 들려주었다고 한다.

늙고 병든 여인이 여행자에게 도움을 청했다. 여행자는 눈곱이 덕지덕지 낀 늙은 여인의 눈길을 피해 버렸다. 그러자 그 여인은 다른 여행자에게 자신의 눈곱을 닦아 달라고 부탁했다. 그 여행자는 내키지는 않았지만, 늙은 여인의 눈곱을 닦아 주었다. 그 순간 여인은 젊고 아름답게 변신했고, 여행자는 그녀와 결혼해서 부자가 되어 잘 살았다는 이야기다. 어머니의 이 이야기는 어린 아들의 가슴에 오랫동안 각인되었다.

학교에 들어가서 배우게 된 것들이 왜 백인들 이야기만 있으며, 흑인들은 노예나 강도로만 묘사되는지 이해되지 않았다고 한다. 어려서부터 총명했던 덕분에 학업성적은 늘 상위권이었고, 축구와 복싱, 장거리 달리기 같은 운동도 좋아했다고 한다. 어려서 돌아가신 아버지 대신 그를 돌봐주던 후견인이자 족장이었던 욘긴타바 달린드예보(Jongintaba Dalindyebo)에게서 아프리카의 역사와 진실에 대해 여러 이야기를 듣게 된 후 흑인들을 위해 일하겠다는 꿈을 갖게 되었다.

어렸을 땐 막연히 후견인인 달린드예보가 족장으로서 재판을 집행하며 진실을 밝히는 것을 보고 감명받아 부족을 위해 일하는 법률 상담자가 되기를 원했으나, 요하네스버그로 도망쳐 넓은 세계를 보고 감명받으면서 본격적인 변호사의 꿈을 꾸게 된다.

남아프리카공화국의 최초의 흑인 대통령이자, 흑인 민권운동가. 남아프리카공화국의 국부(國父)로 불리며 세계적으로 존경받는 넬슨 홀리흘라흘라 만델라(Nelson Rolihlahla Mandela)의 이야기다.

애칭이자 존칭으로 '마디바(Madiba, 어른)'라고 불렸다. '아버지'라는 의미의 '타타(Tata)'로도 불렸고, '훌륭하다', '위대하다'는 뜻의 '쿨루(Khulu)'라고도 불렸다.

## 백인 정부에 저항하는 투사가 된 변호사

법대에 입학한 만델라는 학식에 불만을 품고 투쟁을 벌였다가 정학을 당하고 만다. 이 소식을 전해 들은 후견인 달린드예보는 그의 사상이나 행동이 너무 과격하다고 생각해 투쟁을 중단하고 학업에 정진하라고 조언했지만, 만델라는 자신의 뜻을 굽히지 않았다. 이에 족장은 만델라를 강제 결혼을 시키고자 했다. 만델라는 친구 올리버 탐보와 함께 도망가 위장 취업을 시도했다. 하지만 사람을 보내 수소문한 달린드예보에 의해 그들의 행방이 밝혀지고 탐보는 잡혀 고향으로 돌아왔지만, 만델라는 알렉산드리아로 가서 공부를 마치리라 결심하고 고향으로 돌아가기를 거부했다.

그렇게 대학에 복귀한 후, 훗날 남아공 민주화 운동을 함께 이끌어 갈 동지 월터 시술루(Walter Sisulu)를 만난다. 고향에 갔던 절친 올리버 탐보까지 다시 합류하고 의기투합해 그 유명한 '아프리카민족회의(ANC, African National Congress)'라는 단체에 들어갔다.

만델라가 1912년에 조직된 아프리카민족회의의 존재를 알게 된 것은 1942년 말 학사 학위를 취득하고 변호사의 꿈을 품었을 무렵이다. 친구로 지내던 가우어가 그에게 "아프리카민족회의만이 아프리카 사회를 변화시킬 수 있을 것"이라고 한 말을 듣게 되면서였다. 그때 집회에 참여했던 만델라는 이후 백인 사회 속 별종 흑인 변호사로 활동하면서 점차 백인 정부에 대항하는 투사로 성장한다.

만델라와 그 일행은 아프리카민족회의의 지도자로서 남아공 백인 정권의 악명 높은 인종차별 정책인 아파르트헤이트(Apartheid, 인종격리정책)에 맞서 투쟁 활동을 벌인다. ANC는 처음엔 간디의 비폭력 무저항주의를 받아들여 평화적 투쟁 방법을 모색했으나, 백인들의 무장 압력에 도저히 견딜 수 없는 지경까지 몰리게 된다.

남아공 정권이 친영국파인 연합당에서 반영국파인 국민당으로 옮겨졌지만, 인종차별을 기반으로 한 백인우월주의는 크게 달라지지 않았다. 원래부터 강조되던 암묵적인 사회적 인종차별까지 법으로 공고히 하는 것은 물론이고, 거주지 이전 법안까지 통과시키며 정식적으로 아파르트헤이트 시대를 열고, 게리맨더링의 일환으로 컬러드(Coloured, 다인종 배경을 가진 집단)의 투표권을 박탈하며 일당체제를 구축했다.

이러한 상황에서 아프리 시위대에 무차별 총격을 가하는 경찰을 보고 만델라는 무장투쟁의 필요성을 절감한다. 국민당과 싸우기 위한 군대를 담당하는 책임자가 된 만델라는 이 조직의 이름을 '민족의 창(Unmkhonto we Sizwe)'이라고 지었다. 약자로 'MK'다. 아프리카민족회의에는 백인이 참여할 수 없었지만, MK는 진보적인 백인까지 모두 받아들였다.

### 종신형을 선고받고 지옥의 로벤섬에 갇히다

MK는 네 가지의 폭력 행위를 고려했다. 사보타주, 게릴라전, 테러, 공개적 혁명 등이었다. 군대를 운용할 자금을 모으기 위해 만델라는 아프리카 전 지역을 돌아다녔다. 영국 런던을 다녀오고, 본격적인 군사훈련도 받았지만 집요한 당국의 추적에 결국 체포되어 정치범으로 동료들과 함께 종신형을 선고받는다. 사형을 예상했던 만델라는 종신형을 오히려 다행스럽게 받아들였다.

죽음만 아니라면 종신형 따위가 그의 투쟁을 멈추게 할 수는 없었기 때문이다. 그는 로벤섬의 감옥에서 46664라는 수번을 달고 18년간 수감 생활을 했다. 1964년에 로벤섬에 수감된 466번째 죄수라는 뜻이다. 만델라는 46세에 종신형을 선고받은 정치범으로 살게 되었다. 이때부터 만델라는 '진짜' 투사로서 단련되기 시작한다.

총 27년 6개월의 수형 기간 중 로벤섬에서 18년을 생활했고, 이후 일정 기간은 국제 여론에 압박을 느낀 남아공 정부에 의해 감옥이 아닌 교도관의 집에서 보내게 된다. 이러한 장기간의 수감 생활로 인해 자식들을 제대로 보지 못했고, 모친과 맏아들이 사망했을 때도 장례식에 참석할 수 없었다. 이러한 고된 수감 생활 속에서도 남아공 대통령들에게 편지를 쓰고 ANC 회원과 연락하는 등 활동을 전개했다.

만델라는 감옥에서 채소밭을 가꾸었다. 묘목을 구해 나무도 심었다. 어떻게 씨를 뿌리고 수확하고 거두는지를 그는 감옥의 채소밭에서 배운다. 한 번은 실수로 묘목이 죽었을 때, 그는 그 묘목을 캐내어 물로 씻은 뒤 정원 한구석에 묻어 주었다.

그리고 만델라는 생애에서 반드시 해야 할 것 중 하나가 운동이라고 강조하며 자신을 단련하는 것을 멈추지 않았다. 젊은 시절 그는 선수 수준의 복서였다. 감옥에서 그는 이전에 했던 일상적인 권투 연습과 유산소, 근력 운동을 했다. 감방 안에서 제자리 달리기를 45분, 손가락 짚고 팔 굽혀 펴기 200회, 윗몸일으키기 100회, 허리 굽히기 50회 이상. 감옥 생활은 대부분 사람을 무기력하고 나태하게 만들지만, 만델라는 감옥 체질이라도 되는 양 무엇이든 게을리하지 않았다. 다른 젊은 수감자들이 만델라에 감화되어 운동을 시작했다고도 한다.

그렇게 그는 열악한 상황 속에서도 투쟁을 통해 교도소의 환경을 개선하거나 주변을 변화시켜 나갔다. 그가 갇혀 있는 동안 남아공의 흑인들과 해외 재야 인사들이 석방 운동을 줄기차게 벌였다. 1988년에는 영국 런던 웸블리 스타디움에서 에릭 클랩튼과 스티비 원더 등 유명 뮤지션 83명이 그의 70세 생일 기념 콘서트를 열어 석방을 촉구하기도 했다.

드디어 1990년 국내외 여론의 압박을 못 이긴 클레르크 대통령은 만델라의 석방과 아프리카민족회의의 합법화를 발표했다. 1990년 2월 11일 여름이 끝나가는 날 오후 4시가 되기 직전에 그는 '개인적인' 자유를 되찾았다. 이것은 남아프리카인들이 '자유'를 되찾는 것을 의미한다. 만델라는 그간 감옥에서 소회를 이런 문장으로 남겼다.

"비록 일흔한 살이지만 나는 내 인생이 이제 막 새롭게 시작되는 것을 느꼈다. 나의 만 일 동안의 교도소 생활은 이제 끝났다."

출소 이후, 그는 당시 남아공 정부와 국민당, 민주당, 인도계 정당, 컬러드 계열 정당들과 협상을 벌여 1991년에 아파르트헤이트를 철폐시키고, 1993년에는 흑인들에게 투표권을 부여하는 법안을 통과시키게 함으로써 그해 말 노벨평화상을 받았다.

협상 후반기엔 극우 정당인 보수당과 반투스탄 내 기득권층이 협상에 반발하고, 잉카타 자유당은 협상에 나섰다가 파기하기를 반복하고 ANC와 갈등을 벌여 한때 남아공에 내전 사태가 벌어질 것이라는 전망까지 나올 정도였다. 반투스탄의 기득권층은 반투스탄 내 흑인들의 반발에 결국 굴복했고, 보수당이 자멸하면서 대다수 흑인에게 첫 투표권이 주어진 1994년 총선이 치러졌다. 이 선거에서 ANC가 과반이 훨씬 넘는 의석을 확보함으로써 국민당, 잉카타 자유당과 거국 정부를 구성하고 잉카타 자유당과의 분쟁도 진정되어 남아공 최초의 흑인 대통령으로 당선된다. 국민의 구성이 흑인이 80% 가까이 되었다는 점에서 이는 어쩌면 너무도 당연하면서도 너무 늦게 얻어 낸 투쟁의 결과였다.

만델라가 대통령이 된 후, 정부에서 일해 왔던 백인들은 짐을 싸기 시작했다. 그러나 만델라는 '진실과 화해 위원회'를 구성해 과거의 인권 침해 범죄에 대한 진실을 낱낱이 밝히되 그들을 사면했다. '용서하되 잊진 않는다'라는 슬로건 아래 단 한 명도 과거사로 처벌하지 않았고, 오히려 당시 남아공의 위기를 함께 해결해야 한다며 단합을 강조했다. 그 덕분에 남아공의 백인들이 남게 되면서 남아공은 국가적 차원의 경제 타격을 받지 않고 위기를 극복할 수 있었다.

이 중에서도 중요한 사실은 만델라의 수감 생활에 가장 큰 역할을 했던 보타 전 대통령에게 책임을 묻지 않았다는 것이다. 피터르 빌럼 보타는 본래 보어인(남아프리카공화국의 네덜란드계 백인)으로, 1948년 남아프리카 국민당에 입당한 후 국회의원, 총리 등 자리를 높여 가다가 대통령까지 했던 사람이다. 그가 재임했던 5년간의 폭정으로 인해 남아공은 더욱 암흑기를 보냈다고 평가된다.

수감 중이던 만델라는 1984년 코에체 장관에게 보타 대통령과의 협상을 요청한 바 있다. 그러나 4년이라는 긴 시간을 기다려 온 만델라에게 보타는 협상 결렬을 선언했다. 오히려 보타 대통령은 만델라에게 "폭동을 선동하지 않겠다고 약속하면 석방을 허락해 주겠다"며 제안하는데, 당연히 국제사회에서 남아공이 받는 비난 여론을 무마할 의도로 꺼낸 말이었지만, 만델라가 이를 거절하는 바람에 보타와 만델라 두 사람 사이에 확실한 반목 관계가 형성되었다.

이후 1998년 만델라가 재임 중이던 남아공 정부는 아파르트헤이트와 관련한 진실을 밝히기 위해 보타를 청문회에 출석하라고 통보했으나 그는 거절한다. 끝까지 보타는 "아파르트헤이트는 정당하다"라며 자신의 잘못을 뉘우치지 않았다.

훗날 만델라는 오프라 윈프리와의 인터뷰에서 "어떻게 감옥 생활을 하면서 복수심이 아닌 용서의 마음을 가질 수 있었는가?"라는 질문에 "만약 내가 감옥에 있지 않았다면 인생의 가장 어려운 과제, 즉 스스로를 변화시키는 일을 달성하지 못했을 것이다. 감옥에 앉아서 생각할 기회는 바깥세상에서 가질 수 없는 기회였다"라고 말했다.

1995년 남아공에서 열린 세계 럭비 선수권 대회 일화도 굉장히 유명하다. 당시 남아공에서 럭비는 백인만의 스포츠라는 인식이 심해, 국민 대다수였던 흑인들은 오히려 다른 나라를 응원했을 정도다. 만델라는 흑백 갈등의 상징이었던 럭비를 통해, 오히려 흑백이 하나가 되는 장으로 만들고 싶었다. 그래서 만델라는 1명을 제외하고 전원 백인으로 구성된 럭비 대표팀을 수시로 찾아가 설득하고 격려하며 선수들의 마음을 열었다. 대회 직전에 대표팀이 흑인 어린이들에게 럭비를 직접 가르쳐 주는 행사까지 마련했다.

결승전에서 만델라는 주장 등 번호인 6번이 적힌 유니폼을 입고 경기장에 나타났다. 그리고 그날 기적처럼 남아공 럭비 대표팀은 뉴질랜드 대표팀을 꺾고 우승했고, 그날은 남아공 전체의 축제일이 되었다. 우승 트로피를 백인 주장에게 전달한 것 역시 만델라였다. 이후 이는 클린트 이스트우드 감독에 의해 〈인빅터스〉(2010)라는 제목으로 영화화되었다(만델라 역에 모건 프리먼, 럭비팀 주장 프랑수아 역을 맷 데이먼이 연기했다).

이처럼 흑백 간의 갈등을 아우르고 남아공의 분열을 막은 성과를 낸 만델라였지만, 그의 집권기에 남아공의 빈부격차 문제를 효과적으로 해결하지 못했다는 비판도 있다. 그의 집권기 남아공 경제는 상당한 성장세를 이루었지만, 기업가와 정기적으로 회동하던 만델라가 당시 트렌드였던 신자유주의적 경제관을 받아들임으로써 정작 그 성과의 혜택은 백인과 일부 부자 흑인들에게만 돌아가는 결과를 낳았다. 이는 오랜 아프리카 전반에 극심하게 기울어진 경제 구조에서 온 것으로, 그의 정치 실책만이라고 탓하기는 어려운 부분이 있다는 것이 경제 전문가들의 공통된 분석이다.

정치적 측면에서 봤을 때, 그는 의회 구성 문제로 당시 지루해져 가던 협상을 성공적으로 끝맺었으며, 당시 아파르트헤이트 철폐에 반대한 극우 백인들과 반투스탄 내 기득권층의 반발, 잉카타 자유당과의 또 다른 분쟁으로 내전 상태까지 갈 뻔했던 상황을 진화해 남아공을 안정시켰다.

이후 그의 후계자들이 일으킨 부정부패나 추문에 대해 엄벌을 가하지 못한 부분이 있지만, 그가 화합과 통합을 밀어붙여 내전 사태로 흘러 폭동이나 대학살이 일어나지 않은 것만 하더라도 당시 남아공의 상황을 생각하면 대단한 업적임은 틀림없다. 특히 아파르트헤이트 시절에 벌어졌던 만행에 대해서도 관대하게 처분했고, 백인들에 대한 재산 몰수 같은 조치도 취하지 않았기에 그는 백인들한테도 많은 존경을 받았다.

그는 1999년 옛 동지 고반 음베키의 아들인 타보 음베키에게 대통령 자리를 넘기고 퇴임했다. 국민의 존경을 받다 권력의 자리에 오른 후 그 달콤함에 취해 독재의 길로 접어들었던 많은 사례에서 볼 때, 단임으로 깔끔하게 권력의 자리에서 물러나는 모습만으로도 그는 존경받아 마땅한 정치인이었다.

2009년쯤부터 병세가 나타나 투병하다 2013년 12월 5일 요하네스버그에서 향년 95세를 일기로 타계했다. 만델라가 타계한 후 전 세계에서 추모의 물결이 일었다.

## 증오를 뛰어넘어 화해와 상생을 선택하다

오랫동안 옥바라지를 했던 아내 위니와 1996년 황혼 이혼을 해서 말이 많았는데, 그녀가 자신의 지위를 이용해 국정을 농단하는 등 전횡을 일삼고 외도까지 했다는 게 사유였다. 민족회의 시절에도 위니가 남편과 달리 추종자들에게 배신자들에 대한 보복 행위를 허락하고 특히 스파이로 의심되는 흑인 청년을 살해하도록 사주했다는 의혹이 있는 등 폭력적 행위로 인해 평화적 해결책을 강구하던 만델라와 심한 의견 대립을 보였던 것으로 유명했다.

이제까지 살펴보았듯이, 그의 실질적인 업적은 감옥을 나오면서부터 시작된다. 이미 일흔을 넘긴 나이였다. 대체 어떻게 27년 6개월이라는 시간을 감옥에서 견뎌 내고 일흔이 넘은 나이로 감옥에서 꿈꿔 왔던 용서와 화해의 정치를 펼쳐 보일 수 있단 말인가?

그는 본래 낙관론자가 아니었다. 그가 감옥에 들어간 이유도 백인 정권의 폭정을 도저히 견딜 수 없어 총기로 무장해 봉기를 준비했기 때문이다. 그런데 그는 변화했다. 그것이 타고난 것인지 교육받은 것인지 알 수 없다고 했지만, 그는 항상 머리를 태양을 향해 똑바로 치켜들고 발을 내디딘다고 스스로 말했다. 그것이 그의 낙관론이었다. 그는 이렇게 당시를 회상했다.

"인간성에 대한 나의 신념이 혹독한 시련을 겪는 어두운 순간도 많았다. 그러나 나는 절망에 굴복하지 않으려 했고 굴복할 수도 없었다. 그것은 곧 패배와 죽음의 길이었기 때문이다."

종신형을 선고받고도 그는 감옥에서 죽게 되리라고는 한 번도 생각하지 않았다. 준비만 잘한다면 언젠가는 자유인으로 아프리카 대지를 두 발로 걸을 수 있으리라고 희망했다. 처음엔 열악했던 감옥 생활에 견딜 수 없었지만, 여러 번에 걸친 투쟁으로 감옥의 환경이 점점 개선되고, 교도관과도 친하게 지내면서 로벤섬은 마치 정치범들의 대학 같은 느낌으로 변화되어 갔다고 그는 회상한다.

만델라가 감옥 생활을 잘해 나가면서 오히려 투쟁의 노하우를 더 축적하는 것을 우려해서인지, 정부에서 교묘한 술책을 부리기도 했다. 여러 차례에 걸쳐 만델라에게 탈옥을 제의하는 인물을 보낸 것이다. 만델라는 잠시 마음이 흔들리기도 했지만 끝내 단호하게 거절했다. 나중에 밝혀진 사실이지만, 그는 만델라를 탈옥시키는 척해서 사살하려던 암살 공작원이었다.

당신이나 내가 비폭력의 한계를 절감하고 총기를 잡을 수밖에 없었던 살얼음판 같은 상황에서 40대까지 투쟁하다 종신형을 선고받았더라면, 무려 27년 6개월 동안 감옥에 갇혀 아무것도 못하고 있다가 일흔이 넘은 나이에 감옥에서 나왔다면, 과연 무엇을 할 수 있겠는가?

감옥에서 그는 젊음을 송두리째 바치고 노인이 되었다. 노인 만델라는 감옥을 들어갈 때와 달리 이미 큰 그릇으로 완성되어 세상에 나왔다. 인간성을 말살하기 위해 가두어 놓은 감옥에서 그는 더욱 성숙한 인간이 되어 스스로 완성해 가는 수양을 멈추지 않았다.

누구나 어떤 일로 몇 년을 그저 버린 것처럼 보낼 수 있다. 한창 일했어야 할 시기에 제대로 날개를 펴보지도 못하거나, 빚더미에 앉아 허덕이며 그 귀중한 세월을 모두 날렸다고 허망해할 수도 있다.

하지만 스스로 주저앉지 않는다면, 그 모든 시련은 당신을 더 강하게 만들어 줄 뿐, 결코 당신을 무너뜨리지 못한다. 그 증거가 당신이 지금 굳건한 의지로 하루하루를 살아가고 있다는 사실이다. 지혜로운 사람은 그 시간을 단련의 기회로 삼아 더욱 강한 자신을 만들어 간다. 더 강한 검을 만들기 위해 대장장이는 수천수만 번의 망치질을 한다. 불과 물을 오가며 그렇게 담금질한 쇠는 때린 만큼 더 강해져 다른 무른 검들을 부러뜨릴 정도로 강한 명검으로 거듭나게 되는 것이다.

우리가 험악한 세파에 주저앉지 않고 하루하루를 분투하고 있다면, 힘들게 버틴 그 시절의 고통은 우리에게 무엇이었는가? 의식했든 그렇지 않든, 그 시간이 우리를 단련시켰던 것이다. 우리를 아프게 했던 그 망치에 의해, 훗날 더 큰 일을 해내는 그릇으로 거듭나기 위한 세상의 담금질에 끊임없이 시험당했던 거다.

하지만 아직이다. 무른 쇠가 단단한 강철이 되고, 갈고

닦아 마침내 검이 되는 것은 여전히 당신의 몫이다. 시련만으로 단련되는 인간은 결코 없다. 진정한 시련의 극복을 이뤄내기 위해선 당신 스스로 그 시련을 자각해야 한다. 시련을 소비할 것인가, 도구로 활용할 것인가. 그 시련을 통해 자신을 부단히 단련한 사람에게만 시련의 감내가 아닌, 시련의 극복이라는 표현이 허용됨을 잊지 말아야 한다.

어차피 당신에게 닥친 시련이라면 당당히 극복하고 이겨 내라.

그것이 지금 당신이 해야만 할, 그리고 할 수 있는 유일한 일임을 자각하라.

# 속박을 벗고 영혼의 춤을 춘 자유의 화신, 이사도라 던컨

**Angela Isadora Duncan(1877~1927)**
자신의 모든 것이라 여겼던 아이들을 모두 잃고
인간이 몸으로 표현할 수 있는 가장 자유로운 춤을 완성하다.

> 춤은 배운 게 아니었다.
> 그건, 내 안에서 일어난 혁명이었다.
> 슬픔과 자유의 사이에서
> 나는 춤으로 시를 썼다.

## 집안은 파산했지만,
## 어머니의 사랑 속에서 성장하다

1877년 미국 샌프란시스코에서 큰언니와 오빠들에 이어 막내로 태어났다. 불길에 휩싸인 어느 건물 창문 밖에서 누군가 자신을 끄집어낸 일이 그녀의 어린 시절 최초의 기억이다. 그녀가 태어났던 해에는 아일랜드계 은행가였던 아버지가 운영하던 은행이 파산했다. 고객 중 다수였던 노동자와 하녀들이 시위를 벌이며 그녀의 집을 향해 행진했다. 아버지 은행의 파산은 수많은 남녀 노동자의 꿈을 앗아간 엄청난 사건으로 당시 신문은 이 사건을 가리켜 "금주령을 모범적으로 지킨 사람들을 주정뱅이로 만들고, 도덕적인 사람들을 반사회적인 위법자로 만든 일"이라고 대대적으로 보도하며 비난했다.

그러나 그녀의 아버지는 그저 실패한 은행가로 묘사하기엔 조금 서운할 정도의 드라마틱한 인생을 살았다. 그는 은행이 파산해 실패의 나락으로 떨어지기 전까지만 해도 멋쟁이 시인이자 예술 옹호자로 불렸고, 수많은 당대 여성의 거부할 수 없는 연인으로서 사교계에서 유명한 인물이었다. 그녀 역시 이런 아버지를 조금은 성가신 존재로 생각하면서도 자기 자부심의 원천으로 여겼다.

파산과 이혼 때문에 급격히 힘겨워진 가정 형편으로 인해, 그녀의 어린 시절은 어머니가 손수 짠 빨간 망토와 모자를 걸치고 이 집 저 집 다니며 편물을 팔아 생활해야만 했다.

그런 와중에도 그녀의 어머니는 밤마다 자녀들에게 책을 읽어 주었는데, 그때 그녀에게 가장 큰 영향을 주었던 글은 휘트먼의 시 「나 자신의 노래」였다. 그녀는 자신을 휘트먼의 '정신적 딸'이라고 말하며 당시의 추억을 되새기곤 했다.

"나는 나를 찬양하고 나를 노래하리라. 그리고 내가 취한 것에 그대도 취하리라."

재능 있는 피아니스트였던 어머니의 영향으로 아버지 없이, 생계를 위해 끝없이 돈벌이에 매달리면서도 네 명의 형제와 어머니는 언제나 시와 음악을 사랑하며 고난을 이겨 나갔다. 그녀는 훗날 자신이 받았던 교육은 모두 어머니 발치 아래 양탄자에 누워 있는 동안 이뤄졌고, 정작 학교 교육은 쓰레기였다고 과격한 발언을 해 사람들에게 충격을 던진 바 있다.

실제로 그녀는 열 살 때 학교를 그만두고 자주 인적 없는 숲속이나 해변으로 뛰어가 옷을 하나도 걸치지 않은 채 춤을 추곤 했는데, 그럴 때면 바다와 나무가 그녀와 함께 춤을 추었음을 가슴 깊이 느낄 수 있었다고 회상했다.

그녀는 여섯 살 때부터 자신보다 어린 동네 아이들을 모아 놓고 바다의 파도를 묘사하는 춤 동작을 가르쳤다. 그것을 그녀는 '나의 무용 학교'라고 불렀고, 그녀의 어머니는 그녀와 그녀의 제자들을 위해 기꺼이 피아노 연주를 해주었다.

미국의 여류 무용가로, 스승에게 배우지 않고 무용을 시작, '자유 무용(Free Dance)'이라는 독특한 스타일을 창시하고 현대무용의 시조로 불리는 전설, 안젤라 이사도라 던컨

(Angela Isadora Duncan)의 이야기다.

그녀는 그리스풍의 관의(寬衣)를 입고 맨발로 춤을 춘 것으로 유명했다. 1899년 시카고에서 데뷔했으나 인정받지 못하고, 1900년 파리에서 처음 주목받은 후, 유명해지기 시작해 부다페스트, 베를린, 피렌체 등지에서 각광받았다. 1904년 베를린에 무용학교를, 1906년 무용단을 창설했고, 러시아를 방문해 학교를 설립함으로써 러시아 무용에 혁신을 가져왔다고 평가받는다. 그녀의 무용에는 체계적 기법이 없었고, 무용이라기보다는 묵극(默劇)에 가까웠다.

## 체계적 기법이 없는 자유로운 무용

'바다와 바람, 어머니가 피아노로 들려주던 음악, 셸리의 미모사, 꽃의 개화, 벌들의 비행, 오렌지와 캘리포니아, 양귀비의 자유분방하고 찬란한 금빛……'

이것이 그녀가 진정으로 찬양한 것들이어서 이사도라는 발레가 인간의 몸을 기묘하게 뒤틀리게 한다며 무용가로서 부정적 의견을 표명하며 반대했고, 자신 또한 곡예사가 아니라고 선언했다. 어린 나이에 고향을 떠나 시카고로 일자리를 구하러 갈 때 이사도라는 이런 글을 썼다.

"내가 태어난 이 다정다감한 땅을 떠나 어린 순례자가 되었고 기차는 동쪽으로 속력을 내어 달렸다. 거대한 로키산맥을 지나고 광활한 대평원을 지나는 참으로 길고 긴 여정이었다. 나는 빈손으로 떠났지만 실망하지 않았다. 내게는 황금 덩어리 같은 재능이 있기 때문이었다."

그러나 자신만만하게 자신의 그 황금 덩어리 같은 재능을 이해해 줄 사람을 만나기까지, 그녀의 인생은 너무도 지난한 터널을 통과해야만 했다. 아무도 그녀에게 관심을 두지 않았고, 그녀의 무용과 몸짓을 이해하려 들지 않았으며, 그로 인한 지옥 같은 궁핍한 생활이 지속되었다.

그녀는 클럽에서 일주일에 몇십 달러를 벌기 위해 자신이 원하지 않는 춤을 추어야만 했다. 그럼에도 그녀는 좌절하지 않았다. 자신의 운명을 바꿀 기회가 찾아왔을 때, 그녀는 용기 있게 그 기회를 잡겠다고 생각했다.

당시 미국에서 가장 유명한 극작가이자 연출가였던 오거스틴 달리(Augustin Daly)가 시카고를 방문했을 때, 이사도라는 그에게 만나 줄 것을 요청했고, 여러 차례 거절당한 후 가까스로 만남이 이루어졌다.

예술에 대한 순수한 열정 말고는 가진 것이 없어 보이는 깡마른 소녀에게 감동한 달리는 전격적으로 그녀를 스카우트한다. 달리는 뉴욕에서 자신의 극장을 운영했기 때문에 그녀는 그의 극단에 정식으로 입단하고 꿈에 그리던 뉴욕 생활을 시작했다.

이사도라가 처음으로 맡았던 배역은 셰익스피어의 작품인 〈한여름 밤의 꿈〉 중에 등장하는 요정의 여왕 티타니아와 함께 등장하는 요정 역이었다. 비록 이사도라가 훗날 발레의 엄격한 형식을 비난했지만, 당시에는 달리의 극단 소속이었으므로 정통 발레에 엄격하게 매진해 모든 테크닉을 습득했다.

　이사도라는 극단의 순회공연에도 참여했는데, 달리의 런던 공연에도 자주 동행했다. 극단에 들어갔다고 해서 곧바로 그녀의 생활이 풍족해진 것은 아니다. 입단 1년이 지난 후에도 그녀는 여전히 주급 25달러로 자신과 어머니의 생계를 꾸려 가야만 하는 형편이었다. 그래도 꿈이 있었기에 그 시절을 견뎌 냈는데, 그녀는 미국 최고의 극단에서 스타로 밀고 있는 장래가 촉망되는 발레리나 겸 연기자였다.

　결국, 달리의 극단과 맞지 않는다고 생각했던 그녀는 극단을 나와 생활고에 시달리면서도 뉴욕에 계속 머물렀다. 그러던 중 우연히 저명한 작곡가이자 피아니스트였던 에델버트 네빈을 만난다. 그 둘은 의기투합해 카네기 홀에서 콘서트를 열었고, 네빈의 피아노 연주에 맞춰 이사도라가 춤을 추는 새로운 형식을 선보였다. 뉴욕의 비평가들은 이 새로운 형식에 크게 주목했고, 관중의 호응도 상당했다.

### 빈털터리가 된 후 유럽으로, 예술가들과 만남

그럼에도 수입은 별로 늘어나지 않았고, 게다가 엎친 데 덮친 격으로 이때 이사도라가 묵었던 호텔에서 불이 나는 바람에 그녀가 가지고 있던 짐은 모두 불타 버리고 말았다.

　빈털터리가 된 그녀는 그전부터 생각했던 바를 실행하

겠다고 결심한다. 그녀는 미국에서 인정받지 못한다면 유럽으로 가야만 한다고 생각했다.

미국을 떠나 런던과 파리에 머물 무렵 이사도라는 열렬한 박물관 애호가가 되었다. 특히 그리스 도자기 전시관에 매료되었는데, 박물관에 있는 그림 속의 춤추는 동작을 따라 하는 기행을 벌일 정도로 푹 빠져 지냈다. 당시 사람들은 루브르박물관까지 춤을 추며 길을 가는 그녀를 쉽게 볼 수 있었고, 이사도라는 사람들에게 "우리는 달나라에서 왔지요!"라고 웃으며 말했다고 전한다.

그리스 말고도 그녀가 푹 빠져 지냈던 것은 피아니스트였던 어머니의 영향으로 사랑하게 된 니체, 베토벤, 쇼팽, 로댕이었다. 그녀는 사람을 춤추게 하는 것은 영혼과 정신이지 기교가 아니라고 단언했다. 뭔가 제대로 입기 전에 대강 걸치고 나온 듯한 옷차림과 맨발로 논란을 일으켰지만, 그녀는 짧은 시간 안에 유럽 예술 무대에서 가장 중요한 존재로 주목받았다.

1900년, 파리에서 조각가 오귀스트 로댕을 만나는데, 파리 만국 박람회가 열렸을 때 로댕은 특별 전시관을 짓고 무려 168점의 조각과 데생과 사진작품을 전시했다. 그녀는 이 전시회에서 로댕의 〈파피용〉이라는 작품을 보고 충격을 받는다. 인체의 움직임에 관한 예술이라는 점에서, 이사도라는 두려움을 느낄 정도로 압도적인 로댕의 작품을 마주하고서 진정한 아름다움이 무엇인지를 실감했다.

로댕 역시 이사도라의 춤을 접하며 전율을 느꼈고, 갑갑

한 발레복에 갇힌 무용수의 무용이 아닌 자유롭고 아름다운 인체의 움직임을 보며 무한한 예술적 영감을 받는다. 로댕과 이사도라 던컨은 비롱관(Hotel de Viron)에서 머문 적도 있었는데, 예술가들의 아지트였던 비롱관에는 시인 라이너 마리아 릴케 부부, 장 콕토, 화가 마티스도 함께 머물렀다.

이사도라의 성공은 파리가 아니라 헝가리의 부다페스트에서 시작을 알렸고, 주로 좁은 장소에서 소수의 엘리트들을 위해 춤을 공연했다. 그런데 부다페스트의 공연 기획자였던 알렉산더 그로스는 이사도라에게 오페라 극장에서 정규 오케스트라의 연주에 맞춰 많은 관중을 위해 공연을 해달라고 요청했다.

일반 대중이 자신의 춤을 이해할 수 있을까 우려했던 이사도라의 생각은 기우에 지나지 않았다. 부다페스트 오페라 극장에 모였던 관객은 이사도라의 춤을 완벽하게 이해했고, 첫 공연이 끝나고 앙코르 무대에서 그녀가 요한 슈트라우스의 〈아름답고 푸른 도나우강〉에 맞춰 왈츠를 추자 광란의 상태까지 연출되며 관객이 지르는 환호성으로 극장 지붕이 터져 나갈 듯했다. 이사도라는 그 환호가 가라앉을 때까지 아주 오랫동안 맨발로 왈츠를 추는 여유를 보여 주었다.

당시 스물다섯 살이던 그녀는 헝가리 출신의 연극배우와 첫사랑을 시작했다. 이 당시만 해도 이사도라는 대단히 보수적인 사고방식을 가진 전형적인 아일랜드계 여성이었다. 그녀는 무용을 계속할지, 아니면 무용을 포기하고 그와 결혼할지를 두고 심각하게 고민했다. 그리고 오랜 고민 끝에 그와 결별하고는 그 상실감에 몇 날 며칠을 심하게 앓아눕는다. 이별의 아픔을 털고 일어난 이사도라는 살인적인 공연 일정을 잡고 달려나가기 시작했다.

그녀는 유럽 연극계의 거물이던 에드워드 고든 크레이그와의 사이에서 딸 데어도르를 낳았고, 미국의 재력가 패리스 싱어(Paris Singer)와의 사이에서 아들 패트릭을 낳았다. 이 아이들은 이사도라 인생의 가장 큰 비극으로 자리 잡는다.

꽃이 만발한 4월의 비 내리는 봄날, 이사도라는 두 아이 데어도르와 패트릭, 그리고 보모와 함께 운전사가 운전하는 르노 자동차를 타고 거처인 베르사유에서 파리 시내로 나갔다. 그녀는 춤 연습 때문에 지루해할 아이들을 집으로 먼저 돌려보냈는데, 그때 폭우가 내리고 있었다.

아이들이 탄 자동차는 센강을 따라가다 엔진이 꺼졌고 운전사가 차 밖으로 나와 다시 시동을 걸자, 차는 갑자기 강둑의 경사면 아래로 질주해 물속으로 곤두박질쳐 버렸다. 차를 강에서 꺼냈을 땐 사고가 난 지 1시간 반이나 지난 뒤였고, 아이들은 보모에게 매달린 채 시체로 발견되었다. 그 뒤로 파리 시민들은 미친 듯이 아이들 이름을 울부짖으며 센 강변을 뛰어다니는 이사도라를 몇 번이고 목격했다고 한다.

아이들이 죽은 뒤 1914년 이사도라는 러시아로 떠났다. 그곳에는 세르게이 예세닌(Sergei Yesenin)이란 천재 시인이 운명처럼 그녀를 기다리고 있었다. 이사도라는 예세닌을 만난 이후 단 하루도 평화로운 시간을 가져 본 적이 없었다. 그가 대단한 천재일 뿐 아니라 대단한 미치광이라는 사실을 인정할 때까지 엄청난 고통과 대가를 치러야만 했다. 이사도라는 에세닌을 처음 보고 이렇게 느꼈다.

"나는 그의 금빛 머리카락 한 올이라도 상처받는 것을 견딜 수 없었어. 아마 너는 그 공통점을 모르겠지만, 그는 어린 패트릭의 모습이었어. 패트릭이 성장했다면 바로 이런 모습이었으리라는 확신이 있는데 어떻게 그에게 상처를 입힐 수 있겠어?"

이사도라가 에세닌을 통해 본 것은 자동차 사고로 세상을 떠난 금발의 아들 패트릭이었다. 이사도라의 에세닌에 대한 사랑은 어머니와도 같은 한없는 이해와 염려, 헌신적인 모습 그 자체였다. 작은 키에 가냘픈 체구, 눈부신 금발의 에세닌과 춤을 추기엔 너무나 살이 찐 깊고 슬픈 눈빛의 이사도라는 그보다 무려 열여덟 살이 많았다. 그녀는 유럽 여행을 위한 세관 신고 때문에 에세닌과 혼인신고를 해야 했는데, 혼인신고 당시 40대 중반이었던 나이를 38세로 속였다.

15개월에 걸친 그들의 신혼여행은 악몽 그 자체였다. 에세닌은 술에 취하면 이사도라를 더러운 늙은 암캐라고 불렀고, 뛰쳐나갈 때까지 폭행했으며, 호텔 기물들을 박살내며 난동을 피웠다. 그는 신경쇠약, 알코올 중독, 간질에 시달렸고 광적으로 돈, 반지, 시계, 술, 신발, 모자, 실크 셔츠, 손수건, 스카프에 탐닉했다.

이사도라가 각 도시의 박물관이나 콘서트에 데려갈 때마다 에세닌은 모든 양복점 앞에 멈춰 서서 맘에 드는 물건은 무엇이든지 바로 사 버리곤 했다. 이사도라는 푸른색 정장에

심홍색 넥타이, 흰색 부츠를 신은 예세닌을 옆에 두고 이렇게 말했다. "이 금발의 천사가 바로 제 남편이랍니다." 평생에 걸쳐 아름다움을 추구하고 추한 것을 추방해야 한다고 했던 그녀에게 예세닌과의 삶은 추함 그 자체였다.

예세닌과 함께 떠난 미국 순회공연은 술과 연습 부족으로 내리막길에 들어선 그녀의 종말을 더욱 재촉했다. 게다가 공연 도중에 나체에 가깝게 흘러내린 의상 때문에 그녀는 공산주의자, 매춘부, 천박한 댄서 등으로 미국 언론에 묘사되었다. 하지만 이사도라는 이렇게 반박했다.

"왜 내 몸의 일부가 노출되는 것을 조심해야 하지요? 그것은 여성의 자유를 상징하는 것이며 청교도주의의 속박과 편협한 관습에서 해방되는 것을 의미합니다. 인간의 신체를 숨기는 것이 오히려 외설적인 것입니다. 내 몸은 내 예술의 성전입니다."

「잘 있거라, 벗이여」란 시를 남기고 서른 살의 나이에 손목을 그어 버린 예세닌의 자살 이후, 이사도라는 니스로 거처를 옮기고 좌우명을 '무한하게'로 바꿨다. 이 말은 한때 전 세계적으로 유명했으나 이제는 술 한 병 살 수 없는 가난뱅이 전직 무용수로 고독하게 죽어 가는 것을 거부하겠다는 그녀만의 선언이었다.

그렇게 다시 살아가겠다며, 프랑스제 신형 스포츠카 아밀카르를 몰고 온 이탈리아 청년 베노아 팔체토와 드라이브하기로 했던 어느 저녁, 2m가 넘는 붉은색의 긴 스카프를 목에 두른 이사도라는 차가 출발할 때 그 스카프가 뒷바퀴 살에 낀 것을 모르고 액셀을 밟은 탓에 목이 부러져 즉사하고 만다. 당시 그녀의 나이 불과 49세였다.

차가 달리기 전에 그녀가 친구 이반과 메리에게 전한 인사는 그녀의 마지막 유언이 되어 버렸다.

"안녕, 여러분. 전 영광을 향해 갑니다."

정작 그녀의 춤이 가진 철학적 의미가 되새겨진 것은, 1977년 이사도라 던컨 탄생 100주년을 맞이해 이르마 던컨(이사도라가 처음 가르쳤던 6명의 제자 중 하나)의 제자 실비아 골드가 주축이 된 던컨 댄서 그룹이 이사도라의 안무를 그대로 재현하는 합동 공연 때부터였다.

젊은 날에는 리허설 때마다 마르쿠스 아우렐리우스의 『명상록』을 들고 나타나고, 위선적인 자본주의의 돈이라면 극심한 가난이 예상되더라도 당당히 거부했으며, 자연스러운 신체 동작을 숭배했고, 예술 세계가 잃어버린 진정한 아름다움을 찾기 위해 거침없이 관습에 도전했다. 소리와 빛처럼 만질 수 없는 자유스러운 춤을 추었던 이사도라의 명예는 추문과 비극에도 결코 손상될 수 없었다. 이사도라가 늘 이런 말을 했다고 한다.

"내 영혼이 가장 사랑스러운 존재가 될 때까지 지상을 떠나지 않을 것이다."

춤은 인간의 가장 본능적인 예술 욕구를 몸으로 드러내는 예술이다. 그녀는 어떤 형태나 격식에도 얽매이지 않는 현대무용 본연의 모습을 스승도 없이 자신만의 방식으로 익혀 사람들에게 선보였다.

## 불행을 터닝 포인트로 삼는다

정작 미국에서 태어나 자랐음에도 미국에서는 인정받지 못하고 유럽과 러시아에서 먼저 인정받았고, 무용학교를 세워 그녀만의 정신을 그대로 계승해 현대무용의 기틀을 잡았다. 늘 가난했고 어려웠고 자신을 알아주는 사람들이 없어 힘들었지만, 그녀는 좌절하지 않았다. 없으면 없는 대로 지내면 그만이라며 낙천적으로 기회를 기다렸고, 만들었고, 결국 이겨 냈다.

어려서부터 수많은 고난과 어려움을 겪고, 무용과 사랑 때문에 고민하다가 사랑을 버리고 무용을 택하고, 심지어 눈에 넣어도 아프지 않을 사랑하는 아이들이 사고로 죽는 슬픔을 겪고서도 끊임없이 포기하지 않고 살아냈다. 그 시련을 견디지 못해, 알코올 중독에 빠지기도 하고, 자신을 소홀히 해 몸이 급격히 불어나고 무용을 하기 어려운 지경이 되었지만, 결국 그 고통을 이겨 내고 다시 일어나고 또 일어났다.

그녀의 고통을 이해하라거나 당신이 지금 겪는 고통보다 훨씬 더 고통스러웠음에도 그녀가 참고 견디지 않았느냐는 뻔한 소리는 할 필요가 없다. 그녀는 그녀에게 주어진 삶을 살았을 뿐이다.

당신이 부러워하는 누군가의 삶도 결코 순탄치만은 않다. 누구에게나, 어느 집에나 말 못 할 사정이 있고, 힘겨움이 있고, 갈등이 있기 마련이다. 당신만 불행하고 당신만 실패하는 것 같고, 당신에게만 자꾸 어려운 일이 생긴다고 자책할 필요가 없다.

그나마 가난하고 아무것도 없는 상태에서 자신의 큰 여행 가방에 모든 살림을 넣어 다니던 그녀가 미국의 호텔에서 모든 짐이 불타 버렸을 때, 오히려 그녀는 그 일을 미국이 아닌 유럽에 진출하라는 신의 계시이자 기회로 받아들였다. 그녀는 내내 언젠가는 반드시 유럽으로 가서 자신의 춤을 이해하는 이들을 만나 성공할 수 있으리라는 밑그림을 그렸다. 불행이라면 불행일 수 있는 호텔 화재를 자신의 운명적인 전환 포인트로 바꿔 버렸다.

당신의 운명은, 당신이 만들어 가는 것이다. 당신이 준비만 하고 있다면 기회가 오지 않더라도 결국 만들어 낼 수 있다. 설사 당신이 어떻게 할 수 없을 정도로 감당하기 힘든 고난과 아픔이 닥쳐오더라도, 우리는 그다음을 또 생각하고 살아 내야만 한다. 그것이 삶이고 인생이다.

춤은 몸을 움직이는 것이다. 슬프고 아무것도 하기 싫은 사람이 아무리 감정을 표현한답시고 몸을 움직이고 싶었을까? 하지만 그녀는 자신의 감정을, 자신의 철학을, 그리고 그리스의 정신을 맨발로 맨몸으로 그대로 표현하고자 했다.

당신은 무엇으로 당신의 꿈과 이상을 드러낼 것인가? 당신에게도 꿈과 이상을 이뤄 낼 수 있는 무언가가 있지 않던가? 이제까지 살아온 당신의 삶이 그것을 증명해 준다. 당신은 결코 헛되이 시간을 보내지 않았으며, 당신의 지난한 삶은 앞으로 이루고자 하는 완성된 꿈에 다가가기 위한 준비였고 노력이었음을 세상이 알아주는 날이 반드시 올 것이다. 그러니 결코 멈추거나 주저앉지 말아야 한다.

봐야 하지 않겠는가?

당신의 꿈이 어떻게 이루어지고 세상이 결국 어떻게 인정하는지 말이다.

# 4장

# 자기만의
# 방식으로
# 정상에 선 사람들

# 이해받지 못했던 건축계의 수도자, 안토니 가우디

---

**Antoni Gaudí(1852~1926)**
전차 사고 후, 행색이 초라하다고 외면당해 죽다.
스페인 건축의 아버지이자, 영원의 건축물로 길이 남다.

> " 신이 세상을 창조할 때
> 직선을 사용하지 않았으므로,
> 나는 곡선으로 신의 공간을 만들기로 했다.
> 세상은 그런 내 꿈을 이해하지 못했다. "

## 집안의 병약한 아이가 꿈꾼 건축가의 길

1852년 카탈루냐 지방의 타라고나주 레우스(Reus)에서 태어났다고 한다. 출생지는 정확하게 알려지지 않았으나, 그가 태어난 해에 레우스의 산트 페레 아포스톨 성당(Church of Sant Pere Apostol)에서 유아세례를 받았다는 기록이 남아 있어 그렇게 추정할 뿐이다. 아버지와 어머니는 주물 장인 집안이었다. 당시 주물이 주로 구리를 사용했던 터라, '구리공(銅工)'이라고도 불렀다.

그는 자신이 천재적 재능을 얻은 것도, 시대를 대표하는 건축물을 만들 수 있었던 것도 모두 이러한 집안의 분위기를 이어받았기 때문이라 여기며 가난했으나 행복했던 집안에 대해 이렇게 자부심을 표현한 바 있다.

"르네상스 시대 피렌체의 모든 위대한 예술가들도 설계도면에서 시작해 부피를 창조해 내는 조각가들이었다. 나 역시 무언가를 만들어 내려고 할 때면 먼저 공간부터 본다. 이처럼 내가 공간을 느끼고 보는 재능을 갖게 된 것은, 아버지와 조부와 증조부가 모두 주물 제조업자였던 덕분이다. 그렇게 몇 세대를 거쳐 내려오면서 건축가인 내가 만들어진 것이다."

어렸을 때부터 류머티즘(rheumatism)을 비롯한 고질병으로, 어른이 되어서도 서 있기 어려울 정도로 고통이 심해서 지팡이를 짚고 다녔다고 한다. 고향 근처의 옛 유적을 복원하는 꿈을 가졌다고 하는데 그 꿈은 그의 사후, 함께 복원을 꿈꾸었던 친구인 토다가 정말로 이뤄 냈다.

한 살 위였던 둘째 형 프란세스크와의 관계가 각별했는데, 건장했던 그가 몸이 약했던 동생을 늘 업고 다녔다고 한다. 훗날 프란세스크의 존재와 그의 요절은, 형을 무척이나 따랐던 가우디의 인생에 많은 영향을 미친다. 공부를 잘해 성적도 좋지 않고 게다가 몸도 허약했던 소년은 어느 날 친한 친구에게 자신의 그림 실력을 인정받는데, 이게 그가 건축가로서 길을 걷게 된 결정적 계기가 되었다.

스페인 카탈루냐 출신의 건축가. 20세기를 대표하는 천재 건축가이자 스페인 건축학의 아버지로 불리는, 스페인어식 이름인 안토니오 가우디(Antonio Gaudí)로 기억하는, 카탈루냐 본명 안토니 플라시트 길렘 가우디 이 코르네트(Antoni Plàcid Guillem Gaudí i Cornet)의 이야기다.

그는 후대에 이르러서야 이름을 남긴 천재들과는 달리, 생전에 이미 대성공한 건축가로서 스페인의 아르누보(art nouveau) 건축의 중심인물이었으며, 스페인 건축사에 큰 발자취를 남겼다. 그가 건축한 바르셀로나 시내와 인근에 지은 7개의 건축 유산은 그가 19세기 말과 20세기 초의 건축과 시공 기술의 발전에 매우 창조적으로 기여했음을 오롯이 느낄 수 있다. 7개 건축 유산은 카사 비센스, 사그라다 파밀리아(성가정) 성당(Basilica I Temple Expiatori de la Sagrada Familia, 1883년 착공)의 가우디 작품인 예수 탄생 파사드(Façade, 건물의 출입구로 이용되는 정면 외벽 부분을 가리키는 말로, 건물의 입면이 다양해지면서 파사드는 건물 외피 전체를 의미하기도 한다), 사그라다 파밀리아 성당의 예배실, 카사 바트요, 콜로니아 구엘 성당의 지하 예배실 등이 있다.

## 어려운 환경을 딛고 건축의 대가가 되다

가우디는 레우스의 피아리스트 학교(Piarists school)에 등록해 기초 교육을 이수했고, 진작에 자신만의 뛰어난 예술적 재능으로 이름을 날리기 시작했다. 이후 '가우디 건축의 성지'로 불리는 바르셀로나로 가게 된 것은 본격적인 건축을 공부하기 위해서 유학을 결정한 1868년, 17세가 되던 해였다.

가우디는 바르셀로나 미술학교(Escola Provincial de Belles Arts de Barcelona)와 바르셀로나 고등건축학교에 등록해 건축학을 배웠다. 학비가 넉넉하지 않아 건축학교 재학 당시 호안 마르토렐(Joan Martorell)을 비롯한 카탈루냐 건축가들의 소묘 화가로 지원해 일하면서 어렵게 학비를 조달했다.

그는 바르셀로나 시립 건축전문학교 학창 시절, 교수 사이에서 늘 논쟁의 대상이었다. 한마디로 그는 팬 아니면 안티뿐인, 호불호가 명확하게 갈리는 독창적인 학생이었던 것으로 알려졌다. 유명한 일화로 그가 졸업할 때, 학장 에리아스 토헨트는 "우리가 지금 건축사 칭호를 천재에게 주는지, 아니면 미친놈에게 주는지 모르겠다"라는 유명한 말을 남겼다. 가우디가 어떤 학교생활을 했는지에 대해, 충분히 짐작하고도 남을 만한 증언인 셈이다.

그렇게 어렵사리 학교를 졸업한 그가 바로 건축설계로 이름을 알리며 대가의 길로 들어섰던 것은 아니다. 그는 여전히 어려운 생계 때문에 철 세공업 같은 잡일도 마다하지 않고 닥치는 대로 일해야만 했다. 물론 결과적으로는 이러한 경험마저도, 이후 가우디 건축에 모두 풍부한 경험치로 녹아들어 가게 된 것은 말할 나위도 없다. 심지어 작업 중에 대장장이의 작업이 마음에 들지 않으면 바로 그가 직접 망치를 들고 쇠를 두들겼다는 이야기는 그의 제자 사이에도 유명한 일화 중 하나다.

 어렸을 때부터 허약했던 몸도 차츰 많이 나아졌는데, 그렇게 건강을 회복하고 혈기 왕성한 청춘의 시기이다 보니 밤이면 밤마다 거리를 누비며 놀러 다녔다고 한다. 특히 예술가들이 모이는 카페의 단골이었는데, 본인이 사람들과 어울리는 것이 좋아서 가는 것도 있었겠으나 술이 약해 맛있는 것을 먹는 것을 즐겼던 탓이기도 하다. 게다가 이제 막 일자리를 찾고 활동하던 시점이라 인맥을 넓혀 수입을 늘릴 만한 일을 맡아 보려는 소심한 그만의 시도였다고도 한다.

 1878년 건축사 자격증을 딴 가우디가 본격적으로 맡은 첫 번째 프로젝트는, 바르셀로나시 정부의 공공사업에서 입상해 진행했던 시내 가로등 설치 작업이었다. 가우디는 이때 6개의 조명으로 장식된 독특한 미감의 가로등을 디자인한다. 아쉽게도 가우디의 가로등은 예산과 시간 문제로 레이알 광장에 2대만 설치되는 데 그쳤다. 하지만 근대적 미감이 담긴 그의 설계 기획안이, 훗날 그를 전폭적으로 후원했던 에우세비오 구엘(Eusebi Güell) 같은 예술 후원자들의 눈길을 단번에 사로잡았다.

 1883년에 착공된 카사 비센스(Casa Vicens)는 가우디 최초의 대규모 건축 프로젝트이자, 그의 이름을 스페인 건축계에 널리 알리는 본격적인 계기가 되었다. 당시 증권 중개인 마누엘 비센스 이 몬타네르(Manuel Vicens i Montaner)의 의뢰로 제작된 여름 별장 카사 비센스는, 스페인의 그리스도교 건축 요소를 독창적으로 변용했다는 점에서 '새로운 무데하르(Neo-Mudéjar)' 건축물로 평가된다. 이렇게 유명해진 가우디는 카탈루냐의 명문가 코미야스 후작 집안의 별장까지 건축하면서, 마침내 가우디 평생의 후원자 에우세비오 구엘 백작을 정식으로 소개받았다.

그렇게 가우디는 1883년에 구엘 가문의 전속 건축가가 되었으며, 이 시점부터 '구엘'이라는 이름이 붙은 건축물을 도맡아 대대적으로 건축하기 시작한다. 아메리카와 직물 산업을 기반으로 한 구엘 가문의 무제한에 가까운 후원이 있었기에 가능한 작업이었다.

'구엘 별장' 정면의 철제문은 철로 된 세공품이다. 철문을 장식하는 용의 몸체는 휘어진 철봉으로 표현하는데, 그 형태가 굵은 용수철을 휘감았다. 용의 다리는 돌을무늬로 세공한 비늘이 덮고 있고, 왼쪽 발에 움직이는 연접 장치를 설치해 문을 여닫도록 만들었다. 주물제조업자 가문의 유전자가 자신의 천재적인 건축 기술을 가능하게 했다는 그의 말은 그저 단순한 겸손의 표현이 아니었다는 점을, 이 '작품'이 여실히 증명하고 있다.

구엘 공원에서는 자연미와 조형미의 절묘한 조화를 색감을 통해 보여 준다. 소나무, 떡갈나무, 종려나무, 백리향 등의 나무와 재스민, 등나무 같은 덩굴식물, 건축자재로 사용된

타라고나 지방의 마른 돌멩이들이 서로 조화를 이루며, 각각의 고유한 색과 불규칙한 배열이 자연의 풍경에 녹아들어 있다. 구엘 공원은 1984년에 유네스코 세계문화유산에 등재되었다.

구엘 가문의 작업을 진행하면서도, 그는 이미 그즈음 바르셀로나에서 가장 유명한 건축가였기에 수주가 밀려들어 동시에 다양한 건설 작업을 멀티태스킹의 형태로 진행하는데, 카사 바트요나 카사 밀라 등이 당시 동시다발적으로 이루어진 건축물이다.

가우디가 구엘에게서 경제적 후원을 받았다면, 건축학적 측면에서는 이슬람의 건축 양식과 아르누보 그리고 비올레르뒤크(Eugène Viollet-le-Duc)의 이론서에서 많은 영향을 받았다고 스스로 밝힌 바 있다. 특히 비올레르뒤크의 『프랑스 건축 사전』은 자신에게 많은 영감을 준 책이라고 고백한 바 있다. 가우디는 비올레르뒤크의 가르침을 모든 독창적인 예술가들이 그렇듯, 자신만의 개성으로 수정 보완한다. 비올레르뒤크의 책을 통해 습득한 고딕 양식은 '테레사 학원'의 모든 층에서 잘 나타난다. 테레사 학원은 청빈한 수도사들의 건물답게 가우디의 작품 중에서 비교적 저렴한 비용으로 만든 건축물임에도, 그의 독창적인 건축 기법이 잘 살아 있다.

## 수도자처럼 살았던 건축가, 가경자가 되다

그가 말년에 설계한 사그라다 파밀리아 대성당의 감독직을 수락한 것은, 1883년 가을의 일이다. 이후 그가 세상을 뜨기 전까지 40여 년 동안 이 작업에만 몰두한 것으로 알려져 있다. 이 건축물은 서적상이자 발행인인 호세 마리아 보카베야가 주도했던 것으로 유명하다. 그는 성가족이 봉헌된 사원을 바르셀로나에 지을 것을 결심하고, 기금을 모아 당시 교구 건축가인 프란시스코 데 파울라 델 비야르에게 설계를 의뢰한다. 하지만 비야르가 건축의 기술고문인 마르토렐과의 불화로 사임하자, 가우디가 뒤를 이어 이 프로젝트를 맡는다.

한편 가우디는 "신앙이 없는 사람은 정신적으로 쇠약한 인간이며, 손상된 인간이다"라는 말을 남기기도 했다. 자신의 재능을 신을 위해 사용한다는 소명 의식이 있었기 때문이다. 말년에 가우디는 건축을 제외한 세상의 모든 것을 멀리하며 흡사 수도자처럼 살았다고 전해진다.

결과적으로 보면, 건축가로서 명성과 열정이 종교적 신성과 결합해 '사그라다 파밀리아'를 탄생시켰다. 이 건축물은 결국 가우디의 갑작스러운 죽음으로 완성을 보지 못했다. 오리엔탈 건축 양식과 네오고딕 건축 양식 등을 한곳에 모아 유기적으로 구성한 이 종교 시설은 현재 미완성이며, 2026년 완공을 목표로 공사 중이다.

가우디는 사그라다 파밀리아 성당에 3개의 파사드를 만들었다. 동쪽은 탄생의 파사드, 남쪽은 영광의 파사드, 서쪽은 수난의 파사드다. 가우디가 세상을 떠났을 때는 첨탑이 빠진 동쪽에 있는 탄생의 파사드만 완성된 상태다. 이 파사드의 중앙 문은 사랑, 오른쪽은 믿음, 왼쪽은 소망의 문으로 일컬어지고 있다.

가우디는 1914년에 조수이자 동료 건축가였던 프란세스크 베렌게르와 1916년에 평생의 친구인 호세프 토라스 이 바게스가 먼저 세상을 떠나 정신적 시련을 겪었다. 1915년에는 재정난으로 사그라다 파밀리아 성당 건설이 중단되는 등 안팎으로 힘겨운 사건들과 맞닥뜨린다. 그러한 와중에도 그는 "나의 친애하는 벗들이 모두 떠나갔다. 내게는 이제 가족도, 고객도, 부도, 그 어느 것도 남아 있지 않다. 나는 이제야 비로소 사그라다 파밀리아 성당 건축에 온전히 집중할 수 있게 되었다"라고 말하며, 말년에 남은 에너지를 모두 사그라다 파밀리아 건설에 쏟아부었다.

허망하게도, 그는 1926년 6월 7일 아침 미사를 마치고 성당 건축 현장으로 가던 길에 노면전차에 치여 치명상을 입는 사고를 당한다. 운전사는 그저 지저분한 노숙자쯤으로 보고서 그를 길옆에 팽개치고 전차를 몰고 자리를 떠버렸다. 사람들이 병원으로 데려가기 위해 택시를 잡으려고 했으나, 볼품없는 차림새의 그를 알아보지 못했다. 세 번이나 승차 거부를 당한 끝에 경찰의 도움을 받아 네 번째 택시 운전사를 겨우 설득해 병원을 찾았다.

하지만 그저 부랑자나 노숙자쯤이라 여겨, 두 곳의 병원에서 거부당하고 할 수 없이 빈민들이나 치료받는 열악한 시설을 갖춘 무상 병원에 그를 버려둔 채 돌아가 버렸다. 신분을 증명할 방법이 아무것도 없었던지라, 이 병원에서도 방치되었다가 겨우 정신을 차린 그가 자신의 이름을 말하자, 그제야 병원 관계자들이 매우 놀라며 가우디의 친구들과 친척에게 연락했다. 서둘러 달려온 가족과 친구들이 어서 다른 병원으로 옮겨 제대로 치료하자고 권했지만, 가우디는 "옷차림을 보고 사람을 판단하는 이들에게, 이 거지 같은 가우디가 이런 곳에서 죽는다는 걸 보여 주게 해라. 그리고 나는 가난한 사람들 곁에 있다가 죽는 게 낫다"라며 그대로 병원에서 움직이지 않았다. 결국, 사흘이 지나고 73세를 일기로 삶을 마감했다.

그를 죽게 만든 전차 운전사는 파직과 동시에 구속되었으며, 승차 거부했던 택시 운전사 세 명도 불구속 입건되었다. 결국, 택시 운전사 세 명과 그의 입원을 거부했던 병원은 막대한 배상금을 가우디 유족에게 지급하라는 판결을 받았다. 그리고 장례식은 1926년 6월 12일 사실상 반(半)국장(國葬)으로 치러졌고, 유해는 가우디가 마지막까지 열정을 쏟았던 사그라다 파밀리아 대성당의 지하 묘지에 안장되었다. 다음과 같은 묘비명이 묘석에 새겨졌다.

안토니우스 가우디 코르네트.
레우스 출신, 향년 74세.
모범적인 삶을 살아온 사람으로 위대한 예술가이며 경이로운 이 교회의 건축가.

1926년 6월 10일, 바르셀로나에서 세상을 떠나다.
이 위대한 인간의 죽음으로부터의 부활을 기대하
노라.

세상을 떠나고 불과 10년이 지난 1936년, 스페인 내전이 발발했을 때 사그라다 파밀리아 대성당의 지하 묘지가 과격분자들에 의해 방화가 저질러졌고, 가우디의 무덤도 훼손될 위기에 처했으나 가우디의 제자 리카르도 오피소가 가까스로 막았다고 전한다. 그렇지만 몇 달 뒤 경찰에 의해 그의 무덤은 아무렇지도 않게 파헤쳐지고 말았다. 무덤 안에 무기가 숨겨져 있을지도 모른다는 것이 그 이유였다. 그나마 관 뚜껑까지 뜯겨나가는 참극은 면했지만, 무덤은 파헤쳐진 그대로 방치되었다. 프란시스코 프랑코의 군대가 1939년 바르셀로나를 점령한 후에야 비로소 무덤을 다시 봉인할 수 있었다.

그는 어려서는 제대로 걸을 수조차 없는 고통과 가난 속에서도 친구에게 들었던 그림을 잘 그린다는 말 한마디에 건축가로서 길을 묵묵히 걸었다. 앞서 살펴본 것처럼, 그도 36세가 되기 전까지는 나름(?) 방탕한 삶을 살았다. 하지만 36세 이후 교회 관련 건축 일을 하면서 독실한 가톨릭 신자가 되었고, 사그라다 파밀리아 성당을 지을 때는 성당 사무실에서 살며 수도자처럼 지냈다고 한다. 그 나라를 대표하던 건축가였던 그가 노숙자로 오해받아 그렇게 허망하게 죽어간 것도 그의 행색이 어떠했는지 짐작할 만한 대목이다.

건축 현장의 작품이 잘 보이지 않을 정도로 연기를 몰아

대며 줄담배를 피우던 골초였지만, 토라스 신부와 약속하고 50세가 되면서 하루아침에 담배를 끊는다. 그리고 그는 극단적인 채식주의를 평생 실천했다.

일하던 현장에서 처음 만난 '페피타'라는 여성을 사모한 적이 있었다. 5년 동안 매주 일요일이면 늘 그녀의 집에서 식사했다고 한다. 한참 둘이 만나던 시기에, 그녀는 이혼 조정 중이었는데, 이혼이 성립될 무렵 가우디가 청혼했으나 페피타의 손엔 이미 다른 남자가 끼워 준 약혼반지가 있었다고 한다. 실연의 충격이 상당했는지 이후 가우디는 어떤 사람과도 연애하지 않고 평생 독신으로 지냈다.

이렇게 심약하고 소심했던 그였으나 그의 건축물을 보면, 어마어마한 예술 세계에 21세기의 사람들마저도 경탄을 금치 못한다. 그의 건축 세계는 일반적으로 카탈루냐 전통복고주의와 아르누보 정도로 분류되지만, 다방면에 걸친 그 자신의 광범위한 취향과 건축주들의 다양한 요구를 소화하려는 노력이었다. 고딕, 르네상스, 바로크, 신고전주의 같은 서양 전통뿐만 아니라 인도 문명, 이집트 문명, 중국 문명, 마야 문명과 잉카 문명, 역사 이전의 석기시대 건축들, 오컬트 신비주의, 심지어 곤충이나 식물, 동물들의 형태에서도 모티브를 따와 건축물에 반영하면서, 그 이전이나 이후에도 볼 수 없는 독특한 건축물로 완성되었다. 거기에는 기존 서양 건축에서 고전 건축을 재현할 때 나타나는 엄격한 절차나 규칙이 무시되었고, 가우디만의 독특한 원칙에 따라 배치되었다. 이는 사실 그만의 특성이라기보다는 탈권위적 성향이 강한 아르누보 예술의 특징이기도 하다. 그래서 가우디의 건축은 포스트모더니즘 시대에 재발견되어 시대를 앞서간 포스트모던 건축가로 추앙받기도 했다. 하지만 당대에는 주류였던 모더니즘을 벗어난 완전 독자적인 외딴섬 같은 건축이었고, 후대에 제대로 계승되지도 않았다. 즉 가우디의 양식은 그저 가우디만의 양식이라고 불릴 정도로 독보적이었다.

그가 천재로 불리는 이유는, 채광이나 환기 같은 건축물의 기능 역시 충실하게 설계했기 때문이다. 한마디로 예술적 감성과 치밀한 공학을 조화시킨 점에서 진정 천재라는 명성을 얻을 수 있었다. 자연 속에서 건축물이 녹아들어 가는 것은 예술가의 수준이었다.

2000년대 초엽에는 그에 대한 시복을 건의하는 움직임이 있었다. 시복시성 청원은 교황청에서도 별다른 문제가 없다고 판정해서 심사 절차를 개시했으며, 2025년 4월 14일, 프란치스코 교황은 가우디의 생전 독실한 신앙심, 사그라다 파밀리아 대성당 건축 등을 통해 나타난 덕행을 근거로 가우디를 가경자로 선포했다. 가경자(可敬者)는 '가히 존경할 만한 대상'이라는 뜻으로, 시복 후보자에게 부여하는 칭호다.

## 삶의 완성을 위해 어떤 노력을 했는지
## 스스로 물어야 한다

가우디의 생애와 그의 건축물을 굳이 이 지면을 빌어 소개하는 것은, 그가 가난한 구리 세공업자의 아들로 태어나 맨손으로 바르셀로나 더 나아가 스페인을 대표하는 건축물을 세우고 만든 사실을 보며, 당신이 세울, 당신만의 건축물을 꿈꿀 수 있기를 바라기 때문이다. 어려서부터 제대로 걷지도 못할 지병과 가난과 싸우면서 나라를 대표하는 건축가가 되기까지 얼마나 혹독한 시련이 따랐을까. 5년이나 매주 데이트한 여자에게 제대로 청혼조차 못 하고 돌아서야만 했던 트라우마로 사랑을 접고 평생을 독신으로 살았지만, 그의 건축물에는 따스한 사랑의 기운이 곳곳에 흘러넘친다. 자신의 부족했던 점을 보완하고 방탕했던 삶을 반성했으며, 수도자 같은 생활로 노숙자로까지 오해를 받아가며 길에서 죽어 갔다.

그렇게 즐겨 피우던 담배를 50세가 되면서 아무렇지도 않게 끊은 것처럼, 그의 건축에서는 그만의 엄중한 원칙과 원리가 적용된다. 어떤 곳에서 배운 것도 아니고, 전통적으로 내려오지도 않은 그만의 원칙이고 그만의 예술 세계가 명확했다.

담배 하나 제대로 끊지 못하고, 게임 하나 끊지 못하고, 게으름의 습관 하나 끊어 내지 못하는 마음가짐으로 무엇 하나 제대로 이룰 수 없으리라는 사실을, 우리 모두 잘 안다. 누구든 저마다 삶의 주인이므로 어떻게 살든 누구도 뭐라고 하지 않을 것이다. 하지만 바로 제 삶의 주인이기에 잘 알 것이다. 나중에 자신의 삶을 돌아봤을 때 스스로 후회 없는 떳떳한 삶을 살아냈다고 자부할 수 있는지를. 그저 하루하루 먹고산다고 사는 게 다가 아니라는 것쯤은 우리 모두 느끼는 바다.

　우리는 지금 우리의 삶을 완성하기 위해 어떠한 노력을 어떻게 경주하는지, 우리 스스로에게 묻는 시간을 가져 볼 필요가 있다. 다른 누구와의 삶과 비교할 필요도 없으며, 그런 비교로 인해 우울해질 필요도 없다. 나 자신에게 끊임없이 물으면서 부족한 부분이 있다면 채우면 되고 잘못된 부분이 있다면 고쳐 가면 된다. 그렇게 당신의 삶이, 하루 또 하루 고양된 삶으로 나아가기를 바라 마지않는다.

# 어둠을 이겨 낸 우아한 용기, 안젤리나 졸리

**Angelina Jolie(1975~ )**
거듭되는 자해와 이혼, 자살 시도 등 어둠의 과거를 딛고
빛의 세계로 나와 가장 영향력 있는 배우로 인정받다.

> **"** 나는 한때 모든 걸 잃었다.
> 그게 시작이었다.
> 상처가 아문 자리에 날개가 돋기 시작했다. **"**

## 상습적 불안장애와 불면증

1975년 LA에서 유명 배우 존 보이트의 딸로 태어났다. 아버지의 유명세에 가려졌지만, 그녀의 어머니 역시 배우였다. 그녀가 두 살이 되던 해, 아버지는 다른 여자와 바람이 나서 그녀와 그녀의 엄마를 버리고 가정을 떠나 버렸다. 1978년 공식적으로 이혼하고 아버지가 가정을 버리자, 어머니는 홀로 온갖 허드렛일을 하며 두 남매를 키웠다. 남은 가족은 가난에 허덕여야만 했다.

그녀의 어머니는 남편에게 버림받았다는 심리적 불안감에 남편과 똑같은 금발을 한 그녀의 머리를 자신의 머리와 똑같은 갈색으로 염색시킨다. 어린 나이에 엄마와 똑같은 머리색이 된 것을 좋아한 그녀는 이후 매번 염색해 아버지와 닮은 금발을 드러내지 않는다.

가난에 힘겹게 생활하던 세 식구는 매주 영화관을 찾으며 현실에서 도피할 수 있었다. 그로 인해 자연스럽게 그녀는 자신도 영화의 세계에 주역이 되고 싶다는 꿈을 갖는다. 그러던 중 거짓말처럼 7세에 첫 영화에 출연하는데, 하필이면 그 영화의 주인공이 친아버지 존 보이트였고, 심지어 아버지의 불륜녀였던 배우까지 출연한다. 설상가상으로 그 영화에 엄마가 단역으로 함께 출연한다. 7세의 나이에 친엄마와 세트장에 간 그녀는 아버지와 그 불륜녀를 같은 장소에서 만나는 황당한 일을 직접 겪는다.

그 충격 때문에 그때부터 그녀는 불안장애와 불면증에

시달린다. 당시 그녀를 사로잡은 생각은 오직 하나, '나는 이 세상에 나오면 안 되는 존재였다'라는 것이다. 거기에 더해 10대 사춘기 시절에는 가난한 가정 형편 때문에 늘 싸구려 구제 옷을 입어야 했고, 두툼한 입술에 치아 교정기까지 끼고 있어, 그야말로 왕따를 당하는 처지였다.

이때부터 그녀는 머리끝에서 발끝까지 온통 검은색으로 된 옷과 장신구만 하고 다니며, 스스로 아이들과 격리된 생활을 했다. 그녀는 14세의 나이에 극심한 왕따로 인한 스트레스로 자해를 시도했고, 그런 그녀를 본 어머니는 지옥 같은 학교에서 자퇴하게 함으로써 그녀를 구하고자 했다. 어머니는 당시 남자 친구가 있던 그녀에게 사랑으로 평온을 찾을 수만 있다면 괜찮다고 생각해 동거까지 허락해 주었다.

그렇게 그녀는 학교도 가지 않은 채, 할아버지의 죽음을 마주하면서 장의사가 되겠다며 '시신 방부 처리법'을 공부해 자격증까지 취득한다. 그 사이 2년간 동거하며 의지했던 남자 친구와 결별한다. 그녀는 전문 킬러에게 자신을 죽여 달라는 시도까지 하며 그 아픔에서 벗어나고자 했다. 그녀의 나이를 물었던 킬러는 그녀가 너무 어리다는 사실을 확인한 뒤, 한 달 정도 다시 생각해 보고 생각이 바뀌지 않으면 그때 연락하라고 했다.

그런 극단적 상황을 겪었던 그녀는 극적으로 다시 영화로부터 구원을 얻는다. 당시 대학 영화학과에 재학 중이던 오빠가 단편 영화를 찍으며 아역이 필요할 때마다 동생에게 출연을 부탁했다. 별다른 생각 없이 오빠의 부탁을 들어주면서 시작한 연기는 다시 그녀에게 묘한 안정감을 느끼게 해 주고, 연기에 대한 열정을 불러일으켰다. 결국 그녀는 킬러에게 연락하는 대신, 다시 연기 학교에 돌아가는 것으로 자신의 삶을 다시 일으켜 세우겠다고 마음을 다잡는다.

21세기 할리우드 전체를 통틀어서 가장 큰 영향력을 가진 유일무이한 여성 액션 배우의 대명사이자 사회운동가(유엔 난민기구 대사)로도 유명한 안젤리나 졸리(Angelina Jolie)의 이야기다. 그녀는 할리우드 현역 최고의 배우 중 한 명으로 연기력, 외모, 인성, 파급력 모두 톱 클래스로 평가받는다. 외모면에서 그녀의 트레이드마크는 각진 턱, 광대뼈와 입술로 대변된다. 특히 졸리의 두툼한 입술은, 여배우들의 섹시한 입술의 대명사가 될 정도로 유명하다. 미모로만 보자면 아주 뛰어나다고 할 수 없지만, 누구도 닮기 힘든 개성적인 외모로 오랫동안 할리우드의 스타덤에 올랐다.

단순히 액션 여배우가 아니라 연기력도 일찌감치 인정받아 아카데미 여우조연상을 비롯해 미국 배우 조합상 2회, 골든 글러브 3회 수상에 빛나는 수상 경력을 자랑한다. 2009, 2011, 2013년에는 《포브스》에서 '할리우드에서 가장 출연료가 높은 여배우'로도 선정되었다.

## 실패를 거듭했으나 연기를 통해 인정받다

16세에 심기일전하고 연기 학교로 돌아간 졸리는 선생님의 칭찬을 받으며 한층 자존감이 높아진 상태로 영화사의 오디션을 보러 다니기 시작했다. 하지만 분위기가 너무 어둡다는 이유로 번번이 오디션에 떨어지고, 오히려 그런 어두운 이미지를 원하던 모델계의 제안을 받고 연예계에 입문한다. 그렇게 그녀는 광고나 뮤직비디오를 통해 얼굴을 알리며 뉴욕대학교 예술학과에 진학해, 성실하게 연기를 공부하고 졸업했다.

대학 재학 시절, 1993년 저예산 영화 〈사이보그 2〉에 사이보그로 주연을 맡았지만, 열연을 펼쳤던 것과는 별개로 영화는 흥행에 실패하고 만다. 개봉조차 하지 못하고 비디오용으로만 출시되었다. 그녀 자신도 첫 주연작 시사회에서 너무 창피한 나머지 끝까지 보지도 못한 채 집으로 달려와 엄마와 오빠를 부둥켜안고 구토할 때까지 내내 울기만 했다고 한다.

줄곧 실패만 경험하던 그녀가 그나마 다른 사람에게 인정받을 수 있던 것이 연기였으나, 의욕적으로 도전했던 영화가 참패하고 스스로 부끄러움을 느끼게 되자, 그녀의 자존감은 바닥으로 떨어지고 만다. 좌절한 그녀는 1년간 은둔형 외톨이로 돌아가 단 한 건의 오디션조차 응하지 않는다. 번번이 유서를 쓰고, 머리를 짧게 깎고 검은 옷만 입고 다니는 과거로 다시 숨어 버리고 만다. 그러던 차에, 어둡기 그지없는 이미지를 찾던 감독에게 사이버 스릴러 영화 〈해커스〉에 주연으로 출연해 달라는 제안을 받는다. 이는 전화위복이었다. 이 영화 역시 극장가에서 히트라고 할 만한 성적을 기록하진 못했지만, 비디오로 출시되며 오히려 역주행하기 시작해 그녀의 비주얼과 연기력을 인정받는 첫 작품으로 할리우드의 호평을 받았다.

연기에 대한 자신감을 찾은 것도 다행이었지만, 이 영화에 출연했던 조니 리 밀러와 1년간 열애 끝에 결혼까지 한다. 이 결혼식에서 웨딩드레스 대신 검정 가죽바지에 피를 연상시키는 붉은 잉크로 남편이 될 사람의 이름을 적은 흰색 셔츠를 입고 나타났던 파격은 두고두고 회자되었다. 결혼을 하고 1997년 〈조지 윌리스〉로 골든 글로브상을 받으면서 차츰 밝은 미래가 도래하는 듯했다. 졸리는 게리 시니스가 연기한 앨라배마 주지사 조지 윌리스의 두 번째 아내 코르넬리아 윌리스 역을 맡았는데, 에미상 후보에까지 오르며 연기력을 인정받았다.

그런데 1998년 HBO의 〈지아〉에서 슈퍼모델 지아 카란지 역으로 출연하면서, 배역에 대한 몰입이 과도해져 다시 일상생활에서 어려움을 겪었다. 이 영화는 1980년대 중반 헤로인에 중독되면서 삶과 경력이 파괴되고, 26세에 에이즈로 삶을 마감한 모델 카란지의 일생을 다룬 전기 영화였다. 그녀 자신의 과거와 싱크로율이 높았던 이 영화로, 그녀는 골든 글로브상과 에미상에 2년 연속 후보로 지명되었다. 거기에 미국 배우 조합상까지 받는 기염을 토한다. 하지만 이 영화의 극중 캐릭터에 몰입한 나머지 정신적으로 불안해하며 극도의 우울에 빠진다. 영화 촬영 도중 몇 주간이나 행방을 감추는 등 심각한 사태가 이어지면서, 그런 그녀를 견디지 못한 남편에게 이혼을 통보받는다.

그렇게 그녀는 다음 영화를 찍게 되는데, 거기서 알게 된 배우 빌리 밥 손튼과 갑작스러운 결혼을 결정한다. 그는 당시 이혼을 4번이나 한 이력이 있었고 심지어 그녀보다 20세나 더 많았다. 결혼식도 첫 번째 결혼식만큼 만만치 않은 퍼포먼스를 선보였다. 서로의 피가 담긴 목걸이를 하고, 팔뚝에 서로의 이름을 크게 새긴 문신을 드러낸 채 식장에 들어선 것이다. 결혼식을 며칠 앞두고 그녀 스스로 정신이 이상하다며 정신병원에 들어가는 기행에서부터 이미 이 결혼이 정상이 아니었음은 예견되었다. 남편 또한 결혼하고 나서도 늘 침대 머리맡에 긴 칼을 넣고 자는 등의 기행을 보여, 그녀는 남편인 빌리가 너무도 불안정하고 무서웠다고 증언한 바 있다. 그녀는 1999년 〈본 콜렉터〉의 연기가 호평을 받으며 점점 더 주목을 받았고, 2000년에는 정신병원에서 지내는 환자들의 삶을 조명한 〈처음 만나는 자유〉에 출연했다.

사실 이 영화는, 당대 최고의 하이틴 스타였던 위노나 라이더가 오랜만에 주연을 맡아 할리우드의 주목을 받았던 작품이다. 그런데 할리우드에서는 조연이면서도 더 돋보인 안젤리나 졸리라는 배우를 재발견했다는 입소문을 타면서, 또 한 번 골든 글로브와 아카데미 조연상까지 받는 영광을 안겨 주며 그녀를 다시 스타덤에 올려 준다. 아이러니하게도, 자신의 과거와 연결된 당시 심리와 생활을 그대로 연기에 투영한 것이 히트의 원인이 되었다. 주로 텔레비전 드라마나 인디 영화에서 출연해 유명하지 않았던 안젤리나 졸리는, 이 영화를 기점으로 전성기를 맞이한다. 차츰 대중적 인지도가 쌓이면서 최고의 스타로 떠오르게 한 2001년 작 〈툼 레이더〉를 만난다.

영화 자체의 평은 안 좋았지만, 그건 시나리오와 연출의 문제였을 뿐 지금까지 수많은 라라 크로프트 모델들이 나왔지만, 〈툼 레이더〉 영화에서 원작 게임의 주인공인 라라 크로프트의 글래머러스한 몸매와 두툼한 입술을 완벽하게 재현한 인물이라는 데는 이견이 없을 정도로 인기를 구축한다. 그녀는 이 작품 이후 상업적으로 크게 성공해 여성 액션 스타로서 세계적 명성을 얻었다. 특히 이 영화가 그녀의 개인사에서 더 큰 의미를 갖는 것은, 친아버지 존 보이트가 극중 아버지 역을 맡으면서 다시 맞닥뜨리게 된 상황이었다. 아버지를 증오해 자신의 이름에서 법적으로 '보이트'라는 이름까지 지웠던 그녀가 영화를 통해 아버지와 극적인 화해를 하면서 아버지에 대한 극심한 증오가 사라지게 되었다.

## 자기를 파괴했던 모든 것을 끊어 낸 입양과 엄마로서의 새 삶

사실 그녀의 인생을 송두리째 바꾼 사건은 영화 촬영차 방문했던 캄보디아에서 벌어졌다. 촬영지에서 그녀는 자신의 불행을 탓하며 스스로 책망하고 걱정하며 불안감에 휩싸였던 지난날이 캄보디아의 거리에서 만난 이들에 비해 얼마나 고마운 인생이었는지 깨닫게 되었다. 그곳은 부모의 얼굴조차 모르고, 희망 따위는 사치로 돌린 채 하루하루 먹을 것을 찾아 길거리를 헤매는 아이들로 가득했다. 세상에 자신보다 불행하고 불쌍한 이들이 얼마나 많은지 깨달은 것이다.

졸리는 그간 자신이 살아온 삶에 대한 후회를 넘어 부끄러움을 느꼈다고 고백했다. 그녀는 깨달음에 그치지 않고 바로 실행하기 시작했다. 10억이 넘는 출연료를 유엔 난민기구에 기부했으며, 영화 촬영을 끝내고 다시 캄보디아로 돌아가 봉사 활동을 시작했다. 봉사 활동을 하면서 공허하게만 살아왔던 자신의 삶에 드디어 살아갈 목표가 생겼다고 생각하면서, 자존감을 회복하고 자신을 집요하게 괴롭혔던 우울증에서 벗어났다.

그렇게 다시 밝음을 되찾으면서 그녀는 한 아이를 만나고, 다시 한번 자기 인생을 바꿀 큰 결정을 내린다. 바로 그 아이의 엄마가 되겠다는 결심이었다. 당연히 스무 살이나 많던 남편 빌리는 결사반대했고, 어렵사리 극적으로 화해했던 아버지마저 반대 의사를 밝힌다. 하지만 그녀는 자신의 결심대로 밀어붙여 매덕스를 입양해 자신의 첫아이로 삼았고, 남편 빌리와는 곧바로 이혼한다. 그녀는 분명히 전과 달라졌다. 아이에게 책임감 있는 엄마가 되겠다고 약속하고 술과 마약을 비롯해 자신을 파괴했던 모든 것을 끊어 버리고 더 밝은 곳을 향해 걸어갔다.

〈툼 레이더 2〉(2003)에서 다시 한번 라라 크로포트를 연기하며 그녀는 명실공히 할리우드에서 여전사 액션 스타로서 이미지를 다졌다. 그렇게 액션 배우로서 자리매김하며 2005년 인생작 〈미스터&미세스 스미스〉에 출연했다. 많은 액션 장면을 잘 소화했고 흥행에도 성공했다. 심지어 유부남이던 브래드 피트를 이혼시키고, 영화가 개봉되던 해에 결혼까지 골인했으며 졸리는 바로 임신하게 되었다. 임신 중에도 다양한 활동을 멈추지 않았으며, 직접 몸으로 연기하기보다는 애니메이션 더빙 분야에서 맹활약했다. 영화 〈베오울프〉(2007)의 마녀는 아예 그녀의 실제 모습을 렌더링했고, 〈쿵푸팬더〉(2008)에서는 무술 고수 암호랑이 역할을 목소리로 연기했다.

아이를 낳고 몸을 회복하기 무섭게 2008년 액션 영화 〈원티드〉에서 주연인 폭스 역을 맡았다. 이 영화는 크게 흥행해 전 세계적으로 3억 달러를 벌어들였으며, 이 작품으로 그녀는 대체 불가능한 여자 액션 스타의 위치를 더욱더 확고히 다졌다.

2010년 작 〈솔트〉는 본래 남자 스파이가 주인공이었던 시나리오를, 톰 크루즈가 자신의 영화 〈미션 임파서블〉의 캐릭터와 겹친다며 고사해 엎어졌던 것을 영화 제작사를 직접 찾아가 자신이 연기하겠다고 설득해 배역을 최대한 자신에게 맞춰 변경하고 촬영했던 영화다. 그녀는 실제로 거의 모든 연기, 맨발로 빌딩 창에 매달려 걷는 위험한 연기까지 소화해 다시 흥행과 더불어 호평을 끌어냈다.

이후 2011년에는 〈피와 꿀의 땅에서〉로 영화감독으로도 데뷔했다. 2014년 차기작으로 감독한 제2차 세계대전을 배경으로 하여 실존 인물 루이스 잠페리니가 전쟁에서 겪은 상황을 그린 영화 〈언브로큰〉을 개봉한다. 이 영화는 전 세계적으로 1억 6,000만 달러의 수익을 올리며 흥행에 성공한다. 이 영화에서 특히 일본군의 학대가 묘사된 부분이 많아 일본 우익의 공적이 된 듯한 인상을 남기게 된다.

이후 갑작스러운 어머니의 사망 소식을 접한다. 사인은 암이었다. 어머니를 죽음에 이르게 한 암이 가족력에 기인한다는 설명을 듣고 검사를 진행한 끝에 유방암과 난소암에 걸릴 확률이 높다는 진단을 받는다. 하지만 그녀는 주저하지 않았다. 자기 아이들을 지키는 건강한 엄마가 되어야 한다는 일념으로, 과감하게 자신의 가슴을 드러내고, 난소를 제거하는 수술을 받는다. 이후 그녀는 한 인터뷰에서 이렇게 말했다.

"나는 더 이상 아이를 가질 수 없고, 심각한 호르몬의 변화도 겪게 될 것이다. 하지만 내가 여성이라는 것은 변치 않는 사실이고 나는 강한 사람이고 내 마음은 평온하다. 이것 역시 삶의 일부일 뿐이다."

그렇게 수술로 인한 공백기가 길어지면서 2014년 새 영화 〈클레오파트라〉만 찍고 은퇴하겠다고 인터뷰했다. 하지만 디즈니의 〈잠자는 숲속의 공주〉를 실사화한 영화 〈말레피센트〉에 주인공 말레피센트로 출연하며 3년 반 만에 스크린에 복귀했다. 전 세계적으로 7억 달러 이상의 흥행 수익을 올리며 졸리의 출연작 중 가장 흥행한 작품으로 후속편까지 제작된다. 이후 남편의 알코올 중독과 심각한 가정폭력 등으로 인한 이혼조차 그녀의 삶을 다시 어둠으로 떨어뜨리지 못했다. 남편과의 관계를 어떻게 해서든 회복해 보고자, 자신이 직접 감독을 맡아 자신들의 상황을 투영한 〈바이 더 씨〉(2016)라는 영화를 찍지만 결국 영화처럼 극적 화해에는 실패하고 2016년 '브란젤리나' 커플은 이혼하고 말았다.

비교적 최근작인 〈이터널스〉(2021)에서 다시 여신의 모습처럼 부활한 그녀의 모습을 보며 사람들은 어떤 생각이 들었을까? 이제까지 돋보기로 들여다본 그녀의 인생이 절대 누군가에게 모범이 될 만한 바른 삶이라고만은 할 수 없다.

## 실패와 좌절은 다시 시작할 수 있는 원동력

'누구나' 흔들리고 '누구나' 실패하며 '누구나' 휘청거릴 수 있다. 하지만 이 책을 통해 소개하는 수많은 인물은 그 휘청거림에서 쓰러지지 않고 자신을 바로잡아 자신의 인생이 더 나은 삶을 구현할 수 있도록 스스로 노력했다. 아들 대학 입학 때문에 한국에 왔던 그녀와 잠시 만나 이야기를 나눌 일이 있었다. 그녀는 정말로 천진난만한 아들을 처음으로 자신의 품에서 멀리 떨어진 곳에 보내는 엄마의 모습 그 이상도 그 이하도 아니었다. 그녀의 지금 삶이 빛날 수 있던 이유는 어둡고 힘겹고 모든 것을 포기하려고 했던 그 힘든 터널을 스스로 이겨 내면서 뚫고 나왔기 때문이라고 느꼈다.

당신이 이혼을 했든, 가정폭력으로 우울한 유년기를 보냈든, 연이은 사업 실패로 알코올 중독에 빠졌던 사람이든, 그 힘겨웠던 과거는 중요하지 않다. 핵심은 당신이 그 어둡고 힘겨운 과거를 스스로 떨치고 일어나 당신의 미래를 위한 크고 힘 있는 한 발을 내디딜 용기를 갖고 있느냐는 것이다.

아이가 첫발을 내딛는 것은 큰 의미가 있다. 넘어지지 않기 위해 그다음 발을 내디딜 것이며 연이어 발을 딛게 되고, 그러다가 자연스럽게 걷기 시작하기 때문이다. 당신의 인생은 아직 끝나지 않았고, 앞으로 걸어 가야 할 길이 훨씬 더 많이 남았다는 점에서 우리는 아이들의 엄마로서 또는 아빠로서 당당하게 자신을 사랑하고 스스로 존중할 강력한 이유가 있다. 무엇보다 당신 자신이라는 존재가 얼마나 소중하며, 당신의 삶이 절대 가벼이 다뤄져서는 안 된다는 사실을 자각해야 한다. 그것이 어떤 실패와 좌절과 고난 속에서도 당신이 일어서서 다시 시작할 수 있는 원동력이 되리라고 믿는다.

앞으로 당신의 삶이 마냥 반짝거리는 봄날의 연속이지 않을는지는 몰라도, 최소한 당신이, 흐린 날이든 천둥벼락이 치는 날이든 모두 지나서 다시 화창한 무지개를 볼 자격이 충분히 있는 사람임이 분명하다는 사실만큼은 내가 보장한다.

# 무명의 그늘에서 팝아트의 제왕이 된
# 앤디 워홀

**Andy Warhol(1928~1987)**
톱 디자이너 인생을 때려치우고 순수 미술을 하겠다고 나서
세계가 인정하는 팝아트의 거장으로 우뚝 서다.

> " 나는 한때 아무도 주목하지 않던
> 상업 디자이너였지만,
> 지금은 세계가 나를 복제한다. "

## 홀어머니의 지원으로
## 마음껏 그림을 그리며 자라다

1928년 펜실베이니아주 피츠버그에서 태어났다. 그의 집은 슬로바키아(당시는 체코슬로바키아) 이민 가정으로 위로 두 형이 있었고, 부모님은 독실한 가톨릭 신자로, 그 자신도 평생 성당을 다녔다. 본래 그의 집안 성씨는 바르홀라(Varchola)였으나, 영어식인 '워홀'로 바꾸었다.

육체노동자였던 아버지는 그가 14세 때 사망했고, 그 후 어머니가 혼자 아들들을 키운다. 어린 시절 몸이 너무 약해 걸핏하면 쓰러졌다. 8세 때는 류마티스열로 생긴 병 때문에 거의 1년간 학교에 가지 못했는데, 집에만 있던 그때 그에게 그림은 유일한 친구였다.

가난한 형편이었지만 집에서 거실 벽에다가 그냥 낙서해도 예술적이라며 칭찬하고 맘껏 그림을 그리게 해준 어머니는 일찍이 아들의 예술적 재능을 알아보고, 필름 사진기와 인화기도 사주었다. 그 덕분에 그는 사진을 찍고 지하실에서 인화하는 게 취미였다고 한다. 고생스러운 생활에서도 어머니가 아낌없이 지원해 준 덕분에 그는 마음껏 그림을 그리며 창의력을 키워갈 수 있었다.

어려운 가정 형편에 아르바이트하면서 지역 고등학교를 마치고, 카네기공과대학교(현재 카네기멜런대학교)에서 상업예술을 전공한다. 대학을 졸업하고 뉴욕시로 이주해 친구 필립 펄스타인과 함께 광고나 제품 디자인 등을 하는 상업 디자이너로 활동을 시작했다. 잡지사와 광고회사를 찾아다녔지만, 초창기엔 가는 곳마다 '듣보잡'이라는 소리를 들으며 퇴짜를 맞았다.

하지만 《보그》나 《하퍼스 바자》 같은 잡지 광고와 일러스트로 차차 이름이 알려졌다. 1952년에는 드디어 신문광고 미술 부문에서 '아트 디렉터스 클럽 어워드(Art Director's Club Award)'를 수상하고, 상업 디자이너 겸 일러스트레이터로 성공했지만 동시에 광고주들의 요구에 부응해 그림을 수정하느라, 사생활이라고는 전혀 없는 피폐한 삶을 살아야 했다고 회상한다. 이러한 경험 때문에 그는 나중에 단지 정확하게 비추는 텔레비전 영상처럼 내면을 버리고 표층을 충실하게 추구하는 길을 선택하게 되었다고 말한다.

우리에게 널리 알려진 '앤디 워홀(Andy Warhol)'이라는 예명으로 활동했던 미국의 미술가이자, 출력물 제작자 그리고 영화 제작자로, 이른바 시각주의 예술운동의 선구자로 인정받는 팝 아트의 거장, 앤드루 워홀라 주니어(Andrew Warhola Jr.)의 이야기다.

앤디 워홀은 상업용 일러스트로 성공적 경력을 쌓은 후에 화가, 아방가르드 영화 제작자, 레코드 프로듀서, 작가로서 세계적으로 유명해졌다. 《이코노미스트》는 1963년에 제작된 캔버스에 그려진 〈여덟 명의 엘비스(Eight Elvises)〉라는 그림이 무려 1억 달러에 거래되었다고 전한다. 작품의 거래 금액이 '1억 달러'라는 사실은 잭슨 폴록, 파블로 피카소, 구스타프 클림트와 윌렘 드 쿠닝만이 기록한 기준 가격이라는 점에서 그가 예술가로서 이룬 성과가 어느 정도였는지 가늠하게 한다.

## 스튜디오 '팩토리'에서
## 예술의 새로운 장을 펼치다

워홀은 I. 밀러 같은 회사를 위해 신발 광고를 만들며 1950년대에 성공적인 삽화가로 이름을 날렸다. 또한, 이 시기에 그는 책의 삽화를 그리고 무대 디자인도 했다. 1956년 뉴욕현대미술관에서 열린 그룹전에서 워홀은 처음으로 자신의 작품을 선보였다. 정작 상업 미술 분야의 광고계에 종사하며 부와 명예를 얻었지만, 뭔가 허전하고 뭔지 모를 갈망이 속에서 들끓었다. 그래서 상업 디자이너로서의 성공으로 얻은 부와 명예를 버리고 10년 만에 순수 미술가로서 활동하기로 마음먹었다. 하지만 막상 어떤 그림을 그려야 할지 막막했다. 그러다가 그는 가장 일상적인 소재를 그리기 시작했다.

1960년, 32세가 되던 해 그는 일러스트레이션의 세계를 버리고 미술의 세계로 옮겨 간다. '배트맨', '딕 트레이시', '슈퍼맨' 같은 만화를 모티브로 한 일련의 작품을 제작하지만, 계약했던 '레오 캐스테리 갤러리'에서뿐만 아니라 미국 만화를 모티브로 한 시대를 풍미한 로이 리히텐슈타인의 팝 일러스트레이션 작품을 접한 이후 이 주제에서 손을 떼고 말았다.

그리고 나서 자신만의 그림 세계를 구상한 끝에, '캠벨

수프 캔'이나 '코카콜라 병' 같은 유명한 상품을 그리기 시작했다. 후에 그는 작업 형식을 실크 스크린(silk screen)으로 바꾸어, 대량 생산된 상품의 그림을 그리는 것만 아니라 작품 자체를 대량 생산했다. 워홀이 신발 산업에서 일할 때는 잉크를 종이에 묻혀서 인쇄하는 블러티드 라인(blotted line)이라는 초보적 수준의 인쇄 기술을 개발했다.

그는 이른바 '예술 노동자'들을 고용해 뉴욕에 있는 그의 스튜디오인 '팩토리(The Factory)'에서 판화, 신발, 영화, 책 등을 만들어 냈다. 워홀의 작품에는 의뢰를 받아 제작한 초상화나 광고도 포함되어 있다. 친근한 소재의 그림을 대량으로 찍어 예술 작품을 누구나 쉽고 편하게 즐기길 바라는 마음이었다.

마릴린 먼로의 갑작스러운 죽음 이후 그는 곧바로 영화 〈나이아가라〉(1953)에서 먼로의 최고의 스틸 사진 초상화를 잘라 다른 색깔을 입혀서 대량 생산을 계속했다. 제트기 사고, 자동차 사고, 재해 등 화제의 신문 보도 사진을 사용했다.

뉴욕에 마련한 그의 작업 스튜디오 팩토리는 믹 재거(롤링 스톤스), 루 리드(벨벳 언더그라운드), 트루먼 커포티(작가), 에디 세즈윅(모델) 등 아티스트가 모이는 유명 모임 장소가 된다. 1965년 36세가 되던 해, 벨벳 언더그라운드(The Velvet Underground)의 데뷔 앨범을 프로듀싱한다. 워홀은 벨벳 언더그라운드의 연주를 듣고 공동 작업을 요청해, 배우 겸 모델인 니코를 데려와 합류시킨다.

1967년 3월 발매한 그들의 데뷔 앨범 〈The Velvet

Underground & Nico〉에서는 프로듀스와 재킷 디자인을 직접 해낸다. 실크 스크린 프로세스로 바나나를 그린 레코드 표지는 유명해졌다. 전위적 음악이기 때문에 앨범은 망해 버렸지만, 이후 높이 재평가되었다. 워홀은 벨벳 언더그라운드의 악곡을 영화의 사운드트랙에도 이용했다. 그 당시의 이야기에 대해서는 영화 〈루 리드: 로큰롤 하트〉에 상세히 그려져 있다.

1968년 워홀은 급진적 페미니스트 작가인 발레리 솔라니스에게 스튜디오에서 저격당해 중상을 입었다. 거리의 매춘부였던 솔라니스는 SCUM(남자를 괴멸하기 위한 단체)의 성명서를 쓴 것으로 유명하다. 뉴욕에서 워홀을 소개받은 후, 그녀는 워홀에게 자신이 쓴 연극 〈빌어먹을〉(1966)의 제작을 부탁했다. 그러나 워홀은 이 요청을 거절했고, 극본도 돌려주지 않았다. 솔라니스는 워홀을 끈질기게 쫓아다니며 극본을 돌려 달라고 요구했다. 워홀은 그녀를 달래기 위해 자신의 영화 〈나는 남자다〉(1968)에서 배역 하나를 맡겼다.

이런 회유에도 만족하지 못한 솔라니스는 팩토리에서 나오는 워홀을 기다려, 그와 그의 매니저인 프레드 휴 그리고 미술 비평가인 마리오 아나야를 향해 방아쇠를 당겼다. 두 발의 총탄이 워홀의 폐와 위, 간 그리고 목을 관통했고, 응급 수술 뒤 그는 두 달간을 병원에서 보내야만 했다.

워홀은 목숨은 겨우 건졌으나 부상에서 완전히 회복되진 못했다. 솔라니스는 경찰에 자수하며, "그는 내 삶의 너무 많은 부분을 통제하고 있었다"라고 말했다. 후에 정신감정을 통해 편집 조현병 진단을 받았으며, 워홀이 그녀에게 불리한 증언을 하지 않았음에도 3년 형을 선고받았다. 이 사건은 1995년에 〈나는 앤디 워홀을 쏘았다〉라는 제목으로 영화화되었다.

1970년대부터 1980년대는 그의 파격적인 예술을 소장하고 싶은 사교계 인사에게서 의뢰를 받아 초상화 실크 스크린 제작 프린트를 다수 제작한다. 1970년 《라이프》는 그를 비틀스와 함께 '1960년대에 가장 영향력이 있던 인물'로 선정했다. 1972년 리처드 닉슨 미국 대통령의 방중에 맞추어 마오쩌둥의 초상화를 제작했다. 같은 해 그의 어머니가 피츠버그에서 사망하면서, 전 세계에서 개인전을 개최한다. 1982년부터 1986년 사이에는 재해와 신화를 모티브로 한 일련의 작품을 창조한다. 마지막 작품은 1986년 〈레닌의 초상화〉다.

1987년 뉴욕 코넬 의료 센터에서 담낭 수술을 받은 다음 날, 페니실린 알레르기 반응으로 상태가 악화해 심장 발작으로 사망했다.

향년 58세였고, 평생 독신이었다. 그의 시신은 피츠버그 성 세례 요한 가톨릭 공동묘지에 묻혔다. 피츠버그 시내에서 아르게이니강 건너 맞은편 언덕의 노스 쇼어 지역에 앤디 워홀 미술관(The Andy Warhol Museum)이 있다. 개인 예술가 전문 미술관으로서는 미국 최대 규모다.

그가 지나치게 소비 지향적이고 튀는 행동으로 일관한 기벽의 예술가로 알려졌지만, 그가 죽은 후 그의 침실이 언론에 공개되었는데 그의 기행과 명성에 걸맞지 않게 독실한 신자 할머니 방처럼 검소했다.

본래 그는 예술은 대중을 위해서 존재한다는 생각으로 작품을 대량 생산해서 저렴하게 팔았다. 그의 이러한 예술 철학은 그 유명한 코카콜라 병을 작품의 소재로 삼을 수밖에 없었던 계기를 인터뷰한 데서 확실하게 알 수 있다.

> 이 나라가 정말 멋진 것은 부자든 가난한 사람이든 모두가 똑같은 것을 사는 전통을 시작했다는 것이다. 텔레비전을 보면 코카-콜라가 나오고, 대통령도, 리즈 테일러(미국의 영화배우)도, 우리도 모두 코카-콜라를 마신다. 콜라는 그저 똑같은 콜라일 뿐, 아무리 큰돈을 준다 해도 더 좋은 코카-콜라를 살 수는 없다.
> ―『앤디 워홀의 철학(The Philosophy of Andy Warhol)』(1975) 중에서

"희귀한 것만 예술이 되는 것이 아니라, 흔한 것도 예술이 될 수 있다", "당신이 훔쳐 달아날 수 있는 모든 것이 예술이다"라는 앤디 워홀의 말속에 그의 예술 철학이 모두 집약되어 있다. 예술은 특별한 사람들의 전유물이 아니라, 평범한 삶을 살아가는 수많은 사람의 것으로 생각했던 그의 철학이 그대로 묻어난다.

그가 초창기에 그려 주목받았던 캠벨 수프 깡통 그림은 상품화로 인해 점점 더 늘어나는 무관심함에 대한 언급이었으며, 마릴린 먼로의 이미지는 번지르르하게 포장된 천박함

에 대한 지적이었다.

워홀은 그렇게 냉정한 사회의 관찰자로서 사진과 영화가 사람들의 현실 인식에서 수행하는 역할에 일찍부터 주목해 왔다. 그래서 비행기 추락과 피로 물든 인종 폭동, 시민권을 주장하는 사람들을 사납게 공격하는 경찰을 담은 정치적 작품은 워홀의 대표작인 유명인과 상품의 이미지만큼이나 중요한 작품들이다.

1980년대에 워홀은 장 미셸 바스키아 같은 젊은 미술가들과 공동으로 작업했으며, 달러 기호($)의 이미지를 그려 과열된 미술 시장을 조롱하기도 했다.

세상에 보이는 것만 보면 상당히 난잡한 바람둥이처럼 보이지만, 실상은 여러모로 내성적인 성격이었고 누구보다 사회 참여적 의식을 작품에 담아냈던 진정한 예술가였다.

## 자신만의 소재를 자신을 성장시키는 자양분으로

당신이었다면 그다지 명문대도 아닌 평범한 대학을 나와 대도시에 무작정 상경해 10년간 어렵게 고생하며 상업 디자이너로 성공했다면, 그렇게 쌓은 부와 명예를 단번에 내던지고 자신의 이상을 이루기 위해 순수 미술로 전향할 수 있었을까?

물론 결과적으로 그는 어마어마한 성공을 이뤄 냈다. 하지만 여기서 그의 삶을 소개하는 이유는 단순히 그가 유명한 예술 거장이라는 사실 때문이 아니다. 조금 면밀하게 돋보기로 들여다보자. 그가 그저 흔한 서양화가로 전향했다면 지금의 앤디 워홀은 없었을 것이다. 그렇다면 그가 순수 미술을 하겠다고 그렇게 고민하고 나서 고른 소재들이나 표현 기법이 모두 어디에서 왔을까?

10년간 그가 정점에 서 있던 광고 삽화 디자이너로서 배우고 익히고 활용했던 그 기법과 사회를 읽어 내는 눈이었다. 그가 상업 디자이너로 일하면서 단순히 돈만 벌었던 게 아니라, 자연스럽게 예술적 안목을 키웠으며 결국 순수 미술 쪽으로 가면서도 자신의 경험과 예술적 수양의 결과로 이후의 자신만의 예술 세계를 창조한 것이다.

처음 그가 소재로 삼았던 것은 대중 만화였다. 같은 모티브로 한 시대를 풍미한 로이 리히텐슈타인의 팝 일러스트레이션 작품을 접하자 그는 바로 그 소재를 버린다. 다시 자신만의 소재를 찾아 나선다. 그가 거장이 될 수 있었던 것은 바로 이러한 과정을 거쳤기 때문이다.

그것이 맡겨진 것이든 선택한 것이든, 자기 일에 애정은 고사하고 그저 먹고살기 위해 하는 것이라고 여긴다면 결코 미래를 담보할 수 없다. 지금 하는 일이 자신이 꿈꾸던 일이 아니라고 해서 그 일과 전혀 무관한 것은 아니다. '닦고 조이고 기름칠하듯' 매일 반복하는 그 일을 통해 자신만의 노하우가 형성되고, 또 다른 길을 발견해 내는 안목을 갖추게 되는 것이다.

무엇을 하든 혼신의 힘을 기울인다면, 그 작업의 수행 과정은 또 다른 한 층 위의 세계로 업그레이드하는 데 자양분을 제공하기 마련이다. 매일 고민하고 동분서주하며 이뤄 낸 그 지난한 과정과 경험이 무의미하게 폐기 처분되는 일은 없다. 자신의 영혼과 경륜에 차곡차곡 쌓여 온전한 전문가가 만들어지는 것이다. 그 경지가 자신이 진정 싶은 일이 무엇인지, 이루고 싶은 꿈이 무엇인지를 명확히 인식하게 하고 그 길로 들어서는 문을 열어 주게 될 것이다. 그런 의미에서 세상에 하찮은 일은 없다.

지금 힘겨운 실패가, 그 지겨운 과정의 반복이, 결코 헛된 일은 아니다. 마침내 다가올 작은 성취들이, 도달하게 될 밝은 미래가 이를 증명해 줄 것이다. 그 과정 없이 한 분야에서 일가를 이루고 거장이 되는 사람은 없다. 스스로를 의심하지 말아야 한다. 이미 잘하고 있음에도 흔들려서는 아무것도 이룰 수 없을 테니 말이다.

# 좌절을 딛고 세계를 요리한 셰프, 고든 램지

**Gordon Ramsay(1966~ )**
알코올 중독 아버지의 학대로 인해 집을 나왔어도,
꿈을 위해 모든 것을 쏟아부어 요식업계의 스타로 인정받다.

> 축구가 내 첫 실패였다.
> 두 번째 기회는 발이 아닌
> 손으로 만들어 보기로 했다.
> 그게 내 두 번째 기회였다.

## '절망적 순회'만 남은 어린 시절

1966년 스코틀랜드 렌프루셔 존스톤에서 2남 2녀 중 셋째로 태어났다. 가족은 그가 만 5세 때 잉글랜드 워릭셔주 스트랫퍼드어폰에이번(Stratford-upon-Avon)으로 이주했다. 1997년 사망한 그의 아버지는 수영장 관리자와 용접공, 가게 주인 등으로 일했고 어머니와 여동생은 간호사였다.

훗날 자서전 『험블 파이』에서 그는 자신의 어린 시절을 '절망적 순회'라는 상징적인 말로 설명을 대신했다. 지독한 알코올 중독에 빠진 아버지의 열망과 반복되는 실패로 가족이 쉴 새 없이 다른 지역으로 이사해야만 했다. 1976년 그의 가족은 마침내 스트랫퍼드어폰에이번에 안정적으로 정착했고, 그렇게 그는 비숍턴 지역의 마을에서 성장했다.

아버지는 알코올 의존증에 가정폭력이 일상이었으며, 아버지의 잘못된 행동 때문에 형은 약물 중독에 찌들었다고 한다. 특히 동생은 어렸을 때부터 소년교도소에 수감되어, 성인이 될 때까지 교도소에 있었다. 결국, 부모는 반복되는 싸움 끝에 이혼하고 후에 그의 어머니는 재혼했다. 그는 부모에 대해 다소 거리감을 두고 서술하는데, 그 이유는 그가 만 16세에 집을 나와 옥스퍼드셔주 밴버리(Banbury)로 이주해 버렸기 때문이다.

그는 축구에 재능이 있었다. 12세에서 19세까지 축구를 하며 스코티시 프리미어십의 가장 큰 명문인 레인저스 FC의 유소년 경기에 '20분 출전'한 경력도 있는 나름대로 유망한 선수였다. 하지만 체력이 상당히 약했고, 어려운 가정 형편으로 인해 축구의 길을 접고 요리의 길로 뛰어들었다.

스코틀랜드 출신의 영국인으로 제이미 올리버와 더불어 영국을 대표하는 요리사이며, 방송에서 대중적 인지도를 얻은 스타 셰프의 시초로 불리는 고든 제임스 램지 주니어(Gordon James Ramsay Jr.)의 이야기다.

일각에서는 실력보단 방송에서 보여 주는 막말과 분노 콘셉트로 유명해졌다는 비난도 있지만, 본업이 무엇인지 모를 정도로 온갖 방송에 얼굴을 들이밀며 돈과 명성을 좇기에 여념이 없는 요리사들과는 기본부터 다르다.

실제로 램지의 실력이 뛰어나다는 건 방송에서도 쉽게 확인할 수 있는데 대표적인 것이 바로 미각이다. 음식을 먹어 보기만 했는데도 조리 방법이 어디서 잘못되었는지, 어떠한 첨가물을 썼는지를 가려내고, 풍미를 살리기 위해 아주 소량을 넣은 식재료도 정확하게 맞춘다. 그가 천성적으로 타고난 미각만으로 이런 경지에 오른 것은 아니다. 이는 요리에 대한 풍부한 식견과 경험을 겸비했다는 증거이며, 엉성한 실력이라면 절대로 흉내 내지 못할 그의 내공을 엿볼 수 있는 대목이다.

2017년 기준 각국에 자신의 레스토랑이 25개나 되며 (폐업한 12개 점 제외) 보유한 미슐랭 스타는 총 7개로 세계에서 3번째로 미슐랭 스타를 많이 가지고 있다. 대영제국 훈장 수훈자이기도 하다.

## 주방 속 요리를 엔터테이너의 세상으로 선보이다

그는 20세가 되던 1987년 노스옥슨기술대학(North Oxon Technical College)에서 호텔 경영학을 전공한 뒤 주방일을 시작했다. 당시 괴팍한 성격으로 유명세를 떨치던, 세계 최연소로 미슐랭 스타 3개를 받은 마르코 피에르 화이트와 알베르 루의 주방에서 하루 17시간의 살인적 노동을 견디며 요리의 밑바닥부터 다졌다.

고든 램지는 '요리의 고향'에서 더 배우겠다는 뜻을 두고 영국 런던에서 프랑스 파리로 건너간다. 프랑스어는 한마디도 못 하고, 아무 연고도 없었지만 배움에 대한 열정이 그를 프랑스로 이끌었다. 급여나 근무 여건 등은 고든 램지의 '배움의 열정'에는 고려할 만한 조건이 아니었다.

프랑스에서 다시 영국 런던으로 돌아온 고든 램지는 영국 최초로 미슐랭 스타 3개를 받은 셰프 피에르 코프만의 주방에서 일하며 더욱 성장한다. 이후 1993년에 그는 처음으로 레스토랑 주방을 책임지는 수석 셰프 자리를 제안받는다.

마침내 자신이 이끄는 주방 팀을 갖게 되었지만, 고든 램지가 마주한 현실은 그저 '인기 없는 낡은 레스토랑'이었다. 그러나 고든 램지는 '오베르진'이라는 이름의 이 레스토랑을 기어이 살려 내고야 만다. 훌륭하고 현대적인 유럽식 요리를 저렴한 가격에 내놓는 콘셉트로 인기몰이하며 언론의 관심을 한껏 끌어모았다. 맛으로도 인정받으며 미슐랭 가이드 3 스타를 두 번이나 받기도 했으니, 수석 셰프 고든 램지가 유명해지는 것은 너무도 당연한 일이었다.

오베르진의 성공은 단순히 고든 램지라는 이름을 알렸던 데서 그치지 않는다. 그는 이 레스토랑에서 훗날 자신의 글로벌 브랜드를 함께 세울 동료들을 얻었다. 런던과 파리에서 하루 17시간의 고된 노동을 하며 일을 배워 왔다는 수석 셰프의 경험에 주방 직원들은 유대감을 느꼈고, 이후 고든 램지가 자신의 비즈니스를 꾸릴 때 기꺼이 손을 잡는 관계로 남았다. 그의 열정이 사람들을 자신의 편으로 만든 것이다.

1998년 고든 램지는 마침내 자신의 이름을 건 레스토랑을 오픈한다. 스승인 피에르 코프만이 레스토랑을 옮기면서 그 자리에 레스토랑을 여는 기회를 만들어 주었다. 매우 싼 가격을 제시했기에 가능한 일이었다. 스승의 배려에 힘입어 그렇게 '고든 램지 앳 호스피털 로드'가 시작되었고, 곧바로 레스토랑은 명소로 떠올랐다.

결혼한 후에는 장인이 비즈니스를 이끌어 주었다. 장인의 도움으로 고든 램지는 요리와 레스토랑 관리에 집중해 3년도 채 되지 않아 미슐랭 가이드 3 스타를 획득한다. 이후 그는 영국 곳곳에 자신의 레스토랑을 늘려나갔고, 2001년에는 두바이에 '베르'를 열면서 해외로도 발 빠르게 진출했다. 2006년에는 뉴욕에도 깃발을 꽂았는데, 의아하게도 레스토랑 이름이 '고든 램지 앳 런던'이다.

셰프이자 외식 사업가로 승승장구하던 이 무렵부터 고든 램지는 본격적으로 미디어에 등장하기 시작한다. 이름부터 범상치 않은 〈헬스 키친(Hell's Kitchen)〉, 〈키친 나이트메어

(Kitchen Nightmares)〉와 〈마스터 셰프 아메리카〉 같은 TV쇼 프로그램을 주도하며 외식업계뿐만 아니라, 일반 대중에게까지 영향력 있는 스타 셰프로 부상했다. 허드렛일부터 시작한 주방 경험과 훌륭한 셰프들에게 배운 탄탄한 기본기가 방송에서 더욱 빛을 발했다.

## 요리를 통해 구원을 얻다

〈키친 나이트메어〉에서 영국의 한 작은 레스토랑을 살려 내는 과정에서 해당 레스토랑의 신입 주방장과의 대화를 통해 고든 램지는 요리에 입문하게 된 계기를 잠깐 언급한 적이 있다. 부모가 이혼했던 청소년 시절 친구라고 할 만한 사람도 없어 우울하고 힘겹게 지냈는데, 우연히 요리의 즐거움을 알게 되어 그 세계로 들어오게 되었노라고 밝힌 것이다.

대중에게 각인된 괴팍하고 신랄한 이미지와는 달리 평소에는 친절하고 유쾌하며 사려 깊은 사람으로, 예의를 지키면서도 격의 없이 사람을 대하며 농담도 잘 던지면서 분위기를 잘 맞추고 띄울 줄 안다. 친밀성도 뛰어나 실제로 〈키친 나이트메어〉에서 의뢰받은 업소의 손님들과 격의 없게, 마치 이전부터 알고 지낸 사람처럼 편하게 대화하는 모습을 종종 볼 수 있다. 도움이 필요한 사람들에게 어떻게든 도움을 주려는 사려 깊은 모습도 자주 보인다. 집에서는 웃음이 얼굴에서 떠나질 않는다.

하지만 주방에 들어서는 순간, 그는 완전히 다른 사람으로 변신한다. 친밀하고 다정다감한 모습은 찾아보기 어렵고 까칠한 모습을 여과 없이 드러내 보인다. 매 순간 창의적인 독설을 쏟아 내는 인물로, 독설가의 끝판왕 모습을 보여 준다.

사람들이 보기에 단지 콘셉트로 여길 수도 있으나, 실제로 미슐랭에 등재될 정도의 주방에서 셰프들의 모습은 다분히 예민하고 거칠다. 그러니 그가 유독 오버하는 것만은 아닐 것이다. 특히 고든 본인이 레스토랑 운영을 넘어 세계적 규모의 요식업 비즈니스를 이끌어 가는 수준급 사업가이며, 입문 과정에서 전통적인 도제 방식으로 교육받은 정통파 요리사이기에 음식의 맛에 관한 한 절대로 타협하지 않는다는 점도 고려해야 한다.

완벽에 가까운 요리사는 배울 때도 엄하게 배우고, 가르칠 때도 엄하게 가르친다. 특히 호텔 레스토랑이나 파인다이닝 같은 경우라면 더욱 엄하게 관리해야 하므로 예민을 떨지 않으려야 않을 수 없다. 요리사라는 직업은 사고의 위험이 큰 칼과 불을 직접 다루기 때문에, 요리사 개개인과 식당의 안전을 위해서라도 안전 수칙을 철저히 지켜야 한다. 또 식재료 보관이나 요리 과정에 잘못이 생기면 그 결과물이 고스란히 손님의 입속으로 들어가 건강상의 문제를 일으킬 수도 있다. 그 때문에 절대 먹는 것을 소홀히 다루어서는 안 된다.

그리고 조리가 잘못되어 고객에게 형편없는 음식이 제공되었을 때 손님의 비난은 오롯이 주방장과 레스토랑에 돌아간다. 신참이 칼질을 잘못해서 모양이 안 나와도 욕먹는 건 이름 걸고 요리를 내온 주방장이다. 식당과 주방장의 신용을 위해서는 주방 전체가 주방장의 한마디에 칼 같고 실수 없이 돌아가는 군대나 공장 수준의 명령 전달 체계가 필요한 이유다. 주방장이 엄하고 날카로울수록 음식에 집중하게 되고, 주방장이 안전과 맛을 중요시할수록 당연히 날카로워질 수밖에 없다.

리얼리티 프로그램인 〈헬스 키친〉에서 그의 불같은 면모는 여지없이 드러난다. 요리한 것이 수준 미달이면 몇 번이고 다시 만들게 하고, 그의 트레이드마크인 폭언, 욕설과 독설이 난무한다. 일부 시청자는 폭언에 익숙해져서 주방 밖 평화로운 장면에서 위화감을 느끼기도 한다. 오죽하면 〈헬스 키친〉의 한 참가자는 고든 램지 하면 떠오르는 대사를 3개 대보라 하자 "나가!", "꺼져!", "덜 익었어!"를 꼽았다. 유명 셰프들은 욕쟁이들인 경우가 허다하다. 요리사 일은 힘들고, 더럽고, 위험한 소위 3D 업종인데 급여마저 상상을 초월할 정도로 적기 때문에 일류에 올라서기 전에 인성이 파탄 나는 경우도 많다.

## 주방에선 거칠지만
## 사실 따뜻한 인간미의 소유자

고든의 평가는 거칠고 모욕적일지언정 남녀노소 관계없이 공정하며, 요리 상태나 실력 등 오직 사실에만 기반한다. 또한 미친 듯이 화를 내더라도 뒤끝이 없고, 성과가 마음에 들면 칭찬을 아끼지 않는다. 무엇보다도 요리에 대한 평가가 공정하므로 도전자와 시청자가 수긍하지 않을 수 없다. 텔레비전에서 화끈하게 욕을 구사하는 모습만 보면 자극적인 내용으로 승부를 보는 리얼리티 텔레비전 쇼의 쇼맨 정도로밖에 안 보이지만, 관찰하다 보면 성격, 중시하는 부분, 철저하게 기본기를 강조하는 조언 등 그의 본래 모습을 읽을 수 있다.

요리하는 사람이 재료에 별반 반응이 없을 때도 화를 내는 편이다. 신선하고 좋은 재료를 가지고도 요리사로서 상상력이 부족한 것을 프로답지 못한 것으로 여기는 것은 그의 가치관을 드러내는 일면이기도 하다.

다만 상황에 따라서는 화를 최대한 인내하기도 한다. 이를테면 요리사가 요리 외적인 문제 때문에 무너지거나 요리에서 마음이 떠났다면, 요리가 아무리 엉망이어도 화를 내지 않는다. 〈Mike&Nelly〉 에피소드에서 마이크는 아버지 넬리를 잃고 침울한 상태에서 요리까지 망쳤는데, 고든은 이를 심각하게 받아들여 마이크의 두 딸로 하여금 아버지에게 용기를 북돋는 일부터 먼저 했다.

내부에서 분쟁이 많이 일어날수록 고든은 화를 내지 않

으며, 점잖게 지적하기만 할 뿐 모욕은 최대한 자제한다. 이미 충분히 혼란스러운 상황을 더 혼란스럽게 만들면 안 되기 때문이다. 어떤 가족이 운영하는 식당을 다루는 에피소드에 등장한 부자는 틈만 나면 싸우고, 말리는 어머니는 복장이 터지는 중이었다. 고든은 이를 심각하게 보며 이 레스토랑은 요리 측면의 문제가 아니다, 그들은 그것을 알아야 한다며 부자지간을 화해시키기까지 했다.

또한, 똑 부러지게 충고만 할 뿐이지 요리 외적 부문, 감정, 성향을 비롯해 확실하게 존중할 부분은 존중한다. 요리를 못하는 사람이 요리사로 일할 수밖에 없는 경우도 친절하게 어떻게 요리해야 맛있는지를 가르쳐 주지, 이런 것도 못 하면서 왜 요리를 하느냐고 무시하는 일도 없다. 즉 할 수 있어야 하는 사람은 압박하고, 의지를 잃거나 길을 잃은 사람에겐 친절히 도움을 주었다.

주방을 벗어나면 인간미를 보여 줄 때도 종종 있다. 〈헬스 키친〉 시즌 5에서는 어릴 때 트라우마 때문에 아버지의 이름인 '바비'라는 애칭으로 불리기 싫어한 로버트라는 참가자가 직접 램지와 대면해 이 문제를 해명했다. 이에 정중히 사과하고 다신 그렇게 부르지 않을 것을 약속했으며, 경쟁에서 최종적으로 4명 정도만 남으면 가장 불안한 한 명을 따로 불러 조언해 주고 특별히 격려해 주기도 했다. 그래서 출연자들도 처음에는 불평을 늘어놓다가 고든 램지의 다양한 측면을 겪어 보고 평가가 바뀌는 모습을 보이기도 했다.

특히 아직 요리를 배우는 꼬마 셰프들에게는 태도가

180도 다른 것을 볼 수 있다. 이는 〈마스터 셰프 주니어〉의 아이들이 아직 어린 데다가 요리사로서 한창 성장해 가는 만큼 폭언보다는 따뜻한 격려와 주언을 해주거나, 요리를 잘못했다고 해도 다시 시도해 보자고 보듬어 주는 모습을 볼 수 있다.

이 밖에도 타문화의 요리를 체험하거나 배우기 위해 해외여행을 할 때는 '최고가 되려면 최고의 학생이 되어야 한다'라는 자신의 신념을 몸소 보여 준다. 이때 해당 문화의 요리사를 절대적으로 존중하는 모습을 보이며, 요리를 배울 때는 자신의 경력을 들먹이지 않고 제대로 경청하며 배우려는 확실한 의지를 보인다. 이는 고든이 조언할 때 참가자가 변명하면 입 다물라며 폭언을 날리는 데도 다 까닭이 있음을 역설적으로 반증하는 것이다.

가정교육에서 적당히 봐주는 법이 없는, 매우 현실적인 아버지상이다. 자식들에게 절대 부모라는 명목으로 조건 없는 사랑을 주지 않으며, 온실의 화초처럼 연약하게 자라지 않고 고생을 각오하고 열심히 일한다는 조건으로 그에 합당한 대우를 한다. 밑바닥에서부터 스스로 자립해야 한다는 이유로 유산 상속을 하지 않으며, 자기 자식들은 대우받을 만한 수고를 하지 않았으니 일등석에 앉을 자격 따위는 없다고 말하기도 했다.

이와 반대로 열정을 가지고 노력하는 사람에게는 그야말로 전폭적인 사랑을 베푸는데, 키가 작아 다른 학생들에게 민폐를 끼칠 것이라는 이유로 요리학교 입학을 거부당하고,

업계에 발도 못 붙일 거라는 모욕까지 당한 왜소증 청년을 자신의 가게에 채용했다. 빵집을 열고 싶어 하는 다른 청년의 학비를 전액 지원하고는, 네 가게가 성공했을 때 빵 한 덩이로 보답하면 된다며 격려를 아끼지 않았다.

고든의 성격은 단순할 정도로 일목요연하게 정리된다. 고든이 제일 싫어하는 유형은 자기 말만 하려는 고집불통이다. 〈키친 나이트메어〉 시즌 1의 '시크릿 가든' 에피소드에서는 자기 고집대로만 하려는 참가자에게 "You French Pig!(이 프랑스 돼지 새끼야!)"라고 소리를 질렀던 것이 대표적인 예다.

특히 자신의 이익에만 눈이 멀어 식당의 평판을 깎아 먹는 행태를 보인다거나, 기본에 충실하기보다 얕은 꼼수로 상황을 타개하려 할 때, 지적을 받고도 마냥 부인하거나 알면서도 상황을 모면하기 위해 거짓말을 할 때 욕을 한 바가지 쏟아붓는 모습을 확인할 수 있다.

이것은 그가 긍정적으로 평가하는 상대들을 보면 더욱 명확하게 알 수 있다. 그가 주방에서 가장 강조하는 요소가 실력이 아닌, 원활한 의사소통이라는 점이다.

일례로 〈헬스 키친〉 시즌 2에서 참가자가 고든에게 요리의 진척도를 먼저 말해 주자 이를 극찬했다. 반대로 입을 닫아 버리는 행위를 극도로 혐오하는데, 심지어 "거짓말하는 게 입 닫는 것보단 낫다. 뭐라도 말하라니까!"라고 할 정도로 소통을 강조했다.

셰프로서 세계적 명성을 얻은 이들은 많지만, 그중에서도 램지가 대중 영향력과 인지도가 큰 이유는 앞서 말한 인간적 매력과 더불어 다른 셰프에게 좀체 드러나지 않는 사업가로서 뛰어난 역량을 보여 주기 때문이기도 하다. 앞서 살펴본 그의 모습에서 알 수 있듯이, 그는 요식업에 대한 명확한 철학이 있고, 셰프로서 자부심이나 요리의 퀄리티뿐만 아니라 식재료 수급과 보관, 조리의 용이성과 합리적 수익성 등을 고려한 메뉴와 레시피를 전수하는 등 사업가로서 면모도 매우 탁월하다. 수십 개의 지점을 자신이 혼자서 총괄하는 것만으로도 그의 능력을 가늠할 수 있다.

다른 이에게 거침없는 비판을 가할 때도 사업가적 측면에서 판단해 비판한다. 미슐랭 가이드 3 스타 셰프 미셸루가 본인의 레스토랑에서 고객들이 음식을 사진 촬영하는 행위를 금지한 일이 있는데, 고객이 사진을 찍는 데 열중해 음식이 갓 나왔을 때 맛보는 최적의 순간을 놓치기 때문이라고 했다. 그러자 고든 램지는 트위터에서 SNS로 사진을 올리는 사람들의 행위가 레스토랑 운영에 얼마나 큰 도움이 되는지 이야기하며 미셸루를 통렬하게 비판했다. 셰프와 사업가로서의 입장 모두를 겪어 본 그만이 할 수 있는 조언이고 비판이었다. 여기에서 핵심은 홍보에 더 비중을 두라는 것이 아니라, 엉뚱하고 쓸데없는 고집을 부리는 데 에너지를 쏟지 말라는 게 핵심이다.

앞서 언급했듯이 램지에게 마르코 피에르 화이트는 멘토이자 스승이었던 인물이다. 그를 만나기 전까지 램지는 호텔이나 중소 규모의 레스토랑에서 요리를 배웠는데, 당시 만난 셰프들은 냉동 음식이나 첨가물을 사용하는 저급한 음식을 만드는 이들뿐이었다.

　최초로 고든이 제대로 된 파인다이닝 레스토랑 주방장을 만난 것이 'Eleven Part War'라는 레스토랑의 마르코 화이트였다. 여기서 고든은 처음으로 주방장이라는 직함을 갖게 되었는데, 마르코의 곁에서 제대로 된 요리와 요리 방식을 보며 자신의 재능을 깨닫고 급속도로 성장했다. 고든은 마르코 화이트와 일한 지 겨우 1년 만에 미슐랭 가이드 1 스타를 따내는 기염을 토했다.

　요리와는 별개로, 고든이 2006년에 청첩장을 받아 간 마르코의 세 번째 결혼식장에서 난동을 부려 마르코와의 관계가 틀어진 사건은 유명하다. 고든과 마르코는 둘 다 영국을 대표하는 세계적인 셰프였고, 고든은 당시 스승인 마르코를 뛰어넘어 세계 최고의 스타 셰프로 자리를 잡아가고 있어 이 사건은 많은 영국인뿐만 아니라 해외의 팬들과 프로그램 시청자들에게도 충격이었다. 고든이 왜 이런 짓을 저질렀는지 현재까지 밝혀진 바는 없다.

## 스스로 행복하게 해주는 일로 구원받기

가정폭력이 일상이던 알코올 중독자 아버지의 밑에서 가정환경과 심리적 불안정을 이유로 그는 축구선수로서 재능을 스스로 포기해야만 했다. 요리를 배워 스타가 되겠다거나 돈을 많이 벌려는 목적도 아니었다. 그저 우연히 요리하다가 맛있는 것을 만들 때 행복을 느낀다는 점을 발견하면서 그 길로 접어든 것이다.

여기까지는 누구나 겪을 수 있는 일이다. 요리를 만들어 누군가에게 대접하고 만족해하는 모습에서 행복을 느끼는 것은 인간의 본능에 가까운 행위일 수 있다. 하지만 그는 그 느낌을 놓치지 않기 위해 달리기 시작했다. 주방 초보로 하루에 17시간 이상 주방에서 일한다는 것은 단순한 막노동과는 비교되지 않을 정도로 혹독한 정신노동을 수반한다.

그것은 몸만 쓰는 것이 아니라, 셰프의 매서운 눈초리와 욕설과 폭력을 감내하는 초긴장 모드의 연속임을 의미한다. 그러나 그는 포기하지 않고 해낸다. 심지어 요리의 본고장인 프랑스로 가 말도 통하지 않는 상황에서 더 배우겠다며 요리 수행을 자청했다.

그 모든 과정을 겪고, 사람의 인성이 드러날 수밖에 없는 방송에서 그는 고스란히 자신의 민낯을 드러낸다. 다소 연출이 가미될 수밖에 없는 방송이라 하더라도 진심은 통하기 마련이다. 그가 그렇게 심각할 정도의 불우한 환경 속에서 살았고 혹독한 수행의 길을 거쳐 오지 않았다면, 누구도 그의 욕설과 폭언에 담긴 진심을 받아들이지 못했을 것이다.

그는 자신의 분야가 아닌 요리사에게 요리를 배울 때 수행 모드로 돌아가 겸손의 자세를 보여 주었다. 한 분야의 정점에 있는 자가 아무리 방송이라고는 하지만, 그렇게 저자세를 취하기는 쉬운 일이 아니다. 그런 자세로 인해 그는 오만하기 그지없다는 세간의 오해를 극복할 수 있었다.

어느 날인가 갑자기 잠실에 14만 원짜리 버거가 등장하며 다시 그의 이름이 회자하는 것을 보고 한 번쯤은 제대로 그의 삶을 알려 주고 싶었다. 단순히 제대로 배우지 못하고 요리에만 일가를 이룬 괴팍한 셰프가 아닌, 너무도 인간적인 고난과 좌절을 극복하고 지금에 이른 그의 삶을 통해, 세상의 오해와 편견을 떨치고 자신의 삶에 당당히 서라고 일러주고 싶었다.

고든 램지의 삶을 일별했다면 자신이 흙수저라서, 부모가 이혼해서, 아버지가 알코올 중독자라서, 가정폭력에 시달렸다고 해서 인생이 망쳤다고 말하지 않기를 바란다. 고난이 있을지언정 그것은 극복 가능한 것이며, 그것을 이겨 내는 것 또한 오롯이 자신의 몫임을 고든 램지가 여실히 보여 주지 않았는가.

그는 자식 사랑이 유별난 사람이다. 그의 히스토리를 아는 이들이라면 당연히 여길 수도 있는 대목이다. 가정폭력을 겪은 피해자 중에는 알게 모르게 부모의 전철을 밟는 어리석은 사람이 적지 않지만, 그는 그 불행을 대물림하지 않기 위해 애쓰는 모습이 역력해 보인다. 그렇다고 자신이 이룬 부와 명예를 대물림하려 하지는 않는다. 그것 또한 불행의 기원이 될 수 있음을 잘 알기 때문이다. 비단 자식뿐만 아니라 자신이 겪은 아픔을 주변에 전파하지 않기 위해, 그는 때론 혹독하며 때론 자상하게 사람들을 설득하고 좀 더 나은 삶으로 안내하는 것이다. 그것을 이중성이라는 단순한 잣대로 폄훼하는 것은 곤란하다.

누구에게나 고민은 있고, 고난도 있으며, 실패도 있다는 것을 인정한다면, 다시 한번 '누구나'에 힘주어 가슴에 새길 필요가 있다. 자신이 고난과 실패 속에 낙담해 있을 때, 의연히 자신의 길을 헤쳐 나가는 사람에게도 고난과 실패의 그림자가 드리워져 있다는 것이다. 오히려 자신이 경우보다 훨씬 강렬한 것일 수도 있다.

그러고 보면 하늘 아래 순탄한 삶은 없는 것 같다. 이는 하늘이 공평해서가 아니라 삶 자체가 그런 것이기 때문일 것이다. 하늘은 고난을 짊어질 수 없는 자에게는 고난을 내리지 않는다고 한다. 이는 고난은 짊어질 만하니까 자신의 등에 올라타 있는 것이라는 이야기다.

고든 램지가 지금 힘겨워하고 있는 당신에게 말한다.

"Stop doubting yourself. Be bold."

자신을 의심하지 말고 담대해지라는 말이다.

# 운명을 재단해 패션 제국을 건설한 디자이너, 코코 샤넬

**Gabrielle Bonheur Chanel(1883~1971)**
나는 그 누구와도 같지 않다. 성공은 종종 실패가
불가피하다는 것을 모르는 사람들에 의해 달성된다.

> 나는 아무것도 가진 게 없었다.
> 그래서 모든 걸 새로 만들 수 있었다.

## 고아원에서 자란 자존심 강한 소녀

1883년 여름, 프랑스에서 태어났다. 가난에 시달리던 집안에서 12남매라는 엄청나게 많은 가족과 지냈던 그녀는, 외가에서 받은 돈을 유흥가에서 흥청망청 날려 먹고 가족을 버린 아버지 때문에 어린 나이에 수녀원에 딸린 고아원에 버려진다.

유년기를 수녀원에서 보냈고, 어른이 되어서도 자존심과 독립심이 투철해 평생 남자들에게 도움을 청하는 행위를 '매춘'으로 비유하며 거부했다.

본명 가브리엘 보뇌르 샤넬(Gabrielle Bonheur Chanel). '코코'라는 이름은 샤넬이 가난으로 변두리 술집에서 노래를 불러야 했던 시절, 자주 부르던 〈Ko Ko Ri Ko〉와 〈코코가 트로카데로에서 누구를 만났던가(Qui qu'a vu Coco dans le Trocadero)〉라는 노래의 가사에서 따온 예명이다. 정작 자신은 그 시절이 떠올라, '코코 샤넬'로 불리는 걸 죽을 때까지 아주 싫어했다고 한다.

그 유명한 '메종 샤넬' 브랜드 창시자. 디자이너 이름으로 출시된 최초의 향수 샤넬 No.5, 심플하고 짧은 최초의 '리틀 블랙' 드레스, 어깨로 메는 최초의 핸드백 샤넬 2.55, 코르셋이 필요 없는 '가르손 룩' 등에 이르기까지, 이 모든 스타일을 만든 주인공. 20세기 여성 복식의 자유와 해방을 선도한 최초와 혁신의 아이콘, 코코 샤넬의 이야기다.

## 가수를 꿈꾸다가
## 자기만의 세계관을 가진 디자이너가 되다

'코코'라는 이름이 지어진 과거 일에 대해 말했다시피, 원래 그녀는 디자이너가 꿈이 아니었다. 사실 그녀가 간절히 원했던 직업은 가수였다. 수많은 오디션을 보며 뒷골목 카페에서 노래를 불렀지만, 보는 오디션마다 실패의 쓴맛을 봐야 했다.

결국, 자신의 꿈을 포기한 그녀는 아주 우연히 모자 만드는 일을 하게 된다. 우연히 만들어 본 모자는 당시로서는 보기 힘든 단순하고 멋진 디자인이어서 친구들에게 인기가 좋았다. 친구의 도움을 받아 모자 아틀리에를 열었고, 이후 파리에 모자 전문점을 오픈한다. 이것이 누구라도 한 번쯤 마음을 빼앗긴다는 유명 패션 브랜드 '샤넬'의 시작이다.

모자를 만들고 디자이너로 발을 디딘 것이 자신의 의도가 아니었던 것처럼, 의복을 디자인하게 된 것도 자신의 꿈이나 바람은 아니었다. 하지만 정작 모자를 만들고 옷을 디자인하게 되자 그녀는 달라진다. 정식으로 디자인 공부를 했던 디자이너들이 고객의 취향에 맞춘 패션을 선보였지만, 그녀는 그 틀에서 벗어나 자신의 세계관을 반영한 옷을 디자인하기 시작한다.

대표적으로 그녀는 여성복에 대한 유럽의 전통, 코르셋을 많이 이용했던 1900년대의 패션계의 흐름을 거부한다. 왜 여자들은 비실용적이고 쓸모없는 복장을 고수해야 하는지에 대한 회의를 디자인에 반영한 것이다.

그래서 당시 애인이던 웨스트민스터 공작의 고향이었던 영국의 남성용 정장 소재를 여성복에 적용해, 스포티하고 심플한 디자인의 현대적 여성복 '샤넬 수트'로 패션계를 발칵 뒤집는다.

간단하고 입기 편한 옷을 모토로 하는 디자인 활동을 시작해, 답답한 속옷이나 장식성이 많은 옷으로부터 여성을 해방하는 새로운 세계관을 패션계에 던졌다. 그런데 이것마저도 사실 그녀의 라이프 플랜이 아닌, 그녀 자신의 문제를 극복하기 위한 센스에서 나온 것이다. 원래 깡마르고 볼륨감이 전혀 없던 샤넬은 자신의 몸매를 큰 콤플렉스로 생각하고, 이를 커버하기 위한 여성적인 디자인을 많이 만들었다.

그렇게 흐름을 타기 시작한 그녀는 1921년 본점을 캉봉 31번지로 확장한다. 이후 샤넬은 조향사 에른스트 보와 함께 샤넬의 첫 향수인 'No.5', 'No.22'를 발표했다. 이때 극작가였던 장 콕도, 화가인 피카소, 작곡가인 스트라빈스키 등이 주최한 살롱에 출연한 샤넬은 사교계의 거물이 된다.

1924년부터 6년간 교제하던 영국의 웨스트민스터 공작의 보석 애호 취미에 영향을 받아 샤넬은 모조 보석을 사용한 주얼리를 발표한다. 앞서 설명한 샤넬 수트도 1934년부터 양산하기 시작했다.

이후 샤넬은 공작과 헤어지고 여러 디자이너와 유력 인사들과 사귀었는데, 그녀와 사귄 남자들이 모두 급사하거나 파산하는 미스터리한 공통점을 보인다. 그녀는 영향력 있고 부유한 남자들과 사귈 때 자신의 미모를 활용했고, 유대인이던 동업자가 개발한 샤넬 향수를 딱지만 붙여 놓고 내쫓았다. 심지어 액세서리 공장에서 직원들이 파업농성을 벌이자 모든 직원을 해고해 버리는 기행을 벌이기도 했다. 노골적으로 나치를 지지했던 대가로 프랑스에서 전범으로 찍혀 사형선고까지 받았다가 처칠의 도움으로 겨우 스위스로 도망갔던 이야기도 유명하다. 이러한 일들을 겪으면서 샤넬은 15년간 프랑스 패션계를 떠났다.

### 수많은 선택지 앞에서
### 최선을 다하는 것만이 유일한 정답이다

제2차 세계대전이 끝난 후 크리스티앙 디오르로 대표되는 남성 디자이너들이 화려하고 사치스러운 디자인으로 패션계를 장악하는 모습을 지켜본 샤넬은 이를 강하게 비판했다. 다시금 자신의 실용주의 철학을 내세우며 패션계에 복귀하겠다고 생각했다. 하지만 프랑스 언론은 그녀의 패션이 진부하다며 혹평했다. 거기서 다시 한번 반전이 일어났다.

미국에서 샤넬 브랜드는 '패션의 혁명'으로 평가받았는데, 할리우드의 스타 또한 샤넬의 옷을 애용하기 시작했다. 마릴린 먼로가 아무것도 걸치지 않고 샤넬 No.5 향수만 뿌리고 잔다고 했던 전설적인 멘트는 그녀를 미국에서 더욱 유명하게 만들어 주었다. 그렇게 샤넬의 패션은 다시금 유행의 중심으로 부상했으며, 코코 샤넬도 제2의 전성기를 맞는다.

그녀는 87세의 어느 날, 잠시 누워 있겠다는 말을 가정부에게 남기고 잠들듯 조용히 세상을 떠났다. 그렇게 세상을 떠나기 전까지, 그녀의 인생은 사실 자신이 뜻했던 바와는 다른 방향으로 흘러갈 때가 많았다.

고아원에서 자라 제대로 된 패션 교육이라고는 받아보지 못한 채 촌스럽기 그지없다고 비난만 받다가 우연히 만들었던 모자가 친구들 사이에서 인기를 끌고 그것을 사업 아이템으로 삼아 디자이너의 길을 걷게 되리라고는 그녀 자신은 물론 주변의 누구도 상상하지 못했던 일이다.

보석 수집을 좋아하던 영국 남자 친구의 취향을 통해 영국 남성복을 여성복에 적용해 보고, 모조 보석을 이용한 액세서리를 옷에 적용하는 등 그 모든 것은 우연히 시작하게 된 일이었다. 다만 그녀는 그 우연을 외면하지 않았고 연구하고 노력해 필연의 결과를 이끌어 냈다.

당신의 인생에서 마음대로 할 수 있는 일은 어쩌면 많지 않을 수도 있다. 당신이 아무리 계획을 꼼꼼하게 세워도 인생은 당신이 원하는 대로 흐르지 않을뿐더러, 변수는 어디에서든 터지게 마련이다.

당신이 부모를 선택해 태어날 수 없는 것부터, 당신이 결정할 수 없는 수많은 선택지에서 당신은 과연 어떠한 삶을 살았는가? 결국, 주어진 환경에서 최선의 답을 얻기 위해 노력하는 것만이 유일한 정답임을 우리는 안다.

샤넬이 세계대전을 두 번이나 치르는 동안 세상이 격변했음에는 이론의 여지는 없다. 우리는 지금 그녀가 살았던 시대보다 더 격변하는 전쟁터에서 살고 있다. 그럼에도 우리는 그녀만큼 환경에 맞춰 내가 할 수 있는 최선의 노력을 하고 있는가? 내가 어쩔 수 없는 것을 제외하고는 모두 내가 최선의 게이지로 올려놓겠다는 의지가 그녀의 삶 곳곳에는 녹아 있다. 하루하루 치열하게 전쟁처럼 살았던 그녀는 누구보다 독립적이었고 자주적이었으며 창조적이었다. 그녀가 그런 평가를 받기 위해 딱히 노력했던 것은 아니었을 것이다. 그저 자신의 삶을 살아냈으며, 견뎌 냈고 이겨 냈을 뿐이다.

당신의 고단한 하루하루가, 그저 죽지 못해 사는 하루하루가 아닌 당신이 하나하나 성취해 가며 지키고 싶은 것을 지킬 수 있는 위치에 오를 힘을 갖출 수 있다면 더할 나위 없을 것이다.

다만 그러기 위해서 당신이 과연, 그녀가 했던 것 이상의 뼈를 깎는 노력을 할 준비가 되어 있는지를 자문해 보길 바란다. 수많은 실패를 극복해 낸 그녀처럼 말이다.

# 좌절을 딛고 일어선 거장들의 실패학 수업

| | |
|---|---|
| 초판 1쇄 인쇄 | 2025년 8월 4일 |
| 초판 1쇄 발행 | 2025년 8월 11일 |

| | |
|---|---|
| 지은이 | 발검무적 |
| 펴낸이 | 정해종 |

| | |
|---|---|
| 펴낸곳 | (주)파람북 |
| 출판등록 | 2018년 4월 30일 제2018-000126호 |
| 주소 | 경기도 파주시 회동길 480 아트팩토리엔제이에프 B동 222호 |
| 전자우편 | info@parambook.co.kr |
| 인스타그램 | @param.book |
| 페이스북 | www.facebook.com/parambook/ |
| 대표전화 | 03-935-4049 |

| | |
|---|---|
| 디자인 | studio abb |

| | |
|---|---|
| ISBN | ISBN 979-11-7274-057-3(03990) |

- 책값은 뒤표지에 있습니다.
- 이 책은 저작물 저작권법에 따라 보호받는 저작물이므로 무단 전재와 복제를 금하며, 이 책 내용의 전부 또는 일부를 이용하시려면 반드시 저작권자와 (주)파람북의 서면 동의를 받아야 합니다.